高职学生劳动教育教程

（活页式教材）

主　编　马经义　张　元　马晓英
副主编　程梦华　杨娅妮
参　编　赵麒闰　冯　淼　李文勇
　　　　沈国斌　陈秀兰　孙丰敏
主　审　叶建忠

北京理工大学出版社
BEIJING INSTITUTE OF TECHNOLOGY PRESS

版权专有　侵权必究

图书在版编目（CIP）数据

高职学生劳动教育教程 / 马经义，张元，马晓英主编. -- 北京：北京理工大学出版社，2024.5
ISBN 978-7-5763-4100-3

Ⅰ. ①高… Ⅱ. ①马… ②张… ③马… Ⅲ. ①劳动教育-高等职业教育-教材 Ⅳ. ①G40-015

中国国家版本馆 CIP 数据核字（2024）第 108992 号

责任编辑：王梦春	文案编辑：芈　岚
责任校对：周瑞红	责任印制：施胜娟

出版发行 / 北京理工大学出版社有限责任公司
社　　址 / 北京市丰台区四合庄路 6 号
邮　　编 / 100070
电　　话 / （010）68914026（教材售后服务热线）
　　　　　（010）68944437（课件资源服务热线）
网　　址 / http://www.bitpress.com.cn

版 印 次 / 2024 年 5 月第 1 版第 1 次印刷
印　　刷 / 河北盛世彩捷印刷有限公司
开　　本 / 787 mm×1092 mm　1/16
印　　张 / 15.25
字　　数 / 355 千字
定　　价 / 59.80 元

图书出现印装质量问题，请拨打售后服务热线，负责调换

前　言

中共中央、国务院2020年3月印发的《关于全面加强新时代大中小学劳动教育的意见》指出："要充分认识新时代培养社会主义建设者和接班人对加强劳动教育的新要求，坚持立德树人，把劳动教育纳入人才培养全过程。学校要切实承担劳动教育主体责任，着重引导学生形成马克思主义劳动观，系统学习掌握必要的劳动技能。"将学生劳动教育纳入高职院校专业人才培养方案、作为重要的职业核心能力必修课，开发高职学生适用教材，是落实好党中央、国务院关于开展劳动教育要求的重要举措。

本书分为"认知""行动"两个板块，内容设计坚持以学生为主体的原则，充分发挥学生的主动性、积极性、创造性，形成学生自主思考、自主探究、自主提升的学习模式，引导学生自主达到"知行合一"。认知板块每一章均以案例作为开头，进行理论讲解，同时辅以拓展阅读和知识链接等；行动板块以学生在校的学习生活为基础进行教学任务设定，将劳动实践教育内容设计为"日常生活劳动""公益服务劳动"和"专业生产与服务劳动"三个模块，将视角放在学生行为规范养成、生态文明教育与社会公德养成、劳动精神和劳动素养养成三个方面，形成特色鲜明的劳动实践教育"三三模式"，通过独立思考、小组研讨、自主实践、共同协作、多面评价等方式，在劳动实践过程中培养学生"自我管理、自我学习、自我创造、自我教育"的能力，促使学生身体力行，锤炼意志品质。

本书的编写人员分别来自四川国际标榜职业学院学生工作部、校团委、思政教研室、教务处等部门，主编及编写人员具体承担的编写任务是：认知板块由马晓英、杨娅妮负责；行动板块由张元统筹并负责模块一项目一中的任务二、任务四和模块一项目二中的任务一、任务二、任务三，程梦华负责模块一项目一中的任务一、任务三，模块一项目二中的任务四，李文勇负责模块二项目一中的所有任务，冯淼负责模块二项目二中的所有任务，赵麒闻负责模块三的所有任务，沈国斌、陈秀兰、孙丰敏分别负责行动板块中部分任务的资料整理工作。全书由马经义教授主持编写，孙启平副教授负责全书的理论指导，国务院津贴专家叶建忠教授负责本书的主审工作。

因编者水平有限，本书在编撰过程中难免有不妥之处，请读者批评指正。

编　者

目 录

认知板块

第一章　树立正确的劳动价值观 ……………………………………… 3

第一节　劳动概述 ……………………………………………………… 4
　　一、劳动是人类发展和社会进步的根本力量 …………………… 4
　　二、崇尚劳动，尊重劳动 ………………………………………… 6
第二节　正确的劳动价值观 …………………………………………… 7
　　一、劳动价值观的基本内涵 ……………………………………… 9
　　二、树立正确的劳动价值观的意义 ……………………………… 13
第三节　劳动创造美好生活 …………………………………………… 15
　　一、勤劳是古代人民创造美好生活的重要力量 ………………… 15
　　二、新时代需要继续发扬勤劳美德 ……………………………… 15

第二章　弘扬劳模精神与工匠精神 …………………………………… 17

第一节　新时代劳模精神 ……………………………………………… 18
　　一、劳动模范与劳模精神 ………………………………………… 18
　　二、新时代劳模精神的崭新意蕴 ………………………………… 26
　　三、新时代劳模精神的当代价值 ………………………………… 27
第二节　新时代工匠精神 ……………………………………………… 28
　　一、工匠精神的内涵 ……………………………………………… 28
　　二、工匠精神的价值 ……………………………………………… 32
第三节　践行劳模精神，传承弘扬工匠精神 ………………………… 34
　　一、新时代工匠的作用与地位 …………………………………… 34
　　二、锐意进取奋斗前行 …………………………………………… 34

第三章　创建生态校园 ………………………………………………… 37

第一节　生态校园概述 ………………………………………………… 39
　　一、生态校园的概念 ……………………………………………… 39
　　二、生态校园创建的目的和意义 ………………………………… 39

三、生态校园创建的内容 …………………………………………………… 41
第二节　绿水青山就是金山银山 ……………………………………………… 43
　　一、绿水青山就是金山银山理念 …………………………………………… 43
　　二、生态兴则文明兴 ………………………………………………………… 44
第三节　低碳生活环保行动 …………………………………………………… 46
　　一、低碳校园生活 …………………………………………………………… 46
　　二、绿化环保行动 …………………………………………………………… 47

第四章　学习劳动法律法规　51

第一节　劳动法规概述 ………………………………………………………… 52
　　一、劳动法的概念 …………………………………………………………… 52
　　二、劳动法的调整对象 ……………………………………………………… 52
　　三、《中华人民共和国劳动法》的基本原则 ……………………………… 53
第二节　劳动合同法律制度 …………………………………………………… 55
　　一、劳动合同的特征 ………………………………………………………… 55
　　二、劳动合同的形式和内容 ………………………………………………… 55
　　三、劳动合同的订立、履行和变更 ………………………………………… 56
　　四、劳动合同的解除和终止 ………………………………………………… 57
第三节　工作时间与休息休假法律制度 ……………………………………… 59
　　一、工作时间 ………………………………………………………………… 59
　　二、休息休假 ………………………………………………………………… 60
第四节　工资制度 ……………………………………………………………… 63
　　一、工资概述 ………………………………………………………………… 63
　　二、最低工资制度 …………………………………………………………… 63
　　三、工资支付保障制度 ……………………………………………………… 63
第五节　劳动保护法律制度 …………………………………………………… 64
　　一、劳动安全卫生法律制度 ………………………………………………… 64
　　二、女职工特殊保护制度 …………………………………………………… 65
　　三、未成年工的特殊保护 …………………………………………………… 67
第六节　劳动争议处理法律制度 ……………………………………………… 69
　　一、协商 ……………………………………………………………………… 69
　　二、调解 ……………………………………………………………………… 69
　　三、劳动争议仲裁 …………………………………………………………… 69
　　四、诉讼 ……………………………………………………………………… 69

第五章　志愿参加劳动实践　71

第一节　开展校园劳动 ………………………………………………………… 72
　　一、维护公共区域环境 ……………………………………………………… 72
　　二、创建文明寝室 …………………………………………………………… 75

三、倡导垃圾分类 ·· 77
第二节　参与社会实践 ··· 81
　　一、"三下乡"社会实践活动 ··· 81
　　二、假期实习 ··· 84

行　动　板　块

模块一　日常生活劳动 ·· 93

项目一　个人生活劳动 ·· 93
　　任务一　衣物清理 ·· 93
　　任务二　厨余保洁 ·· 102
　　任务三　安全用电 ·· 110
　　任务四　卫浴保洁 ·· 118

项目二　集体生活劳动 ·· 127
　　任务一　寝室保洁 ·· 127
　　任务二　教室保洁 ·· 136
　　任务三　公区保洁 ·· 144
　　任务四　垃圾分类 ·· 151

模块二　公益服务劳动 ·· 159

项目一　生态文明建设 ·· 159
　　任务一　校园绿色环境建设 ·· 159
　　任务二　废旧物品再次利用 ·· 167

项目二　社会实践服务 ·· 174
　　任务一　日常社区志愿服务 ·· 174
　　任务二　寒暑假社会实践活动 ··· 180

模块三　专业生产与服务劳动 ··· 187

项目一　校内实训 ··· 187
　　任务一　专业能力训练 ·· 187
　　任务二　综合能力拓展 ·· 195

项目二　校外实习 ··· 204
　　任务一　职业认同 ·· 204
　　任务二　职业融入 ·· 211
　　任务三　职业追求 ·· 222

参考文献 ·· 234

认知板块

第一章　树立正确的劳动价值观
第二章　弘扬劳模精神与工匠精神
第三章　创建生态校园
第四章　学习劳动法律法规
第五章　志愿参加劳动实践

第一章 树立正确的劳动价值观

知识目标

了解劳动教育的重要性和必要性，理解马克思主义劳动观，理解劳动是人的全面发展的根本途径，正确认识劳动实践对培育大学生劳动精神的作用，了解大学生树立正确的劳动价值观的意义和途径。

能力目标

能够运用马克思主义立场观点认识问题、分析问题、解决问题；能够弘扬劳动精神，将劳动内化为自己的行为习惯，自觉践行劳动精神，自觉参与劳动实践。

素质目标

养成遵守纪律、认真负责、耐心细致、不怕困难的劳动态度和勤劳俭朴、珍惜劳动成果的优良品质；树立正确的劳动价值观。

【案例导入】

2021年年初，各大卫视热播的电视剧《山海情》已经收官，但该剧引发的热烈反响不但没有消失，在互联网和报刊上甚至还一浪高过一浪。这部剧仅有23集，却收获了极高的口碑。截至2021年1月28日，豆瓣上已经有12万多人为该剧打出了平均9.4分的高分，超越了99%的国产剧。该剧讲述了20世纪90年代以来，在国家扶贫政策的引导下，在福建的对口帮扶下，西海固的人民群众移民搬迁，不断克服各种困难，探索脱贫发展办法，将风沙走石的"干沙滩"建设成寸土寸金的"金沙滩"的故事。新华网评论："这部剧成功的根本原因，还在于它依托于我国脱贫攻坚尤其是东西部扶贫协作的伟大实践。剧中的很多人物在现实生活中都有原型，剧中干沙滩变成金沙滩震撼人心的故事，就是中国脱贫攻坚事业的缩影。"

思考问题：

1. 你在《山海情》中看到了什么？这对你有何启发？
2. 中国人民为世界创造了奇迹，他们的劳动正在改变地球，从某种程度上讲是在拯救地球。为什么说劳动创造人类历史？结合你的见闻谈谈你对马克思主义劳动观的认识。
3. 新时代大学生正确的劳动价值观应该是什么？

第一节　劳动概述

中华人民共和国成立以来，劳动教育在教育方针中的演变经历了从新民主主义向社会主义过渡时期、社会主义建设探索时期、改革开放以后、全面建设小康社会时期与中国特色社会主义新时代五个时期。五个时期劳动教育的理念导向与实践形态不尽相同，但均表现出明显的外生性特点——以重要领导人讲话为推动力，以适应社会发展需要为取向，致使劳动教育缺乏良性运行的长效机制。全面发挥劳动的育人价值，以在劳动中体知真善美为根、以德智体美劳诸育有机融合为壤、以培育正确劳动价值观为干，构建具有内在生命力的劳动教育体系是今天加强劳动教育的当务之急。

在马克思主义经典著作中，关于劳动的论述很多。马克思恩格斯在其深刻思考人的本质、资本主义社会劳动异化及人的解放问题的前提下，形成了马克思主义劳动价值观，即在思考资本主义社会劳动异化以及人的解放问题时形成了丰富的关于劳动价值的观点。

一、劳动是人类发展和社会进步的根本力量

马克思指出："人的本质是一切社会关系的总和。"劳动创造了人本身。劳动在人成为人的过程中起了决定性作用。恩格斯在《劳动在从猿到人转变过程中的作用》中指出，"其实劳动和自然界一起才是一切财富的源泉，自然界为劳动提供材料，劳动把材料变为财富。但是劳动还远不止如此。它是整个人类生活的第一个基本条件，而且达到这样的程度，以致我们在某种意义上不得不说：劳动创造了人本身"。所以劳动是人类赖以生存、发展的决定力量。在劳动的直接推动下，人类经历了从早期猿人到晚期智人的发展过程。劳动促使人类的脑量不断增大优化，使人类体态特征越来越区别于猿而近似于现代人，而且劳动工具日益改进和多样化，人类智力显著进化，物质生活极大地丰富起来。

在马克思看来，劳动是"一切历史的基本条件"，有了人类的劳动，有了满足人类生存必需的前提，才产生了生活和历史。马克思把物质生产劳动作为人类及其历史产生、存在和发展的基础，恩格斯则具体地论述了人类和人类社会是怎样通过物质生产劳动而产生的过程。马克思从唯物主义立场出发，充分肯定了劳动对于整个人类和人类历史的重要意义。由于生产劳动是人类产生、存在和发展的基础，所以人类的基本面貌就是由生产劳动决定的。他进一步强调这一简单事实："任何一个民族，如果停止劳动，不用说一年，就是几个星期，也要灭亡，这是每一个小孩都知道的。"

【拓展阅读】

世界第八大奇迹——红旗渠，当年为什么能够建成？

红旗渠，被世人称为"人工天河""中国的水长城""世界第八大奇迹"。

20世纪60年代，为结束"十年九旱，水贵如油"的历史，河南林县（后改为林州市）

人民越过天险，用了近10年时间，硬是凭借不怕苦、不怕险的一股狠劲，在万仞壁立、千峰如削的太行山上，斩断1 250个山头，架设151座渡槽，凿通211个隧洞，建成了总干渠长70.6 km的"人工天河"。红旗渠的建成，从根本上改变了林州人民的生产生活条件。

十万双长满老茧的手，用一锤一钎，苦干十年，在悬崖峭壁上开凿出"人工天河"，把一个"十年九旱，水贵如油"的穷乡僻壤，变成一个绿水绕山、林茂粮丰、百业兴旺、瓜果飘香的塞上鱼米之乡。

红旗渠不仅仅是中国的奇迹和骄傲，也是整个人类的奇迹和骄傲，它为人类，特别是第三世界国家提供了改变生存状态的样板。世人对"自力更生、艰苦创业、团结协作、无私奉献"的红旗渠精神给予高度评价。所以周总理20世纪70年代曾自豪地对外宾说："中国有两大奇迹，一个是南京长江大桥，一个是林县红旗渠。"

正是因为有一大批不怕牺牲、艰苦奋斗的普通劳动者，才铸就了自力更生、艰苦创业、团结协作、无私奉献的"红旗渠精神"。直到今天，"红旗渠精神"还继续激励着一代又一代的劳动者在各自岗位上辛勤劳动、砥砺前行。

马克思深刻指出，生产劳动同智育和体育相结合，不仅是提高社会生产的一种方法，而且是造就全面发展的人的唯一方法。

实践是指人能动地改造客观世界的物质活动，是人所特有的对象性活动。人的实践活动具有自主性，人通过实践不但能够认识客观规律，而且能够利用客观规律。同时，实践还具有创造性，它创造出按照自然规律本身无法产生或产生的概率几乎等于零的事物。实践的自主性和创造性一起，共同体现了人的主体性特征。

【知识链接】

音乐作品中的劳动之美

劳动本身的美丽不仅受到了文学的礼赞，在音乐的王国里，劳动之美也常常带领人们进入神圣美好的精神殿堂。

1947年夏天，著名音乐家马可来到黑龙江佳木斯的一个大型工厂采风。一直以来，马可都想为翻身解放了的工人们写一首歌。终于，工厂里熊熊燃烧的炉火、轰鸣的机器声和工人们热火朝天的劳动干劲触发了他源源不断的创作灵感，于是就有了今天广为传唱的《咱们工人有力量》：

咱们工人有力量
嘿！咱们工人有力量
每天每日工作忙
嘿！每天每日工作忙
盖成了高楼大厦
修起了铁路煤矿
改造的世界变呀么变了样

热情、激昂、有力量的旋律，共同塑造了一种气势磅礴的美丽；正是这激动人心的歌词，鼓舞着千千万万劳动者奋力前行！

二、崇尚劳动，尊重劳动

习近平总书记在全国教育大会上的讲话的实质就是要在全社会营造崇尚劳动与尊重劳动的风尚，这也是新时代劳动精神的实质内涵。崇尚劳动是指全社会应树立起劳动光荣、劳动伟大、劳动崇高的社会风尚。尊重劳动是指社会应尊重和保护一切有利于人民与社会的劳动，包括尊重劳动本身、尊重劳动者、尊重劳动者的劳动，以劳有所得为光荣，以"因劳称义"为保障。崇尚劳动与尊重劳动是新时代劳动精神实质的内在导向与实践基础，只有营造起人人崇尚劳动、尊重劳动的社会风尚，辛勤劳动、诚实劳动、创造性劳动才会蔚然成风，才能真正实现劳动最美丽与劳动最幸福的价值观。

【知识链接】

港珠澳大桥的前身是原规划中的伶仃洋大桥。20 世纪 80 年代初，香港、澳门与中国内地之间的陆地运输通道虽不断完善，但香港与珠江三角洲西岸地区的交通联系因伶仃洋的阻隔而受到限制；20 世纪 90 年代末，受亚洲金融危机影响，香港特别行政区政府认为有必要尽快建设连接港珠澳三地的跨海通道，以发挥港澳优势，寻找新的经济增长点。

2009 年 12 月 15 日，港珠澳大桥正式开工建设。2014 年 1 月 19 日，港珠澳大桥首跨钢箱梁在深海区架设成功；8 月 19 日，大桥岛隧工程第 12 节海底隧道沉管安装成功，工程建设推进至隧道最深处。2018 年 1 月 1 日，港珠澳大桥全线亮灯，主体工程具备通车条件；2 月 6 日，港珠澳大桥主体工程完成交工验收；2 月 21 日，根据澳门特区政府公布的《港珠澳大桥边检大楼东停车场的使用及经营规章》，港珠澳大桥边检大楼东停车场采用预约登记的形式开放给外来车辆使用；3 月 15 日，经中国国务院批准，港珠澳大桥澳门口岸管理区正式交付澳门特别行政区使用，依照澳门特别行政区法律实施管辖；9 月 28 日，港珠澳大桥开始进行粤港澳三地联合试运；10 月 23 日，港珠澳大桥开通仪式在广东珠海举行，国家主席习近平出席仪式并宣布大桥正式开通；10 月 24 日，港珠澳大桥公路及各口岸正式通车运营。

港珠澳大桥工程具有规模大、工期短、技术新、经验少、工序多、专业广，要求高、难点多的特点，为全球已建最长跨海大桥，在道路设计、使用年限以及防撞防震、抗洪抗风等方面均有超高标准。在港珠澳大桥修建过程中，中国国内许多高校、科研院所发挥了重要技术支撑作用。截至 2018 年 10 月，港珠澳大桥是世界上里程最长、沉管隧道最长、寿命最长、钢结构最大、施工难度最大、技术含量最高、科学专利和投资金额最多的跨海大桥；大桥工程的技术及设备规模创造了多项世界记录。2018 年，港珠澳大桥工程先后获《美国工程新闻纪录》（ENR）评选的 2018 年度全球最佳桥隧项目奖、国际隧道协会"2018 年度重大工程奖"和英国土木工程师学会（ICE）期刊 New Civil Engineer 评选的"2018 年度隧道工程奖（10 亿美元以上）"。

古往今来，凡事成于真，兴于实。回望改革开放 40 多年的历程，中国经济持续发展，人民生活水平显著提高。创造今天的美好生活，靠的正是亿万劳动人民勤劳的双手，是上上下下苦干实干的精神。我们沐浴着改革开放的春风，乘着祖国强盛的步伐，接受良好的教育，享受幸福的生活。我们要明白这美好的生活来之不易，要明白新时代是干出来的，明白"空谈误国，实干兴邦"的道理，更要自觉培养自己的实干精神，学习榜样，传承劳动精神。

第二节　正确的劳动价值观

习近平总书记在党的二十大报告中指出，统筹推动文明培育、文明实践、文明创建，推进城乡精神文明建设融合发展，在全社会弘扬劳动精神，奋斗精神，奉献精神，创造精神，勤俭节约精神，培育时代新风新貌。党的十八大以来，习总书记多次发表重要讲话，高度重视劳动教育，强调必须牢固树立劳动最光荣、劳动最崇高、劳动最伟大、劳动最美丽的观念。强调"人世间的美好梦想，只有通过诚实劳动才能实现；发展中的各种难题，只有通过诚实劳动才能破解；生命里的一切辉煌，只有通过诚实劳动才能铸就"。新时代加强培育大学生的劳动精神，树立正确的劳动价值观，既是引导大学生形成正确世界观、人生观、价值观的有效途径，也是培养有理想、有本领、有担当的社会主义建设者和接班人的客观要求，是高校实现立德树人根本任务的现实需要，对于加快推进教育现代化、建设教育强国具有重要意义。

【拓展阅读】

"老儿童""巨婴"越来越常见　部分青少年劳动价值观异化五大怪象

半月谈记者调研发现，当前，一些青少年产生了好逸恶劳、嫌贫爱富、不劳而获等不良心态，折射出当前劳动价值观的缺失和异化。如何教育引导学生崇尚劳动、尊重劳动，长大后能够辛勤劳动、诚实劳动、创造性劳动，成为亟待解决的问题。

现象一：好逸恶劳、嫌贫爱富，不尊重劳动和普通劳动者。

受社会不良风气以及家庭教育不当影响，一些孩子从小形成了"劳动分贵贱"的错误价值观。"爸爸妈妈教育我，如果不好好学习，以后就要去扫大街，当清洁工，进工厂，回家种田"……在他们幼小的心灵里，劳动已然分了贵贱。

北京的一名小学生，妈妈是学校的清洁工，他觉得丢脸，在学校里从来没有跟妈妈主动打过一声招呼，装作不认识。广州一名小学四年级学生，家庭富裕，有专门的保姆和司机，这个孩子动不动就对保姆大声呵斥、颐指气使，指责她饭做得不合胃口，随意动了他的东西，没按他的要求做事，认为"她就是来伺候我的"。

以前的孩子谈到理想，大多数是说当科学家、老师、医生等，现在的孩子不少是说想当老板、明星、像巴菲特一样的股神等，因为"又光鲜又亮丽又多金"。"谁都渴望有一份不脏不累还挣钱多的职业。"一名中学生告诉记者。

现象二：小皇帝、小公主层出不穷，"老儿童""巨婴"越来越常见。

当前，青少年的教育环境和成长氛围呈现"三独"特点，即家长是独生子女、教师是独生子女、孩子也是独生子女。70后、80后父母是独生子女一代，大多不重视劳动，所以在教育下一代时，很容易缺失劳动教育这一块，本来应该由家庭承担的劳动教育被大量的课外补习替代。

南方某地一名小学三年级学生参加为期一周的军训，竟然7天没有洗澡、更衣，原因是怕洗衣服。一位小学教师曾对100名小学生做了一项关于是否在家做家务的调查，结果显示：超过60%的学生只是偶尔做，大约5%的孩子从来不做。

如今，甚至出现了"老儿童"现象。天津一所高校的一名女大学生，一上大学就带妈妈过来陪读，妈妈白天在外面打工，早中晚过来送饭，给孩子洗衣服，还承包了宿舍的卫生。

华东某大学的一名女生，家就在上海，只是与学校不在同一个区，她妈妈竟然在大学附近宾馆住着陪读，"因为女儿在家里没有做过一天家务"，担心其无法独立生活。除了这种陪读的，还有大学生定期寄脏衣服回家洗，或者花钱雇钟点工去宿舍打扫卫生，大学生生活自理能力堪忧。

现象三："不劳而获、坐享其成在青少年中存在苗头倾向。

当前，大中小学生超前消费的苗头已经显现，中小学生使用奢侈品、高档化妆品的新闻频现报端，大学校园贷、裸贷案例层出不穷。南方某大学学生小于的微信朋友圈"晒图"，各种大牌化妆品琳琅满目。她向记者出示了其中一个月的账单：滴滴打车1 174.87元，外卖订餐2 218.69元，网购4 513.85元。支撑如此高的消费，一些大学生并没有通过勤工俭学的方式去挣钱。

据了解，陷入裸贷的女大学生中有部分人是因追求奢侈品而无法自拔，还有的从事网络刷单、刷好评，有的靠搞网络直播"打赏"，还有的不顾学习痴迷于炒期货、黄金和互联网金融P2P，追求"一夜暴富""嫁个富二代，少奋斗10年"。

现象四：不思进取，青年"啃老"现象日益凸显。

相关问卷调查显示，多数青年更看重的是经济收入水平。在工作中，一些90后青年职工工作主动性较差。对于不少青年来说，干一行爱一行、职业没有高低贵贱、任何职业都值得尊敬的劳动价值观念已经不那么重要了，赚钱越多的工作越高贵、赚钱越少的工作越低贱的观念反而相当有市场。一些年轻人除了手头的任务，不会再去积极承担其他工作。

随着城乡经济条件的改善，一些大中专毕业生不就业或慢就业的情况比较常见。如果找不到"不苦不累，冬暖夏凉，坐办公室"的工作，有些青年宁可回家"啃老"，每天在家上网打游戏，或者拿着父母的钱周游世界，吃喝挥霍。

现象五："年轻人宁送外卖不进工厂"，职业教育没有吸引力。

高职院校招生困难，职校毕业生不愿进工厂，青年择业就业观扭曲，工匠流失严重。当前，选择职业教育的基本是考不上普通高中的孩子，被认为是差生。以广东为例，接近50%的初中毕业生进入中职学校学习，其中大约30%的中职毕业生能升入高职院校，只有10%的高职毕业生能升入应用型本科院校深造。

同时，由于社会分配结构问题，产业工人收入不高，社会地位也不高，导致职业教育没有吸引力。记者采访中发现，珠三角、长三角企业频现"用工荒"，制造业一线工人出现年龄断层，年轻人寥寥无几，中年人往往来去匆匆。

今年，据一些企业透露，一线工人大幅减少。职业学校的毕业生不愿意去工厂，这其中还包括职业技能大赛上的佼佼者。大量产业工人从制造业流向快递行业，工匠流失现象严重，而这些工匠恰恰又是中国制造业转型升级最缺的人才。

（资料来源：央视网，2019-06-12）

一、劳动价值观的基本内涵

1. 尊重劳动：常怀感恩之心

从铁人精神到振超效率，从志愿青年到抗疫英雄。70多年来，新中国的劳动者中既有"出大力流大汗""苦干加实干"的劳动模范，又有知识型、专业型、技能型、创新型的先进典型，他们的事迹在历史发展的长河中画上了浓墨重彩的一笔，他们身上所体现的劳模精神和劳动精神，始终熠熠生辉。

实现我们的奋斗目标，要靠劳动者的实干。无数奋斗者用实际行动证明，只有尊重劳动，尊重劳动的价值，才能让劳动者有更多的获得感和成就感，创造出更多的财富。实干兴邦，一个尊重实干、尊重劳动的国家，必然会拥有充分的活力和强大的发展动力，从而在奋斗的道路上取得更多伟大的成就。

全面建成小康社会，实现中华民族伟大复兴的中国梦，必须依靠知识依靠劳动。不管是从事简单劳动、基层劳动的劳动者，还是从事复杂劳动、脑力劳动的劳动者，都是社会进步的推动者，都是为国家美好明天辛勤付出的劳动者，都值得我们尊重和感恩。

【拓展阅读】

致敬普通劳动者 19位职业人在快手直播"一日人生"

2020年5月1日，快手联合人民视频推出《一日人生》劳动节接力直播，从5点至24点，"水果医生"、武铁武汉所铁警、外卖小哥和演员矢野浩二等19位不同职业人轮番上阵，记录真实生活。当天，《一日人生》系列直播观看人次达3 121万，点赞数2 522万，其中人民视频直播间吸引了超过1 000万人次观看。

新的一天，从升旗仪式开始。主播尘客将军为网友直播北京天安门广场的升旗全程。清晨5时许，仪仗队员迈着整齐划一的步伐踏过金水桥，穿过长安街。一切准备就绪后，5点15分，在国歌伴奏下五星红旗冉冉升起。尘客将军是快手平台主播，坚持每天为观众直播升降旗，宣扬正能量。

网红"水果医生"王野虓接力直播，他是黑龙江省鹤岗市人民医院重症医学科（ICU）的主治医师，擅长以浅显易懂的语言科普医学知识。在直播中，他用水果模拟人体器官，为网友讲解妇科疾病原理和治疗方式。此外，他还通过情景模拟的方式教授常见的基础急救技巧。王野虓从2018年开始尝试给猕猴桃做龙凤胎剖腹产，用苹果演示心脏缝合手术，给芒果切阑尾……生动有趣的手术示范令他一举爆红。

90后无臂女孩杨莉用脚做了一盘西红柿炒鸡蛋和一碗清汤面，在直播间边吃边和网友聊天。她因童年时期的一场意外失去双臂，此后学习用脚生活，不少人在直播间中祝福她早日找到心仪对象。杨莉于2018年开设快手账号，化名"芯瘢"在平台分享日常生活，展示用脚化妆、洗脸、写字、织毛衣、包饺子、切西瓜等各种细节。她的励志人生以及乐观积极的生活态度感动了无数网友。

在中国生活了20年的日本演员矢野浩二在直播中讲述了工作学习经历，并分享了饮食和身材管理方法。作为"中国人的女婿"和"中国人最熟悉的日本面孔"，矢野浩二直言喜欢中国。中国新冠疫情暴发初期，他第一时间筹集了13万只口罩，从日本寄往中国。

除此之外，维持市容的环卫工人，唤醒味蕾的早餐铺老板，武铁武汉所最帅铁警，登上时代杂志的外卖小哥高治晓，快手主播娃娃，以及消防员、婚礼主持人、交警、农民工、北漂青年、妇产科医生等各行各业的劳动者均出现在直播中，为网友呈现日常工作，体现了平凡人的不平凡人生。

在传统媒体或是高度中心化的社交平台上，普通劳动者是沉默的大多数，但他们又是社会中不可或缺的一部分。"五一"国际劳动节之际，《一日人生》把镜头聚焦于普通劳动者的日常工作，让网友真切感受不同职业人的快乐和心酸。

《一日人生》是千千万万快手用户真实一日的缩影，快手以直播、短视频的方式连接各行各业以及不同阶层的人们，让普通人被看见和被理解。资料显示，2019年总计2.5亿人在快手发布过作品，内容覆盖生活的方方面面，其中与职业相关内容的直播尤受欢迎。

（资料来源：中国网科技，2020-05-03）

2. 热爱劳动：人生幸福据点

"民生在勤，勤则不匮"，劳动是财富的源泉，也是幸福的源泉；"夙兴夜寐，洒扫庭内"，热爱劳动是中华民族优秀的传统，绵延至今。劳动，作为中华民族的传统美德之一，在漫漫历史长河中，赋予了中华民族立民的根本，在神州大地上，劳动传承着中华民族的信仰。

人们常说："劳动创造幸福"。这是因为付出了汗水，就会有回报，有了回报，就会产生幸福感，不论在哪一方面。因为劳动，中国高速铁路飞速发展，总里程数跃居世界第一；因为劳动，嫦娥四号探测器登陆月球成功，为中国航天事业树立了新的里程碑；因为劳动，华为不断创新，在5G时代独占鳌头……正是因为劳动，中国综合国力不断增强，人民生活水平不断提高，幸福指数不断上升。

身处新时代，我们应该热爱劳动，让劳动成为我们的幸福据点，同时实现自己的时代担当。

【拓展阅读】

中国梦劳动美　致敬抗疫劳动者

有这样一群人，他们牺牲小我，成就大我。他们虽然逆风而行，却向阳而生。

事迹1：

疫情期间，很多人都被一张照片深深打动，照片中一位医务人员瘫坐在椅凳上。这是一位已经年过半百的医生，到同事拍下这张照片时，她已经连续工作数十个小时，车流少的时候她就坐在椅凳上小憩一下，当有车辆过来时，她立刻像换了一个人一样，抖擞精神，热心为往来司机及乘客测量体温。

她是社区卫生服务中心的一名医务人员，同时是战斗在"疫"线年纪最大的医务人员。她于1988年参加工作，是一名中国共产党员，曾参加过2003年抗击非典疫情的防疫工作，今年55岁的她具有丰富的疫情防控经验。大年初一这个特殊的日子，本该是合家团聚的日子，一场突如其来的新冠疫情打乱了原本的岁月静好，即将退休的她，在接到通知后，二话没说，再次义无反顾披上"白色战袍"踏上一线，用自己的实际行动为当地居民树起一道健康屏障。有人问她，"你已经有一个多星期都没有回家了吧？"她说："我是一名共产党员，我在这里，能让社区居民安心、放心就好……"

为了排查疫情，天天奔波在防疫卡点、社区及卫生服务中心三点一线上，给来往人员、留观人员进行体温监测。工作十分繁忙，还存在着被感染的风险，但她始终坚持对每一户留观人员进行心理疏导。她说："人被隔离之后很容易出现紧张情绪和恐惧心理，我会给他们及时进行疏导，缓解他们的情绪和心理，给他们安慰、信心和鼓励。"

在新冠疫情防控第一线，就这样日复一日地坚守着，累了困了就在椅子上靠一靠、床上躺一躺，想家人了就趁工作间隙，和家人通通电话、发发视频。

当向她问及，你的工作动力在哪里时，她坚定地回答："我是一名医务人员，更是一名共产党员，这是我应该做的，保障辖区内人民群众的身体健康是我的初心，为辖区内群众构筑防疫的坚强'护盾'是我的使命！我相信，在党的领导下，社会各界齐心协力，一定能打赢这场疫情防控阻击战！"

事迹2：

"对不起轩轩，妈妈今年也不能陪你过年了。"这是永顺县人民医院感染科护士长覃芳接到医院紧急通知后给自己11岁孩子打电话时说的话。她已经3年没有和家人一起过年了。

今年37岁的覃芳有着5年感染科工作经验，如果说当年19岁时参加抗击非典疫情是因为青春热血，那么现在，再次站在抗击新冠疫情第一线，则是因为担当和责任！疫情当前，她坚守岗位！

我有经验，我必须上！

1月22日上午，接医院紧急通知，因为新型冠状病毒疫情形势严峻，县人民医院被确定为新冠定点救治医院，感染科需要把病房空出来做好应急准备。

来不及反应，凭着多年的感染科工作经验，作为护士长，她立即按照突发公共卫生事件传染病爆发应急预案开始行动起来：在院领导协调下与县中医院相关科室联系转移病人、完成当天治疗、给病人做好解释工作，最重要的是让科室的姐妹们赶紧熟悉二级三级防护，这是要上战场的，开不得玩笑。

各种终末消毒处理、各种防护用品申领、各种流程演练等一系列流程下来已经到了晚上9点，还没来得及喘口气，科室的电话响起来了："有武汉回来的新冠症状的病人需要到你们科室隔离观察！"脑海里飞速地梳理相关流程，"好的，马上准备！""新冠"这个新闻字样一直盘旋在科内每个人的脑海里，"我参加过抗击非典，我有经验，我必须上！"为了鼓舞士气，也为了给自己打气，她掷地有声地告诉科内同事！

勇往直前，战疫必胜！

1月24日，除夕，急匆匆地休息了3个小时，在科内简单地吃了点东西，隔离病区内的18名医务人员就当作是过年了。"这几天做梦都在进出隔离区、穿脱防护用品。"她告诉笔者，"在隔离病房，除了每天的治疗外，我们还需要给病人及时地做心理疏导，减少他们的恐慌。"

1月29日湘西州确诊患者达到4例，虽然疫情在不断发展，但上级卫健委的好消息也在不断传来，她和科内所有人员都已经做好了对抗疫情的准备。

1月31日，感染科部分人员交接班，此次共有4名护士、2名医生出隔离区，出隔离区的医务人员将会在医院专门预留的病房内隔离观察14天，不能与外人接触。第二批请战人员会马上接替他们的工作。

笔者站在隔离区外远远地看见了她送他们出来，当问到隔离病区工作状态时，她说："做好防护，保护好自己，就是保护好了患者！"

"穿上了防护服进入到隔离病房，为了节省防护用品，也为了减少感染风险，我们6个小时不能吃东西、不能喝水，也不能上厕所。这还不是最困难的，最让我们头痛的是防护用品笨重，护目镜也会因为戴口罩产生雾气，看不清血管，我们护理人员只能凭经验来给病人静脉穿刺。"

"但我们都是白衣战士，这点困难不会难倒我们！"她补充道。

(资料来源：百度文库，2022-05-07)

3. 践行劳动：奋斗的青春最美丽

劳动是推动人类社会发展的决定性力量，每个人的梦想照进现实，归根到底要靠辛勤劳动、诚实劳动、科学劳动。"其作始也简，其将毕也必巨"。伟大祖国之所以能风雨无阻，关键要素，就在于千千万万普通劳动者的负重前行。

近年来，我们见证太多感动又温暖的故事：白衣执甲的医护人员，星夜驰援的物流司机，逆行而上的铁路工作者，筑牢防线的青年志愿者群体，坚守岗位的公安干警……无数劳动者都在为抗击疫情尽自己的一份力。守护共同家园，用奋斗定义自身价值，这样的主人翁姿态，时代也必将予以铭记。

守望相助、各司其职，我们用劳动铸就了抗击疫情的命运共同体，而那些劳动者，更被置于耀眼夺目的位置。劳动，是每个人最基本的责任。不同时期，劳动的具体表现形式会有所不同，但最根本的价值始终没有变，新时代的劳动者更兼顾着智慧与创新的宏观映照。

奋斗是青春的底色，幸福不会从天而降，梦想不会自动成真。面对新形势、新困难、新挑战，每个劳动者都要焕发热情、释放潜能，在各自的岗位上踏实苦干、努力奉献。撸起袖子加油干，千千万万劳动者所凝聚起来的力量，必将掷地有声。

【拓展阅读】

向时代楷模致敬　做新时代奋斗者

"百色的大山，你是最美的朝霞；脱贫的战场，你是醒目的黄花。"颁奖词中每一句话，都感人肺腑；磅礴的暴雨、黄文秀忙碌的身影、农民脱贫后幸福的笑容，电视画面里的每一个镜头，都震撼心灵。5月17日晚，"时代楷模"黄文秀感动了中国，获评感动中国2019年度人物。

"黄文秀当选，实至名归。"消息传来，引发全区各族干部群众的深情回忆，纷纷表示向黄文秀学习，做新时代的奋斗者，立志继承黄文秀遗志，传承黄文秀精神，在脱贫攻坚战中践行初心使命，不获全胜、决不收兵。

黄文秀生前是百色市委宣传部干部。2016年从北京师范大学研究生毕业后，回到家乡百色工作。2018年3月，黄文秀积极响应组织号召，到乐业县百坭村担任驻村第一书记。从进村开始，黄文秀就努力融入当地群众生活，挨家挨户走访，学会了当地方言，一年多时间，她帮村里引进了砂糖橘种植技术，教村民做电商，百坭村103户贫困户顺利脱贫88户，村集体经济收入翻了一倍。2019年6月17日凌晨，她冒着瓢泼大雨，从百色赶回扶贫点百坭村途中遭遇山洪不幸遇难，献出了年仅30岁的宝贵生命。

习近平总书记对黄文秀先进事迹作出重要指示。2019年7月1日，中宣部向全社会发布黄文秀的先进事迹，追授她为"时代楷模"；7月17日，中华全国总工会授予黄文秀同志全国五一劳动奖章；9月，黄文秀获评第七届全国道德模范"全国敬业奉献模范"；9月25日，黄文秀被授予"最美奋斗者"荣誉称号；10月，黄文秀被追授为"全国优秀共产党员"称号。

有的人走了却还活着，黄文秀就是这样的人。5月17日晚，百坭村几乎家家户户都守候在电视机前，收看中央电视台颁奖晚会。"我很早就守候在电视机前，等着看颁奖晚会，文秀书记获得'感动中国'人物荣誉，让我们感到无比自豪，我们一定好好干，甩掉穷帽子，过上好日子，报答文秀书记的恩情。"百坭村村民班统茂说，黄文秀是村民的"自家人"，她驻村以后，不仅手把手教会大家种植、管护砂糖橘，还帮忙找销路，现在村里的脱贫产业路修好了，村民的农产品更好卖了。

一个黄文秀倒下了，千万个扶贫干部挺身而出。

打赢打好脱贫攻坚战，是对黄文秀最好的告慰。"文秀是我的好战友、好同志，我会用尽全力实现她未完成的愿望，带领村里的父老乡亲早日脱贫致富！"百坭村现任第一书记杨杰兴说，他要继续和村两委班子、驻村工作队员一道，扎实抓好疫情防控和脱贫攻坚各项工作，依托现有的砂糖橘、油茶、清水鸭养殖等产业示范带，重点谋划"特色产业+扶贫"模式，打造"秀起福地"系列农业品牌，助农增产、增收、增效，让产业发展成果惠及更多的群众，不让一个贫困户掉队。

榜样的力量是无穷的，黄文秀硕士研究生毕业后自愿回乡工作，感动并激励着八桂大地的广大青年。广西大学化学化工学院2018级有机化学专业硕士研究生范钟天说，黄文秀作为当代青年代表，用生命诠释了党员的初心和使命，坚守扶贫攻坚第一线，是当之无愧的时代楷模。作为新时代的青年学生，更应该不忘初心和使命，履行自己的责任和义务，创造自己的人生价值。百坭村村民黄仕京的大儿子在广西民族大学就读，小儿子考取了广西医科大学，他们家因学致贫，除了正常政策支持外，黄文秀还帮助他申请了"雨露计划"的5 000元补助。黄仕京说："我常告诉孩子们，要以黄文秀为榜样，在学校好好学习，积极申请入党，做一个为群众干实事、谋福利的人。"

(资料来源：广西日报，2020-05-18)

二、树立正确的劳动价值观的意义

1. 有利于大学生树立正确的价值观和事业观

新时代的大学生要将日常生活与理想追求紧密结合，在劳动创造中实现远大理想和个人目标，自觉把人生追求融入国家富强、民族复兴的伟业之中，实现个人与集体、国家的融合发展，真正树立依靠辛勤劳动、诚实劳动、创造性劳动获取财富，实现人生价值的正确思想观念，从而为走出校园后的人生之路奠定良好的基础事业发展观。

2. 有利于大学生培育和践行社会主义核心价值观

尊重劳动，坚持爱岗敬业的工作态度和职业操守，是践行社会主义核心价值观的要求和具体体现。培育新时代大学生的劳动精神，能够使大学生真正理解人民创造历史、劳动开创未来，相信劳动是推动人类社会进步的根本力量；真正认识到正是因为中国人民的劳动创造，我们才拥有今天的幸福生活。通过弘扬劳动精神，大学生要扎扎实实干事、踏踏实实做人，培养积极主动的岗位意识、职业意识、进取精神和创新精神。今后无论处于什么岗位，都要在本职工作中充分发挥积极性、主动性和创造性，通过自己的劳动收获满足感、幸福感、尊严感，在创造物质财富的同时，提升自我的精神境界。只有这样，大学生才能于实处用力，从知行合一上下功夫，把社会主义核心价值观内化为精神追求，外化为自觉行动。

3. 有利于大学生感受时代精神力量

要引导新时代大学生确立劳动最美丽的思想观念，使他们真正感受到劳动本身所激发出的人性光辉、品德光辉和精神光辉，体验到劳动者在劳动中所体现的精益求精、专注执着、无私奉献、创新创造的宝贵精神，体验到高标准高品质的追求和敬业之美、创造之美的价值升华，从而激励自己投身于新时代中国特色社会主义伟大事业中，奉献无悔青春。

第三节　劳动创造美好生活

劳动是人有意识地、自觉地改变环境、改变世界的活动，是人类社会赖以生存和发展的前提，劳动不仅创造了世界，还创造了人本身。

一、勤劳是古代人民创造美好生活的重要力量

勤劳是中华民族千百年来的行为倡导和传统美德。对劳动的肯定和赞美是中国传统文化的重要内容。史前时代就有诸多歌颂勤劳的神话，因勤劳能干而被尧封赏土地的后稷、因争取更多劳动时间而追逐太阳的夸父、因解救人类于漫长黑夜而辛勤钻木取火的燧人等，无一不在勉励人们要勤劳勇敢、自强不息。中华儿女自强不息，用劳动创造了生活、创造了灿烂文化，在劳动中培养了互助和团结精神。劳动人民在勤劳创造生活的同时，发挥聪明才智，创造了举世瞩目的灿烂文明，在建筑、科技、手工业、天文地理等诸多领域都取得了无可比拟的成就。万里长城、天文仪、龙门石窟、都江堰、大运河以及素纱禅衣、榫卯结构、记里鼓车等，无一不是凝聚劳动人民勤劳智慧的伟大成果。

二、新时代需要继续发扬勤劳美德

勤劳是新时代接续奋斗的重要品格和精神力量。中国特色社会主义进入新时代，意味着近代以来久经磨难的中华民族迎来了从站起来、富起来到强起来的伟大飞跃。有人将中国的发展奇迹称为"勤劳革命"，是中国人的勤劳与奋斗将不可能变成了可能，用几十年时间走完了发达国家几百年走过的工业化历程。通过参加社会实践活动，大学生可以学会很多东西，深深地感受到一个人在工作岗位上的那份热情。这也印证了一个道理：要创造自己的事业，就必须付出加倍的努力。对工作的执着和坚定的信念将指引一个人走向完美的事业之路。通过自己的努力奋斗，体会到了工作中的酸甜苦辣，这时才发现自己是最幸福的。

本章小结

劳动是人有意识地、自觉地改变环境、改变世界的活动，是人类社会赖以生存和发展的前提，劳动是人类发展和社会进步的根本力量。树立正确的劳动观，尊重劳动、热爱劳动、践行劳动，养成深厚的劳动情怀，对践行社会主义核心价值观有重要的意义。辛勤劳动、诚实劳动、创造性劳动，既是满足人民日益增长的美好生活需要的客观要求，是人的自由而全面发展的实现路径，也是实现富强民主文明和谐美丽的社会主义现代化强国的必然选择。

第二章　弘扬劳模精神与工匠精神

知识目标

了解劳模精神的特点，把握劳模精神的内涵；了解新时代工匠精神的内涵，掌握工匠精神要领。

能力目标

能够运用自己的语言讲解新时代劳模精神与工匠精神。

素质目标

铭记、效仿劳模追求，传承和弘扬工匠精神。

【案例导入】

情景一：小裴是大一新生，在劳动教育课上发表了自己的看法："现代科技越来越发达，很多人工劳动都可以被机器人取代，我觉得在新时代已经没有必要铭记劳模追求，没有必要把时间和精力浪费在学习老一辈的劳模精神上，因为新时代大学生应该追求更鲜活的文化。"

情景二：在一堂工科示范课上，小雯就"工匠精神"发表了自己的看法，她认为："我们作为西部职业院校的学生，接触的产业链条、生产模式、生产力比起东部院校相对落后，而新时代工匠精神要求创新、要求在时代前沿发挥自己的聪明才智，对于我们来说，并不需要把新时代的工匠精神天天挂在嘴边。"

思考问题：

1. 你赞同小裴和小雯的看法吗？为什么？
2. 新时代大学生需要铭记劳模追求，传承工匠精神吗？请结合自身的经历或见闻谈谈你对"劳模追求"和"工匠精神"的看法。

第一节　新时代劳模精神

党的十九大提出"建设知识型、技能型、创新型劳动者大军，弘扬劳模精神和工匠精神，营造劳动光荣的社会风尚和精益求精的敬业风气。"新时代各行业中的劳模和工匠不仅彰显了中国制造产业的雄厚人才储备，还鼓舞和激励广大青年和劳动者，增强使命意识和责任担当，大力弘扬劳模精神、劳动精神和工匠精神，在建设现代化经济体系中体现价值，在供给侧结构性改革中施展才华，在实现"制造大国"向"创造强国"跨越的心路历程中展现风采。

长期以来，广大劳模以平凡的劳动创造了不平凡的业绩，铸就了劳模精神，丰富了民族精神和时代精神的内涵，是极为宝贵的精神财富。

一、劳动模范与劳模精神

劳动模范是优秀劳动者的典型代表，从时传祥、王进喜，到李素丽、袁隆平，再到许振超、郭明义、钟南山等，每个时期的劳模，都是时代精神符号和力量的化身，是民族的精英、人民的楷模。

（一）劳动模范是工人阶级的优秀代表

在中国革命、建设、改革的各个历史时期，中国的工人阶级具有走在前列、勇挑重担的光荣传统。新中国70多年的实践证明，以劳模为代表的亿万劳动者，是中国的脊梁，在中国乃至世界史上书写了辉煌的篇章。

劳动模范作为工人阶级的优秀代表，在工作生活中发挥了先锋和排头兵作用，在平凡的岗位上创造了不平凡的业绩，以辛勤劳动、诚实劳动和创造性劳动，持续推动着社会进步和国家发展。

【拓展阅读】

在全国劳动模范和先进工作者表彰大会上的讲话

（2020年11月24日）

习近平

同志们：

今天，我们隆重召开大会，表彰全国劳动模范和先进工作者，激励全党全国各族人民弘扬劳模精神，在决胜全面建成小康社会、决战脱贫攻坚取得决定性成就的基础上，乘风破浪，开拓进取，为全面建设社会主义现代化国家、实现第二个百年奋斗目标而继续奋斗。

首先，我代表党中央、国务院，向受到表彰的全国劳动模范和先进工作者，表示热烈的祝贺！向为改革开放和社会主义现代化建设作出突出贡献的我国工人阶级和广大劳动群众，致以诚挚的问候！

第二章 弘扬劳模精神与工匠精神

劳动模范是民族的精英、人民的楷模，是共和国的功臣。我国是人民当家作主的社会主义国家，党和国家始终坚持全心全意依靠工人阶级方针，始终高度重视工人阶级和广大劳动群众在党和国家事业发展中的重要地位，始终高度重视发挥劳动模范和先进工作者的重要作用。

1950年党和国家首次表彰劳动模范。70年来，在党的领导下，我国工人阶级和广大劳动群众与祖国同成长、与时代齐奋进，奏响了"咱们工人有力量"的主旋律，各条战线英雄辈出、群星灿烂。特别是进入新时代以来，我国工人阶级和广大劳动群众在实现中国梦伟大进程中拼搏奋斗、争创一流、勇攀高峰，为决胜全面建成小康社会、决战脱贫攻坚发挥了主力军作用，用智慧和汗水营造了劳动光荣、知识崇高、人才宝贵、创造伟大的社会风尚，谱写了"中国梦·劳动美"的新篇章。

今年以来，面对突如其来的新冠肺炎疫情，我国工人阶级和广大劳动群众响应党中央号召，风雨同舟、众志成城，积极投身疫情防控的人民战争、总体战、阻击战，为全国抗疫斗争取得重大战略成果、统筹疫情防控和经济社会发展工作取得积极成效作出了突出贡献，充分展现了中国人民和中华民族的伟大力量。在这场抗击疫情的雄壮斗争中，产生出一大批劳动模范和先进工作者，他们同全国各族人民一道，铸就了生命至上、举国同心、舍生忘死、尊重科学、命运与共的伟大抗疫精神，不愧为新时代最美奋斗者！

同志们！

当今世界正经历百年未有之大变局，我国正处于实现中华民族伟大复兴的关键时期。经过长期奋斗，我国经济实力、科技实力、综合国力跃上新的大台阶，人民生活水平显著提高，决胜全面建成小康社会、决战脱贫攻坚胜利在望，中华民族伟大复兴向前迈出了新的一大步。

从2021年开始，我国将进入"十四五"时期，这是乘势而上开启全面建设社会主义现代化国家新征程、向第二个百年奋斗目标进军的第一个五年。立足新发展阶段，贯彻新发展理念，构建新发展格局，推动高质量发展，在危机中育先机、于变局中开新局，必须紧紧依靠工人阶级和广大劳动群众，开启新征程，扬帆再出发。

第一，大力弘扬劳模精神、劳动精神、工匠精神。"不惰者，众善之师也。"在长期实践中，我们培育形成了爱岗敬业、争创一流、艰苦奋斗、勇于创新、淡泊名利、甘于奉献的劳模精神，崇尚劳动、热爱劳动、辛勤劳动、诚实劳动的劳动精神，执着专注、精益求精、一丝不苟、追求卓越的工匠精神。劳模精神、劳动精神、工匠精神是以爱国主义为核心的民族精神和以改革创新为核心的时代精神的生动体现，是鼓舞全党全国各族人民风雨无阻、勇敢前进的强大精神动力。

社会主义是干出来的，新时代是奋斗出来的。这次受到表彰的全国劳动模范和先进工作者，是千千万万奋斗在各行各业劳动群众中的杰出代表。他们在平凡的岗位上创造了不平凡的业绩，以实际行动诠释了中国人民具有的伟大创造精神、伟大奋斗精神、伟大团结精神、伟大梦想精神。希望大家珍惜荣誉、保持本色，谦虚谨慎、戒骄戒躁，继续发挥示范带头作用。

劳动是一切幸福的源泉。新形势下，我国工人阶级和广大劳动群众要继续学先进赶先进，自觉践行社会主义核心价值观，用劳动模范和先进工作者的崇高精神和高尚品格鞭策自己，焕发劳动热情，厚植工匠文化，恪守职业道德，将辛勤劳动、诚实劳动、创造性劳动作为自觉行为。各级党委和政府要尊重劳模、关爱劳模,贯彻好尊重劳动、尊重知识、尊重人才、尊重创造方针,完善劳模政策,提升劳模地位,落实劳模待遇,推动更多劳动模范和先进工作者竞相涌现。全社会要崇尚劳动、见贤思齐,加大对劳动模范和先进工作者的宣传力度,讲好劳模故事、讲好劳动故事、讲好工匠故事,弘扬劳动最光荣、劳动最崇高、劳动最伟大、劳动最美丽的社会风尚。要开展以劳动创造幸福为主题的宣传教育,把劳动教育纳入人才培养全过程,贯通大中小学各学段和家庭、学校、社会各方面,教育引导青少年树立以辛勤劳动为荣、以好逸恶劳为耻的劳动观,培养一代又一代热爱劳动、勤于劳动、善于劳动的高素质劳动者。

第二,充分发挥工人阶级和广大劳动群众主力军作用。人民是历史的创造者。工人阶级是我国的领导阶级,是先进生产力和生产关系的代表,是坚持和发展中国特色社会主义的主力军。全面建设社会主义现代化国家,符合全国各族人民根本利益和共同愿望,我国工人阶级和广大劳动群众要坚定不移听党话、矢志不渝跟党走,当好主人翁,建功新时代。

我国工人阶级和广大劳动群众是国家的主人,要加强政治理论学习,加强党史、新中国史、改革开放史、社会主义发展史学习,自觉做中国特色社会主义的坚定信仰者、忠实实践者。要发扬优良传统,承担历史使命,把党和国家确定的奋斗目标作为自己的人生目标,以民族复兴为己任,自觉把人生理想、家庭幸福融入国家富强、民族复兴的伟业之中,做新时代的追梦人。要立足党和国家各项事业发展全局,立足党中央对改革发展稳定各项工作的决策部署,围绕国家重大战略、重大工程、重大项目、重点产业,广泛深入持久开展劳动和技能竞赛,积极参加群众性创新活动,汇聚起众志成城的磅礴力量。要增强历史使命感和责任感,深刻认识国家好、民族好大家才会好,正确处理个人和集体、当前和长远、局部和整体的利益关系,自觉维护大局、服务大局,最大限度增加和谐因素、最大限度减少不和谐因素。要深刻认识团结就是力量、团结才能前进的道理,发扬团结协作、互助友爱的精神,加强工人阶级的团结,加强工人阶级同其他劳动群众的团结,坚定战胜各种困难的信心和决心,始终做党执政的坚实依靠力量。

第三,努力建设高素质劳动大军。劳动者素质对一个国家、一个民族发展至关重要。当今世界,综合国力的竞争归根到底是人才的竞争、劳动者素质的竞争。我国工人阶级和广大劳动群众要树立终身学习的理念,养成善于学习、勤于思考的习惯,实现学以养德、学以增智、学以致用。要适应新一轮科技革命和产业变革的需要,密切关注行业、产业前沿知识和技术进展,勤学苦练、深入钻研,不断提高技术技能水平。要完善现代职业教育制度,创新各层次各类型职业教育模式,为劳动者成长创造良好条件。技术工人是支撑中国制造、中国创造的重要基础。要完善和落实技术工人培养、使用、评价、考核机制,提高技能人才待遇水平,畅通技能人才职业发展通道,完善技能人才激励政策,激励更多劳动者特别是青年人走技能成才、技能报国之路,培养更多高技能人才和大国工匠。要增强创新意识、培养创新思维,展示锐意创新的勇气、敢为人先的锐气、蓬勃向上的朝气。要推进产业工人队伍建设改革,落实产业工人思想引领、建功立业、素质提升、地位提高、队伍壮大等改革措施,造就一支有理想守信念、懂技术会创新、敢担当讲奉献的宏大产业工人队伍。

第四,切实实现好、维护好、发展好劳动者合法权益。让人民群众过上更加幸福的好日子是我们党始终不渝的奋斗目标,实现共同富裕是中国共产党领导和我国社会主义制度的本质要求。要坚持以人民为中心的发展思想，维护好工人阶级和广大劳动群众合法权益，解决好就业、教育、社保、医疗、住房、养老、食品安全、生产安全、生态环境、社会治安等问题，不断提升工人阶级和广大劳动群众的获得感、幸福感、安全感。要把稳就业工作摆在更加突出的位置，不断提高劳动者收入水平，构建多层次社会保障体系，改善劳动安全卫生条件，使广大劳动者共建共享改革发展成果，以更有效的举措不断推进共同富裕。要适应新技术新业态新模式的迅猛发展，采取多种手段，维护好快递员、网约工、货车司机等就业群体的合法权益。要建立健全困难群众帮扶工作机制，把党和政府的关怀送到困难群众心坎上，让他们感受到社会主义大家庭的温暖。要坚持从群众多样化需求出发开展工作，打通服务群众的新途径，使服务更直接、更深入、更贴近工人阶级和广大劳动群众，以服务群众实效打动人心、温暖人心、影响人心、赢得人心。要健全党政主导的维权服务机制，完善政府、工会、企业共同参与的协商协调机制，健全劳动法律法规体系，为维护工人阶级和广大劳动群众合法权益提供法律和制度保障。要健全以职工代表大会为基本形式的企事业单位民主管理制度，推进厂务公开，充分发挥广大职工群众的积极性、主动性、创造性。

同志们！

今年适逢中华全国总工会成立95周年。我国工运事业是在党的领导下发展起来的，我国工会是中国共产党领导的工人阶级群众组织，是党联系职工群众的桥梁和纽带，是社会主义国家政权的重要社会支柱。党的十八大以来，全国总工会及各级工会认真贯彻党中央关于工人阶级和工会工作的重要论述，坚持走中国特色社会主义工会发展道路，组织动员广大职工建功立业，做好维权服务工作，推进工会系统自身改革，深化产业工人队伍建设改革，全面加强工会系统党的建设，取得了新的显著成效。

在此，我向为党的工运事业和工会工作作出突出贡献的老一辈工会工作者，向全国各级工会组织和广大工会干部，向广大职工和工会积极分子，表示诚挚的慰问！

工会要总结95年来的成绩和经验，坚持和完善自觉接受党的领导制度、发挥工人阶级主力军作用制度、强化职工思想政治引领制度、劳动关系协调机制等，健全联系广泛、服务职工的工会工作体系，努力提高工会工作能力和水平，坚决维护中国共产党领导和我国社会主义制度，坚决维护职工队伍和工会组织的团结统一，坚决维护社会大局稳定。

各级党委要从巩固党执政的阶级基础和群众基础的高度，认真贯彻全心全意依靠工人阶级的方针，加强和改进对工会工作的领导，为工会履行职责、发挥作用不断创造有利条件。

同志们！

光荣属于劳动者，幸福属于劳动者。我国工人阶级和广大劳动群众要更加紧密地团结在党中央周围，勤于创造、勇于奋斗，努力在全面建设社会主义现代化国家新征程上创造新的时代辉煌、铸就新的历史伟业！

（资料来源：新华社，2020-11-24）

（二）劳模精神的内涵

1. 爱岗敬业

爱岗和敬业，互为前提，相辅相成。"爱岗"是"敬业"的基石，"敬业"是"爱岗"

的升华。爱岗敬业指的是忠于职守的事业精神，是职业道德的基础。

爱岗敬业是忠于职守的事业精神。热爱本职，就是职业工作者以正确的态度对待各种职业劳动，努力培养热爱自己所从事的工作的幸福感、荣誉感。一个人，一旦爱上了自己的职业，他的身心就会融合在职业工作中，就能在平凡的岗位上，做出不平凡的事业。每个岗位都承担着一定的工作职能，都是从业人员在工作分工中所获得的角色。中华民族历来有"敬业乐群""忠于职守"的传统美德。

爱岗敬业是道德规范的基本要求。认真对待自己的岗位、对待自己的岗位职责，无论在任何时候，都要尊重自己的岗位职责，认真履行自己的岗位职责。这是社会对每个社会成员个体的普遍性的、最基本的道德要求。爱岗敬业是服务社会、贡献力量的重要途径，是各行各业生存的根本，能促进良好社会风气的形成。

【拓展阅读】

坚守岗位的最美"逆行者"

2020年注定是不平凡的一年，新冠疫情来势汹汹，让处在新春佳节之际的中国人民猝不及防。

大年三十的除夕夜，本该是合家团聚的日子。医务人员却不辞辛苦，依然坚守在工作岗位。他们辛苦工作，脸上被口罩和一些防护用具压出一道道红痕，但他们从没有喊过累、说过放弃。

在这场没有硝烟的战役中，有数不胜数的军人、医生……他们未曾谋面，素不相识，却为了同一个目标齐聚武汉。他们一直都坚守在自己的岗位上，兢兢业业地去挽救每一个病人，抢救病人、研究药物、治疗病人。为了民族安全，为了全国人民的生命安全，钟南山、李兰娟等院士虽已高龄，但疫情发生后，他们第一个冲到战斗一线，坚持防疫工作，从未懈怠。不计报酬、无论生死的誓言让人听了不禁泪目，他们的坚守更是让我们钦佩不已。他们不顾个人安危，毅然地带领着白衣天使们亲赴疫区与病毒战斗。

在面临生死危难的考验时，医护人员毫无惧色，慷慨激昂往前冲，英雄气概战"疫"魔，忠心耿耿坚守诊疗火线，大义凛然守护着我们的家园。他们喊着豪言壮语，跑上飞机客舱，登上高铁车厢……有这样坚守岗位、默默付出的白衣天使顽强战斗，国家可以放心，人民可以放心。

2. 艰苦奋斗

一部中国近代史，书写着国家民族遭受的苦难，也夹杂着个人命运的坎坷。历史证明，把自身的命运同国家民族的命运联系起来，把爱家与爱国统一起来，将个人梦、家庭梦融入民族梦之中，是每一个人应"时"改"运"的不二法宝。艰苦奋斗再创业，新时代要有新担当、新作为。挑战任务艰巨、难题亟待破解，无论是建设现代化经济体系、发展社会主义民主政治，还是推动社会主义文化繁荣兴盛、全面推进国防和军队现代化，都需要全国上下共同奋斗，最终使涓涓细流汇成江海。

唯有艰苦奋斗，才能坚定理想信念。坚定的理想信念，只有经过艰苦的实践考验，才能形成和巩固。不经一番寒彻骨，怎得梅花扑鼻香。没有艰辛就不是真正的奋斗，没有苦干实干就难以创造有意义的人生。只有在艰苦奋斗中净化灵魂、磨砺意志、坚定信念，方能涵养出"千磨万击还坚劲"的定力。

唯有艰苦奋斗，才能成就民族伟业。中国共产党近百年的奋斗历史，就是一部艰苦奋斗史。秉持着艰苦奋斗精神，中国共产党带领全国人民赢得了新民主主义革命的胜利，探索出了符合本国国情的中国特色社会主义道路，让中国在20世纪发生了一次又一次划时代的历史巨变。今天，屹立于世界东方的古老中国，终于实现了从"赶上时代"到"引领时代"的伟大跨越，在实现中华民族复兴的伟大征途上阔步前行。

唯有艰苦奋斗，才能成就个人幸福。历史证明，把个人的命运同国家民族的命运紧密相连，把爱家与爱国统一起来，把艰苦奋斗的作风与国家民族的伟大事业、伟大工程结合起来，将个人梦、家庭梦融入时代梦、国家梦、民族梦之中，是每一个人"应运而为"的不二法宝。面对时代的潮起云涌，13亿中华儿女都应有以艰苦奋斗的作风实现梦想、担当使命的历史自觉，努力校准人生航向、标定奋斗初心。在中国共产党的坚强领导下，拿出"咬定青山不放松"的韧劲，树立"知其难为而为之"的担当，干一番无愧于新时代的事业，实现自己的人生价值，享受人生成功的幸福。

唯有艰苦奋斗，才能推动事业发展。踏平坎坷成大道，斗罢艰险又出发。新的历史方位，新的时代坐标，意味着新的责任与使命。站在新的历史起点，面对新的时代，青年大学生应保持吃苦耐劳、奋发向上、积极进取的精神状态。与时俱进、开拓创新、勇挑重担、力争上游，如此，我们的理想就会发芽，信念就会开花，行动就会结出丰硕的果实。在中国共产党领导下，"中国号"巨轮就会乘风破浪、扬帆远航，中华民族伟大复兴的中国梦就一定能够实现。

【拓展阅读】

时代楷模——八步沙·六老汉·三代人

有这样一群人，死去的和活着的被一起树碑立传；有这样六位老汉，不但把自己"埋"进沙漠，还立下了父死子继的誓约；有这样的三代人，子承父志、世代相传，守得沙漠变绿洲。

20世纪80年代，八步沙——腾格里沙漠南缘甘肃省古浪县最大的风沙口，沙魔从这里以每年7.5 m的速度吞噬农田村庄，"秋风吹秕田，春风吹死牛"。当地六位年龄加在一起近300岁的庄稼汉，在承包沙漠的合同书上按下手印，誓用白发换绿洲。38年过去，六位老汉如今只剩两位在世。六位老汉的后代们接过父辈的铁锹，带领群众封沙育林37万亩，植树4 000万株，形成了牢固的绿色防护带，拱卫着这里的铁路、国道、农田、扶贫移民区。这不仅仅是六个人的故事，也不仅仅是六个家庭的奋斗，更不仅仅是三代人的梦想，这分明是人类探寻生存之路过程中对大自然的敬礼！

1981年，随着国家三北防护林体系建设工程的启动和实施，当地六位老汉郭朝明、贺发林、石满、罗元奎、程海、张润元，在合同书上摁下红指印，以联户承包的形式组建了八步沙集体林场。

后来的几年里，郭朝明、罗元奎老汉相继离世。老汉们走的时候约定，六家人每家必须有一个"接锹人"，不能断。就这样，郭老汉的儿子郭万刚、贺老汉的儿子贺中强、石老汉的儿子石银山、罗老汉的儿子罗兴全、程老汉的儿子程生学、张老汉的女婿王志鹏接过老汉们的铁锹。

"六兄弟"成了八步沙第二代治沙人。2017年，郭朝明的孙子郭玺加入林场，成为八步沙第三代治沙人。父死子继、子承父志、世代相传，成了六家人的誓约。

1999年，甘肃省绿化委员会、省林业厅、中共古浪县委、县政府曾为"六老汉"和郭万刚及八步沙林场镌碑立传。2019年3月，"六老汉"三代人治沙群体又被授予"时代楷模"荣誉称号。

个人敢做梦，时代能圆梦。郭万刚哥几个曾经印刷过一张名片，背后是一幅绿茵茵的生态家园图：山岳染绿，花木点点，雁阵轻翔。这正是他们不懈追求的美丽梦想。

（资料来源：新华网，2019-03-28）

3. 追求极致

中国自古以来就是文明大国，在世界历史上的多数时间里保持着领先地位，当今的中国也正以迅雷不及掩耳之势在各方面创造着辉煌。追求极致要求精益求精的精神理念。

古语说：合抱之木，生于毫末；九层之台，起于垒土；千里之行，始于足下。卓越的工匠注重细节，向往完美，对精品有着执着的坚持和追求，只要品质还有一丝改善的可能，就会一直钻研下去，当前我们所缺少的就是这种追求极致的"工匠精神"。好的工匠总会以最高的标准要求自己制造出近乎完美的作品。当然工匠精神并不仅仅局限于工匠，它能扩大到任何领域，是在反复中前进、追求极致、精益求精的一种高尚精神。

追求极致要有一丝不苟的做事态度。青年大学生要有专注的意志品质，要持之以恒、孜孜以求地执着于或者是醉心于一项事业，把事业当理想、把事业当追求，心无旁骛、不断积累，努力成为行业的"领军者"。尽管从事的是普普通通的工作，但他们对产品和工艺却有着极致的追求，这需要极致的耐心。像高凤林、宁允展、潘玉华等，正是他们对工作的耐心细致、精益求精，才让手中的产品绽放出璀璨的光彩。

一丝不苟代表一种情怀、一种执着、一份坚守、一份责任，体现在具体工作中则是专注坚持、永不言弃、精雕细琢、追求完美和极致。一丝不苟争一流就要坚持精准发力，始终坚持问题导向、需求导向、效果导向。要大处着眼、小处着手，这是干成事业的重要法则。所谓大处着眼，就是要胸怀全局、眼观大局，把决策部署、路径方向、重点靶向了然于心。小处着手就是要根据决策部署，量体裁衣精准制定好作战图、想好诸葛计，下大力把影响全局的"关键"、事关成败的"节点"、制约质量的"短板"等问题解决好。

一丝不苟，力争一流，不能墨守成规，而要守正创新。知常明变者赢，守正创新者胜。无论是改革、发展、稳定，还是服务、方法、理念，都务必在遵循发展规律下增强创新意识，进一步打破老观念、老手势、老方法，顺应时代的变革，真正一丝不苟聚力大转变、谋求新突破。要一丝不苟强创新，就是要全力破除思想惰性、方法惯性、作风任性，静下心来多学学先进的理念、经验，沉下身去多听听基层企业的声音，从作风改起、从短板补起、从细节抓起，真正推动创新精神落到实处、转为实招。

【拓展阅读】

缪国斌以匠心追求极致、让"绝活"不绝

缪国斌，是德兴铜矿高级钳工。以匠心追求极致，让"绝活"不绝，是他的追求与担

当。小时候,缪国斌从钳工父亲嘴里听到的故事,让他对"技术大咖"欣美不已。"父亲讲过有个钳工做工件,做出来的东西装上去严丝合缝,同事无不敬服。"这样的故事听多了,缪国斌向往长大后也要做技术牛人。

1993年,从技校毕业的缪国斌回到德兴铜矿,成为一名钳工。在父亲"多学点真本事"的教诲下,他通过勤学苦练,先后破格拿到钳工技师、钳工高级技师资格证,成为一名技术骨干,并陆续获得"全国技术能手"、江西省"赣鄱工匠"等荣誉。

"每个人把每天的工作做到最好,才能实现铜矿明天更好的目标。"缪国斌说,矿里的目标是做世界先进的铜矿企业之一,这是每个人的责任,是一名技术工人应有的坚守。

缪国斌说,他最大的心愿就是教出更多徒弟,带出更多技术过硬的传承者。"作为一名技术工人,要有匠心追求极致,同时也要让'绝活'不绝。"

现在,缪国斌在德兴铜矿成立了"双首席大师工作室",还担任着钳工技能协会秘书长,工作之余义务开展技能培训活动。他的"徒弟"中已有15人被授予"江西省技术能手",5人被授予"全国技术能手",并连续包揽"中金杯""中铝杯"全国有色金属行业机修钳工技能大赛第一名。

4. 自省自律

自律是良好生活秩序的保证。古今中外凡是有所作为的人,都是有精神追求且自律的人,比如贝多芬、爱迪生、郭守敬、钱三强、聂海胜这些成功人士,都是有精神追求、有责任担当且严格自律的人群代表。

自律,要求我们提高自身素质,树立自尊、自爱、自强的自律意识,对学校、班级和个人都要有强烈的责任感,并且能够正确处理日常学习生活中的人际关系和矛盾冲突。在学习方面,我们一定要独立思考、独立解题,培养自己发现问题、解决问题的能力。

如果我们都能够加入到自律者这个行列中,就会发现身边的事物、环境大不相同。自律不仅对我们现在的学习有益,未来,当我们陆续结束自己的学生生涯走上社会的时候,对我们的工作和生活也有很大的影响。因为当我们年轻时,犯了错误还有从头开始的机会,可是在社会上我们必须为自己的每一次失误或者错误负责,承担后果。因此,我们应该互相监督,做到自觉自律,为目前的学习创造更好的环境,也为今后在工作和生活中养成良好的习惯打下基础。

自省是取得成功的内部力量来源。自省就是审视自己,反省自身。人们在对事情进行归因时,常常把积极的结果归于自己,把消极的结果归于其他,这样很难做到积极公正地审视自己。

做人当自省,面对是非恩怨,当从检讨自己开始。平日打扫房间时,我们会选择处理掉没用的东西,只留下需要的。心灵上也是,把自己心灵上的污垢与尘埃一同抹去,在客观理性地认识自己的基础上,不断地从内而外地完善自己,从而取得一个又一个的成功,实现自己的梦想。

据说有位佛法造诣高深的大师藏有一盏"人生之灯",灯芯镶有一颗历时500年之久的硕大夜明珠。此珠晶莹剔透,光彩照人。得此灯者,经珠光普照,便可超凡脱俗、超越自我、品性高洁，得世人尊重。有三个弟子跪拜求教怎样才能得此稀世珍宝，大师听后哈哈大笑，他对三个弟子讲，世人无数，可分三品：时常损人利己者，心灵落满灰尘，眼中多有丑恶，此乃人中下品；偶尔损人利己，心灵稍有微尘，恰似白璧微瑕，不掩其辉，此乃人中中品；终生不损人利己者，心如明镜，纯净洁白，为世人所敬，此乃人中上品。人心本是水晶之体，容不得半点尘埃。所谓"人生之灯"，就是一颗干净的心灵。

二、新时代劳模精神的崭新意蕴

（一）劳模精神与中华民族伟大复兴相托相生

习近平总书记指出，实现我们的奋斗目标，开创我们的美好未来，必须紧紧依靠人民、始终为了人民，必须依靠辛勤劳动、诚实劳动、创造性劳动。实现中华民族伟大复兴的中国梦，是中华民族近代以来最伟大的梦想，这个梦想凝聚了几代中国人的夙愿。现在，我们比历史上任何时期都更接近这一目标。我们也要清醒地认识到，在这一伟大征程中，幸福不会从天而降，梦想不会自动成真。"两个一百年"奋斗目标的实现，需要全体中华儿女众志成城、万众一心，把一切力量都凝聚起来，把一切积极因素都调动起来，以劳动托起中国梦。如果每一位劳动者都能身体力行，做劳模精神的践行者，做新时代的奋斗者，那么，中国梦必将实现。

（二）劳模精神与社会主义核心价值观相融相通

习近平总书记指出，劳动模范和先进工作者"爱岗敬业、争创一流，艰苦奋斗、勇于创新、淡泊名利、甘于奉献"的劳模精神，生动诠释了社会主义核心价值观，是我们的宝贵精神财富和强大精神力量。社会主义核心价值观传承着中华优秀传统文化的基因，寄托着近代以来中国人民上下求索、历经千辛万苦确立的理想和信念，也承载着每个人的美好愿景。劳模精神作为民族精神和时代精神的重要内容，与社会主义核心价值观在文化传承、教育导向、爱国情怀、道德提升等方面高度契合。作为个体，劳动模范以"爱国、敬业、诚信、友善"为行为准则，是个人践行的典范；作为公民，他们以"自由、平等、公正、法治"为社会价值取向，是价值引领的旗帜；作为人民一分子，他们以"富强、民主、文明、和谐"为奋斗目标，将"小我"融入国家发展的潮流中，是价值实现的楷模。

（三）劳模精神与工匠精神相辅相成

党的十九大报告做出了"建设知识型、技能型、创新型劳动者大军，弘扬劳模精神和工匠精神，营造劳动光荣的社会风尚和精益求精的敬业风气"的总体部署。就精神载体而言，劳模精神和工匠精神在产生机制、评价标准、时代背景、职业基础等方面存在明显区别。但是，这两种精神的内涵也具有共同特征：都继承了中华优秀传统文化中劳动文化的精髓，具有共同的文化底蕴；都立足于职业岗位，取得了突出业绩，做出了重要贡献，具有共同的价值导向；都练就了卓越技能，用个人的劳动实践阐释了劳动的境界，具有共同的价值实现。纵观不同时期的劳动模范，有许多劳动模范堪称大国工匠，而今日很多大国工匠也无愧于劳动模范的荣誉称号。劳模精神和工匠精神都是以爱国主义为核心的民族精神和以改革创新为核心的时代精神的生动体现。

三、新时代劳模精神的当代价值

（一）劳模精神凝聚建功新时代的磅礴伟力

2018年"五一"国际劳动节之际，习近平总书记在给中国劳动关系学院劳模本科班学员回信中提出，希望"用你们的干劲、闯劲、钻劲鼓舞更多的人，激励广大劳动群众争做新时代的奋斗者"。劳动模范是"干出新时代"的排头兵，是践行"实干兴邦"的楷模。激励广大劳动群众争做新时代的奋斗者，就是要让实干担当在新时代蔚然成风，让改革创新在新时代焕发活力，让精益求精在新时代落地生根。只要我们持之以恒地弘扬劳模精神，充分调动起广大劳动人民的积极性、主动性和创造性，就一定能最大限度地聚合起人们饱满的奋斗热情，从而为建功新时代、实现中国梦凝聚起磅礴的中国力量。

（二）劳模精神引领新时代产业工人队伍建设

推进产业工人队伍建设，是以习近平同志为核心的党中央着眼于巩固党的执政基础、实施制造强国战略、全面提高产业工人素质做出的重大决策部署。在抗击新冠疫情全民战争中，广大产业工人，尤其是大批劳动模范，积极参与到疫情防控的各条战线中，以艰苦卓绝的劳动创造了中国速度，谱写了一曲曲抗疫赞歌，充分体现了产业工人在非常时期的非常担当，彰显了中国特色社会主义制度的显著优势。在新时代，应充分发挥劳动模范和工匠人才的示范带动和价值引领作用，培养造就更多劳动模范、大国工匠，努力打造一支有理想守信念、懂技术会创新、敢担当讲奉献的宏大产业工人队伍，建设知识型、技能型、创新型劳动者大军。

（三）劳模精神昭示新时代劳动教育的价值取向

习近平总书记在全国教育大会上强调，"要在学生中弘扬劳动精神，教育引导学生崇尚劳动、尊重劳动，懂得劳动最光荣、劳动最崇高、劳动最伟大、劳动最美丽的道理，长大后能够辛勤劳动、诚实劳动、创造性劳动"。这既是对广大学生涵养深厚劳动情怀的谆谆嘱托，更是对未来劳动者用奋斗成就梦想的殷切期待，昭示着新时代劳动教育的价值取向。劳动模范是每个时代劳动精神的典型化身，是引导广大学生培育践行社会主义核心价值观的宝贵财富和有效载体。应充分发挥劳动模范先进事迹和优秀品质的感召作用，让广大学生有机会近距离接触劳动模范、聆听劳模故事、感受劳模精神，在实践中体悟劳模精神，在磨炼意志和增长才干中感受劳动的乐趣和收获，从而培育辛勤劳动、诚实劳动、创造性劳动的精神气质。

第二节　新时代工匠精神

在我国几千年的文明史中，工匠精神源远流长，"巧夺天工""匠心独运"等都是对工匠精神的高度概括。中华人民共和国成立以来，大庆精神、"两弹一星"精神、载人航天精神等，不断为工匠精神注入新的内涵。也正是这种精神，中国路、中国桥、中国港、中国网等，成为一张张国人引以为傲的"中国名片"。

一、工匠精神的内涵

1. 务实勤劳的实干精神

务实作风是实干精神的关键。对于务实作风，习近平总书记有过很多生动的论述，比如"空谈误国、实干兴邦""一分部署、九分落实""发扬钉钉子精神""抓铁有痕、踏石留印"等。务实要从实际出发谋划事业和工作，使点子、做法、方案符合实际情况、符合客观规律、符合科学精神，不好高骛远。

弘扬求真务实的作风首在观念转变。思想是行动的先导，没有思想认识的大提高，就不会有事业的大进步。要坚持在解放思想中统一思想，在统一思想中更新观念，为推进加快发展、科学发展、又好又快发展奠定坚实的思想基础，提供强大的精神动力。青年大学生要进一步解放思想、勇于创新、奋力开拓、敢为人先，发扬实干精神，坚定求真和务实的观念，只要是有利于自身成长、有利于又快又好发展，就大胆试、大胆闯、大胆干。要善于总结发展中的新经验，善于探索解决问题的新办法，善于找到攻坚破难的好措施。

弘扬求真务实的作风重在落实。实干兴邦，空谈误国。推进又快又好发展，要求青年大学生真正扑下身子、沉下心来，脚踏实地干事业，埋头苦干促发展。确保工作干一项成一项，取得实实在在的成效。要发扬不怕困难、甘于吃苦精神，多到基础条件差、发展相对慢的地方脚踏实地地锻炼自己，多到矛盾突出、困难较多的地方有针对性地磨炼自己。要说实话、办实事、出实招、求实效，坚决做到不务虚功、不图虚名，坚决反对搞形式主义、做表面文章，真正做到一步一个脚印，以扎实的工作接受社会和实践的检验。青年大学生要力戒形式主义。求真务实，就是各项工作要立足于"实"、扎根于"实"。要讲真话、报实情、求实效。实事求是，脚踏实地，敢创新、敢将自己的真才实学发挥到社会真正需要的地方去。实事求是是马克思主义的精髓，我们过去取得的一切成就都是靠实事求是。今天，我们要把中国特色社会主义事业继续推向前进，还是要靠实事求是。

实干要有"想为"的境界。坚定理想信念是实干精神的基础，理想信念就像人生的灯塔，决定我们的言论和行动，也决定我们的立场和方向，没有理想信念，精神上就会缺钙，要真正将理想信念建立在科学理论的理性认同上，建立在对历史客观规律的正确认识上，让实干有想为的境界，只有"想为"才能"会为"，进而才能"巧为"。

实干要有"敢为"的担当。担当是一种情怀。"居庙堂之高则忧其民，处江湖之远则忧其君""先天下之忧而忧，后天下之乐而乐"是范仲淹忧国忧民的担当情怀。无论在烽火连天的战争岁月里，还是在和平建设的新时期，无数共产党员胸怀革命的崇高理想，坚定共产主义的伟大信念，敢于担当，勇于奉献。担当是一种责任，我们改革已进入深水区、攻坚期，在全面深化改革中推进伟大事业，必然是一个攻坚克难的过程。面对千载难逢的历史机遇，新时代青年大学生就应该敢于担责、敢于担难、敢于担险，做到守土有责、守土负责、守土尽责。唯有担当才能扬起对外开放的风帆，唯有担当才能无愧于历史、无愧于时代、无愧于人民。

【拓展阅读】

奋斗新时代还需"铁人精神"

伟大时代呼唤伟大精神，伟大事业更需榜样引领。"铁人精神"是中华民族精神的重要组成部分，是历久弥新、永不褪色的宝贵精神财富，是激励中华儿女拼搏奋进、担当作为、干事创业的强大精神动力。

"铁人"王进喜，1923年10月8日出生于甘肃酒泉玉门市赤金堡一个贫苦农民家庭。1950年玉门解放后，王进喜成为新中国第一代钻井工人。1956年4月，王进喜光荣加入中国共产党，后担任贝乌五队队长，带领井队创出月钻井进尺5 009.47 m的全国最高纪录，贝乌五队荣获"钢铁钻井队"称号，他也以"标杆立祁连"的战绩被誉为"钻井闯将"。1960年3月，他主动请缨，率领"1205"钻井队开赴大庆参加石油大会战，靠"人拉肩扛"搬钻机、"盆端桶提"运水保开钻的办法打出了到大庆后的第一口井。1960年5月，在开钻2589号井时，他不顾腿伤跳进泥浆池，用身体搅拌泥浆压服井喷，被人们誉为"铁人"。1964年12月，王进喜出席第三届全国人民代表大会。1969年4月，王进喜出席党的九大并当选为中央委员，受到毛泽东和周恩来的亲切接见。由于长期积劳成疾，他身患胃癌，但直到生命最后一刻他仍然关心着油田建设，病逝时年仅47岁。1972年1月27日，《人民日报》发表长篇通讯《中国工人阶级的先锋战士——铁人王进喜》，高度评价了王进喜伟大的一生，在全国掀起了学习"铁人精神"的热潮。世纪之交，他同孙中山、毛泽东、雷锋、焦裕禄等一起被评为"百年中国十大人物"。

学习传承"铁人精神"，着力激发新时代"铁人"的内生动力，深度挖掘"铁人"事迹和"铁人精神"的时代内涵。坚持将"铁人精神"作为教育党员干部最重要的资源和最鲜活的教材，通过讲述"铁人"故事、传唱"铁人"歌曲、展播"铁人"影视、踏寻"铁人"足迹、编辑"铁人"轶事等多种形式，春风化雨，成风化人，教育引导青年大学生弘扬"铁人精神"，自觉做到政治上对党忠诚、思想上知行合一、作风上敢死拼命、业务上精益求精、工作上一丝不苟、纪律上从严要求，不忘初心、牢记使命，争做新时代的"铁人"。

(资料来源：人民网，2018-10-15)

2. 追求卓越的精益精神

保持锐意进取、永不懈怠的精神状态，是我们不断从胜利走向新的胜利的重要法宝。良好的精神状态，是做好一切工作的重要前提，是人们战胜困难、成就事业不可缺少的重要因素。精益求精是对于品质的执着坚持和追求，是卓越品质。回顾历史，革命、建设、改革事业从来不是一帆风顺的，每个时期都面临各种各样的风险和挑战。面对艰难险阻，中国共产党始终锐意进取、永不懈怠、一往无前，团结带领人民取得了世人瞩目的巨大成就。今天，中国特色社会主义进入新时代，改革开放事业到了一个船到中流浪更急、人到半山路更陡的时候，到了一个愈进愈难、愈进愈险而又不进则退、非进不可的时候，摆在我们面前的使命更光荣、任务更艰巨、挑战更严峻、工作更伟大。这更需要青年大学生始终保持锐意进取、永不懈怠的精神状态，勇于担当作为，善于攻坚克难，只争朝夕、夙夜在公，在新时代创造新的更大奇迹。

【拓展阅读】

匠心组装航天梦——崔蕴

从普通的火箭装配工到国家级技能大师，天津航天长征火箭制造有限公司的技能大师崔蕴今年57岁，他从事火箭制造30多年来，参与将长征七号、长征五号运载火箭等数十种型号的火箭送上天，还带出了一支专业素质过硬的队伍。

在火箭总装的过程中，零部件多达十几万个。铝、铜、碳钢、不锈钢，从构造参数到作用原理，这些不同材质、型号的零件装得是否合格，崔蕴伸手一摸就知道。"要想进行最后的总装，就必须了解每个零件的加工生产、技术指标，装配起来才能得心应手。"崔蕴介绍，这些零部件都是他和团队手工安装上去的。每个螺钉要拧多大的力矩，都有讲究。比如，一个不足一平方米的孔盖上有48个螺钉，只有将它们都对称安装、逐级加力并在72小时内反复校准，才能确保孔盖零缝隙，否则就会造成火箭推进剂泄漏。

老花镜、手电筒、卷尺、放大镜、望远镜和激光笔是崔蕴衣服口袋里的"六件宝"，用来严格地检查和指导徒弟们的工作。同时，培养严谨的工作作风离不开制度上的约束。他逐条细化车间各项工作，拉条挂账，要求员工签字确认。"火箭离开发射塔架，只有两种命运，成功或失败。我们要严把最后一道关，出不得一点差错"。

如今，崔蕴带领的总装团队是一支平均年龄仅26岁的年轻队伍。"未来中国航天要靠年轻人，要把自己多年的工作经验和技能无保留地传承下去。当火箭飞上天的那一刻，所有付出和努力都值了！"崔蕴告诉记者。

(资料来源：搜狐网，2018-09-06)

3. 勇于突破的创新精神

创新是知识经济时代的一个显著标志，创新是一个民族进步的灵魂，一个没有创新能力的民族，难以屹立于世界民族之林。当今国际社会正处于一个飞速发展的时代，追求卓越的创新精神显得尤为重要。只有拥有创新精神的国家，才能让自己立于世界强国之林。

在几千年的发展中，工匠们除了各种发明创造外，还具有不断追求创新的精神：张衡发明了浑天仪和地动仪，比欧洲早1 700多年；南朝祖冲之精确地算出圆周率是在3.1 415 926~3.1 415 927，这一成果比欧洲早1 000年；中国人于公元前5世纪发明了双动式活塞风箱，西方于16世纪才用双动式活塞风箱，比中国晚了2 100年左右；公元前2世纪，中国人发明了旋转式扬谷扇车，到18世纪初，西方才有了扬谷扇车，比中国晚了2 000年左右；公元前1世纪，中国人发明了独轮手推车；而西方到公元11世纪才出现独轮车，比中国晚了1 200多年；东汉华佗擅长外科手术，被誉为"神医"，他发明的麻沸散比西方早1 600多年；隋唐赵州桥是现存世界上最古老的一座石拱桥等。

【拓展阅读】

创新中国

"创新"是这几年我们听到频率非常非常高的词,各项成果也是实实在在、看得见的。如果说一本中国护照能让你在世界上无论哪一个角落都能安全回国,那中国的创新成果就是能让你在世界上无论哪一个角落都能满脸自豪。

习总书记在十九大报告中讲到"建设现代化经济体系"时,提到最频繁的字眼就是创新。过去五年,神舟飞天、蛟龙入海、高铁奔驰、大飞机首飞,从移动支付到共享单车,从"中国制造2025"到物联网、大数据、云计算等新技术,我国持续推进科技创新,科技成果密集亮相,呈现井喷态势。

2013年,创新被定义为引领中国未来发展的第一动力。国家投入的科研经费达到1.1万亿元,首次超过日本,成为世界第二;此后,这项经费以每年平均11.1%的速度增长,共投入了超5.4万亿元。

2014年,中国的国际专利申请量超2万件,成为全球国际专利申请总量的最大贡献者,也是唯一一个国际专利申请量增长达到两位数的国家。

2015年,我国科技人力资源总量超过了7 100万,居世界第一;千人计划、万人计划等一系列人才计划,让近5年回国人才超过110万,是前30年回国人数的3倍。

如今我国的科技进步对经济增长的贡献率达到了57.5%,创新能力从34名"跑"到了22名,是世界前25位中唯一的中等收入经济体。现在,超百项深化科技体制改革措施正在加速推进,一个个创新成果,正在改变人们生活,中国正在成为创新型国家。

古有四大发明:造纸术、指南针、火药、印刷术。现有新四大发明:高铁、移动支付、共享单车和网购。从古至今,中国人的创新脚步从未停止,这一步步的脚踏实地,都在谱写着一条强国之路。

航天强国。这些年我们国家在航空航天领域投入很大,如登月计划、载人航天计划、空间站等。2018年,我国发射的嫦娥四号无人探测器主要任务就是着陆月球表面。这是世界首颗在月球背面着陆和巡视探测的航天器,更深层次科学探测月球地质、资源等方面的信息,完善月球的档案资料。

海洋强国。过去5年,我国在深空领域日益强大的科技实力也在深海探测有所体现。从"进入深海"时代走到"深海探测开发"时代只用了短短几年的时间,深远海利益的维护和保障得到进一步加强。未来,我国还将开启"海底空间站的项目",更深地探索和利用海洋资源。

交通强国。改革开放至今,我们已经成为名副其实的交通大国,中国高铁能够成为名片走出国门也是我国科技人员技术不断创新的结果。2017年5月5日,我国首架具有完全自主知识产权的大型客机C919冲上云霄,成功完成首飞任务,圆了国人期盼半个世纪的"飞机梦"。

网络强国。今天的中国已经是一个不折不扣的网络大国,网民规模已经超过7亿,电子商务、电子政务、社交媒体应用、大数据、人工智能各个领域的应用和创新,都取得了长足的进步。下一步,我国构建了空、天、地一体化的信息网络,着眼于建设高轨道、低轨道卫星组网来实现服务于我们国家"一带一路"的一个空、天、地一体化的信息网络。

现在已经到了全国创新成果井喷的年代,因为在创新崛起的背后,一直有着一种突破挑战、求真务实的民族创新精神在指引。"创新"已使中国焕发出撬动地球的力量。

二、工匠精神的价值

实现中华民族伟大复兴的中国梦,不仅需要大批科学技术专家,同时需要千千万万的能工巧匠。传承和发展工匠精神,具有重要的时代价值与广泛的社会意义。

1. 工匠精神是中国创造的精神源泉

李克强总理在《2017年国务院政府工作报告》中提到,鼓励企业开展个性化定制、柔性化定制生产,培育精益求精的工匠精神,增品种、提品质、创品牌。"工匠精神"首次出现在政府工作报告中,令人耳目一新。

工匠精神的核心在于创新。听起来,创新和不断重复、精益求精的工匠作业似乎有矛盾。但烦琐复杂的工作是培育创新的土壤,追求完美是助推创新的动力。纵观历史,国内有鲁班、张衡,国外有富兰克林、爱迪生,他们都能够被称为"工匠",但最终被后世铭记,不是因为他们日复一日、年复一年的打磨某个产品,而是他们不断提供创造力,通过创新给后世留下了宝贵的财富。现代的工匠精神,并非是简单的重复与坚守,而是改进与创新。

【拓展阅读】

创新的典范——华为公司

华为,在全球市场被公认为通信科技领域最为勤奋的创新者之一。华为企业文化中特别重要的一条就是"艰苦奋斗",正是在艰苦奋斗精神的鼓舞下,华为人攻克了一个又一个技术难题,拓展了一块又一块商业领地。在东欧阿尔巴尼亚的库克斯,他们冒着15年未遇的暴风雪赶往偏远山区进行通信抢修;在南美洲哥伦比亚的奴基热带雨林,他们人拉肩扛,硬是在不通公路的情况下把设备运上高山,为当地居民架起通信的桥梁。在西班牙,在印度,在尼日利亚,在世界每一个角落,华为的工程师用先进的技术和诚实的劳动,赢得了越来越多的信赖与合同。是他们,以二十四小时都有业务员在天上飞、坐车走的勤奋工作,把华为带到了美丽新世界,更让世界改变了中国制造等于粗制滥造、没有技术含量、没有优质服务的往昔印象。

今天,华为已当之无愧成为全球第一大国际专利申请公司,它和中兴的专利申请量占全国国际专利申请量的40%。华为已经在170多个标准组织和开源组织中担任核心职位,已累计获得专利授权36 000多件。以智能手机最核心的部件处理器为例,华为拥有全部知识产权的海思处理器已经能够与世界最主流的处理器相媲美,成为华为手机产品强大的"心脏"。

以强大的技术力量为后盾,以坚忍不拔的开拓精神为动力,华为走出国门、走向世界。目前,华为是全球最大的信息与通信解决方案供应商之一,在海外设立了22个地区部、

100多个分支机构，并在美国、印度、瑞典、俄罗斯等地设立了17个研究所，还在全球设立了36个培训中心，成为中国企业在世界上最具影响力的代表品牌之一。

2. 工匠精神是企业竞争发展的资本

塑造良好的品牌形象，是企业参与市场竞争、占领市场制高点的重要手段。当前，我国正处在从工业大国向工业强国迈进的关键时期，培育和弘扬工匠精神，对于建设制造强国具有重要意义。

3. 工匠精神是个人成长的道德指引

从本质上讲，"工匠精神"是一种职业精神，它是职业道德、职业能力、职业品质的体现，是从业者的一种职业价值取向和行为表现。"工匠精神"作为一种职业精神，是企业员工提升个人精神追求、完善个人职业素养、实现个人成长进步的重要道德指引。美国旅馆业巨头康拉德·希尔顿年轻时有过在酒店打工的经历。最初，上司安排他打扫卫生，刷马桶是其中的必要环节。希尔顿对这份工作不满意，对待工作很懈怠。有一天，一位年龄稍长的女同事见他刷的马桶很不干净，就亲自为他做示范，并告诉他，自己刷完的马桶，是有信心从里面舀水喝的。这件事对年轻的希尔顿触动很大。后来，希尔顿拥有了自己的酒店，并在行业内独树一帜。回顾他的成功之路，不难发现，他年轻时所遭遇到的"喝马桶水"的职业精神教育这一课，是他成长、成才、成功的重要精神财富。

第三节 践行劳模精神，传承弘扬工匠精神

"实现我们的发展目标，不仅要在物质上强大起来，而且要在精神上强大起来。"在全国劳动模范和先进工作者表彰大会上，习近平总书记精辟概括了劳模精神、劳动精神、工匠精神的深刻内涵，指出劳模精神、劳动精神、工匠精神是鼓舞全党全国各族人民风雨无阻、勇敢前进的强大精神动力，强调要大力弘扬劳模精神、劳动精神、工匠精神。

习近平总书记指出："在长期实践中，我们培育形成了爱岗敬业、争创一流、艰苦奋斗、勇于创新、淡泊名利、甘于奉献的劳模精神，崇尚劳动、热爱劳动、辛勤劳动、诚实劳动的劳动精神，执着专注、精益求精、一丝不苟、追求卓越的工匠精神。"

劳模精神、劳动精神、工匠精神是以爱国主义为核心的民族精神和以改革创新为核心的时代精神的生动体现。大力弘扬劳模精神、劳动精神、工匠精神，对于鼓舞和激励全党全国各族人民在决胜全面建成小康社会、决战脱贫攻坚取得决定性成就的基础上，乘风破浪、开拓进取，为全面建设社会主义现代化国家、实现第二个百年奋斗目标而继续奋斗，具有重大意义。

一、新时代工匠的作用与地位

工匠是指专注于某一领域、针对这一领域的产品研发或加工过程全身心投入，精益求精、一丝不苟地完成整个工序的每一个环节。工匠们喜欢不断雕琢自己的产品，不断改善自己的工艺，享受着产品在双手中升华的过程。工匠精神的目标是打造本行业最优质的产品，其他同行无法匹敌的卓越产品。

进入新时代，必须用工匠精神涵养时代气质，而要弘扬工匠精神必先提高工匠地位。时代需要工匠精神，时代也需要敬业、精业的工匠。

二、锐意进取奋斗前行

历史充分证明，中国人民不仅善于打破一个旧世界，而且善于建设一个新世界。一切伟大的创举和奇迹都源于梦想，一切辉煌的成就和事业都源于执着。成功贵在持之以恒、锐意进取。潮起宜踏浪，风正可扬帆。这是一个最好的时代，一个书写芳华的时代，一个崭新的时代，让我们在这个美好的新时代，牢记使命、锐意进取、大胆创新，以永不懈怠的精神状态和一往无前的奋斗姿态，凝心聚力，在新时代的征途中，创造出无愧于时代、无愧于青春的辉煌事业。

弘扬工匠精神，争做新时代热爱劳动的大学生，需要我们做到以下几点：

1. 务实勤劳的实干精神

务实即讲究实际、实事求是，埋头苦干、不求浮华；勤劳即努力劳动、不怕辛苦。勤劳务实的工作作风取决于人的世界观、人生观和价值观，决定着一个人自身修养的高度。

要想做到勤劳务实，首先，要在勤劳上下功夫。工作时要勤思索、勤动手、勤动脚，

以认真负责的态度、实事求是的精神、科学严谨的方法开展工作。其次,要在务实上求突破。在工作中要戒骄戒躁,把心思放在如何落实工作上,发扬兢兢业业、踏实苦干的实干精神。

【拓展阅读】

职业院校学生为国夺金,中国队再揽世界技能大赛团体第一

2019年8月27日晚,历经多日角逐的第四十五届世界技能大赛在俄罗斯喀山落下帷幕。中国代表团选手在大赛中表现优异,斩获35枚奖牌,其中金牌16枚、银牌14枚、铜牌5枚,同时还获得优胜奖17名,一举拿下金牌榜第一、奖牌榜第一、团体总分第一,继第四十四届世界技能大赛之后再一次荣膺全球之首。

职业院校学生成第四十五届世界技能大赛中国夺金主力。

从获奖选手来看,获得金牌的16个项目的20名参赛选手中,来自职业院校的学生13名、教师5名、企业一线职工2名;获得银牌的14个项目的16名选手中,来自职业院校的学生6名、教师4名、企业一线职工4名,另有来自上海交大的大学生2名;获得铜牌的5个项目中职业院校学生4名、教师1名。总体来看,全部获奖摘牌项目的41名选手中,来自职业院校的学生共23名,占比56%;其中13名摘金选手占到全部摘金选手的65%,成为当之无愧的国家队夺金主力军。

大国崛起需要职业院校培育更多参天大树。在人们的心目中,尤其是家长和学生本人,认为接受职业教育似乎就低人一等、被人看不起。在第四十五届世界技能大赛上,中国队的23名职校学生用实际行动证明,只要用心用力用功,职业院校同样也能育出参天大树。

一个国家,一个民族,需要的不仅仅是高端科研人员,更离不开高端技能人才。缺少了后者,再尖端的科学技术,也难以演变为真正的科技实力。所以,大国工匠也是高端人才,是促进综合国力发展的关键人才。

2. 锐意进取的奋斗精神

锐意进取即意志坚决地追求上进,力图有所作为。锐意进取的奋斗精神是有所成就的根本。它要求我们在工作中不好高骛远、眼高手低,而是脚踏实地,把奋斗精神融于岗位、融于日常,时刻保持昂扬向上的进击姿态,因时而动、随事而制,不断超越自我。保持锐意进取、永不懈怠的精神状态,是我们不断从胜利走向新的胜利的重要法宝。精神状态决定事业成败。良好的精神状态,是做好一切工作的重要前提,是人们战胜困难、成就事业不可缺少的重要因素。

【拓展阅读】

奋斗的青春不后悔

在发表2018年新年贺词时,习近平总书记指出,幸福都是奋斗出来的。在2018年春节团拜会的讲话中,习近平总书记更是强调,新时代是奋斗者的时代。这两句话从当年年初流行到了现在,其中传递的价值观,在举国上下广为流传。

我在毕业后,由于国家没有包分配工作,所以我跟许多80后一样,彷徨无措地进入了

社会，在私企打过工，在政府部门做过临时工，考了两年才考进了事业单位，仍不服输地在第三年考上了公务员。在今天回顾我年轻时的经历，我对自己的努力是给予肯定的。在我的青春时代，我选择了奋斗，虽仍有遗憾，但没有后悔。

年轻时，该去奋斗就别选择安逸，"20岁的贪玩，造就30岁的无奈，30岁的无奈，成就了40岁的无为，40岁的无为，奠定了50岁的失败，50岁的失败酿造了一辈子的碌碌无为"。人这一辈子就是一眨的工夫，浑浑噩噩就过一辈子，到老的时候已是后悔莫及。每一代人的青春都有奋斗的经历：祖辈们正值中华人民共和国成立初期，每个人都在忘我地为国家贡献自己的力量；父辈们在知青路上不断地突破自己，而我们在教育体制改革下，不断地寻找自己的出路……

"奋斗"是为一个目标去战胜各种困难的过程，这个过程会充满压力、痛苦、挫折。我们要经得住失败的考验，不是所有的奋斗都能成功，但至少曾经奋斗过，当我们追忆往事的时候，才不会后悔。

3. 追求卓越的创新精神

创新是当代中国最鲜明的特征。创新精神是一个国家和民族发展的不竭动力，也是一个现代人应该具备的素质。一个没有创新意识的人，要么整天忙于事务，要么浑浑噩噩，是难以在工作上做出亮点的。因此，我们要在日常工作中融汇创新精神，想问题要有超前意识，不能人云亦云；制订的个人工作计划要有新颖性，要有自己的特点特色，不能照葫芦画瓢；要不断学习新知识，掌握新方法，应用新设备、新载体，创造出日常工作的新效果、新途径、新局面。

本章小结

劳动模范是优秀劳动者的典型代表，是时代的精神符号和力量化身。他们身上承载和彰显的劳模精神会一直发挥引领作用，不断丰富和拓展中国精神的内涵。爱岗敬业、艰苦奋斗、追求极致、自省自律的劳模精神在新时代被赋予崭新意蕴，即与中华民族伟大复兴相托相生，与社会主义核心价值观相融相通，与工匠精神相辅相成。工匠精神属于职业精神的范畴，是从业者的一种职业价值取向和行为表现。新时代工匠精神的基本内涵包括务实勤劳的实干精神，追求卓越的精益精神和勇于突破的创新精神。践行劳模精神、传承工匠精神，具有重要的时代价值和广泛的社会意义。弘扬工匠精神，争做新时代热爱劳动的大学生，需要我们务实勤奋、锐意进取、追求卓越。

第三章　创建生态校园

知识目标
了解生态校园建设的提出背景，理解"绿水青山就是金山银山"背后的道理，掌握绿化环保行动的要点和践行低碳校园生活的方法。

能力目标
能够运用绿色生态理念规范校园行为。

素质目标
形成绿色价值取向，养成参与生态校园建设的良好习惯。

【案例导入】

选出自己心中的最美校园

1. 武汉大学

武汉大学被誉为"中国最美校园"。每年草长莺飞的4月，五湖四海的人们纷纷慕名而来，观赏樱花。体验一场花的盛宴，感受一场美妙的花语。这里除了有樱花城堡、樱花大道等景点外，中西合璧的宫殿建筑群典雅美丽，透露着东方的古典美。

2. 厦门大学

厦门大学位于花园城市厦门，校园自然是鸟语花香，绿树成荫。它外临白城海滩，内拥芙蓉湖，校园美轮美奂，宛如仙境。清幽的棕榈林荫小道、清丽的情人谷、美丽的芙蓉湖，处处花红柳绿，美不胜收。

3. 清华大学

康熙年间有皇家园林——熙春园，雍正、乾隆、咸丰三代皇帝都曾先后居住在这里，咸丰皇帝将其改名为清华园。清华大学的主体就位于清华园。这里皇家气息浓厚，景色建筑更是各有千秋。每年都有很多游客来这里体验独具魅力的校园文化。

4. 中山大学

中山大学位于经济发达的广州。在这里我们可以体验到不同的南国风光，广寒宫、中央草坪，每一处尽显端庄大方的幽雅，别是一番风味。

5. 四川大学

四川大学位于美丽的锦城成都。自然风光旖旎迷人，竹溪流水、绿树成荫，空气湿润清新。这里不仅学术能力强，而且景色优美。建筑中西合璧，见证了中西文化的碰撞与融合。

6. 苏州大学

"上有天堂，下有苏杭"，苏州古城一直有"人间天堂"之称。苏州大学就坐落在这里，一座文化底蕴丰富、自然风光迷人的城市。在这里，你可以感受到东吴大学的遗风，还有西洋建筑、钟楼、红楼等。园林式的亭台楼阁，一处一景，美哉美哉。

7. 深圳大学

深圳大学是特区建设后创建的大学。这座年轻的大学，依山傍海，位于南山后海湾，依山起伏，外海内湖，荔枝成林、花木繁荣。学校模仿了西海岸之新式大学园区的风格，建筑新颖，校园设施齐全，既时尚又典雅大方。

思考问题：

1. 你向往的校园是什么样的？为什么？
2. 最美校园和生态校园有什么区别与联系？

第一节　生态校园概述

生态校园建设是生态文明建设的重要组成部分，是高等教育实现可持续发展的重要途径。美好的校园生态能给师生以"春风化雨、润物无声"的启迪和潜移默化的教育。

一、生态校园的概念

生态校园也称绿色校园或可持续校园，是运用生态学的基本原理与方法进行规划、设计、建设、运行的人与自然关系和谐，各物种布局、结构合理且自然环境优良，物质、能力、信息高效利用且对环境友好的，集学习、工作、活动、休闲功能于一体的人工生态系统。

从环境生态学的角度来看，生态校园就像一个小型的生态城市：一个经济发展、社会进步、生态保护三者保持高度和谐，技术和自然达到充分融合，城乡环境清洁、优美、舒适，从而最大限度地发挥人类的创造力、生产力，并促使城镇文明程度不断提高的稳定、协调与永续发展的自然和人工环境复合系统。

校园作为一个生态系统，与城市一样由人工化的自然生态系统和人类生态系统共同组成。一个符合生态学基本规律的校园应该在设计和建设中充分融入生态与环境保护的思想，具有合理的布局结构；科学的功能区结构规划与合理的数量分配；有足够的绿地系统，丰富的适应本地环境的物种，保证生物物种的多样性；环保节能的建筑系统；能够处理全部或大部分校园内产生的污染物质，并能达到废物回收及综合利用；充分利用自然资源和能源，广泛使用节能产品；校园建筑、景观风格与周围的环境和谐统一，凸显创意与美感；在校园建设中结合学校历史，融入城市氛围，加大人文教育力度，塑造高雅校园环境的同时展示高尚文明的师生精神面貌；推行生态教育和系统管理，最终实现并保持校园的可持续发展。

高等教育在教育系统中起着龙头作用，是现有一切产业发展的智力源泉。校园的社会职责与功能决定了它是一个以人为主体的生态系统，由人工和自然生态环境复合而成。大学校园按照生态学原理进行生态规划、建设和管理的主要目的是为广大师生提供良好的生态环境，推动城市居民生态意识的提升，从而有可能从根本上解决好城市的生态问题。生态问题本质上是认识问题，对于大学校园生态系统的规划建设与管理，不应当仅仅停留在当前生态认识的一般水平上，更多的应该是积极的探索和引导。因此，对大学校园进行生态探讨，创建生态校园，具有必要性和积极意义。

二、生态校园创建的目的和意义

随着全球信息时代的到来，我国经济发展的加速，为高等教育的发展提供了空前的机遇，使高等教育在教育体系中起着龙头作用，且有很强的导向性。高校是为国家输送人才和管理人才的重要基地，是实现一切产业发展的智力源泉。正因如此才引发了高校校园建设的高潮。"可持续发展"是21世纪环境教育的主题，"生态校园"是21世纪校园建构的主轴。和谐的生态环境是人类心灵的故乡，如果缺乏一个可持续性的生态校园，教育只是一个缺乏灵魂的躯壳。生态校园能够为学生的环境教育提供鲜活的内容与素材，让学生在日常生活中就容易接触到，多为学生提供使用视觉、听觉、触觉、嗅觉、味觉等感官去接触环境及思考的机会，再从实际操作中学习与环境有关的各项知识。纵观过去，大学校园建设在我国经历了三次高潮，校园生态环境是大学可持续发展的核心要素之一，创建生态大学校园已成为21世纪大学建设的必然趋势。

进入21世纪，教育事业迅速发展，大学校园规模迅速扩大，势必对周围的生态环境造成很大的影响。特别是建立新校区和大学城，迅速改变了原有城市郊区的生态面貌，并可能形成城市新教育中心，引发城市新一轮的扩张，给原有环境带来巨大的生态压力。大学校园与城市的联系越来越密切，大学校园原有的功能，如提供后勤服务、提供师生居住的空间等都由社会承担。大学校园的大型文化体育设施也逐步向社会开放，成为城市重要的组成部分。随着城市的进步，现代化交通的发展使得城市地域不断扩张，加剧着城市环境的不断恶化，如大气、河流污染及各种对人类不好的效应接踵而来，人居环境矛盾凸显。人们渴望绿地、渴望森林、渴望回归自然，城市生态建设已成为人们关注的焦点。学校作为生态系统的组成部分，自然同样重要，生态校园已成为新世纪大学的理想追求。

【拓展阅读】

普通高等学校生态校园建设有据可依

日前，由湖南环境生物职业技术学院起草的湖南省地方标准《普通高等学校生态校园建设规范》通过湖南省质量技术监督局组织的评审，这是国内普通高校生态校园建设的首个标准。

生态校园建设是生态文明建设的重要组成部分，是高等教育实现可持续发展的重要途径，美好的生态校园能给师生以"春风化雨、润物无声"的启迪和潜移默化的教育。目前，大多数高校在生态校园建设中，缺乏生态理念，只注重环境美化，忽略生态功能，研制普通高等学校生态校园建设规范显得尤为迫切。全国高职院校首家国家生态文明教育基地——湖南环境生物职业技术学院，紧密结合生态文明建设新思想，依托学院专业技术优势，由院长左家哺教授牵头组织申报了《普通高等学校生态校园建设规范》研究项目，经湖南省质量技术监督局批准列入《2016年度第1批地方标准制（修）订项目计划》，正式启动《普通高等学校生态校园建设规范》研制工作。该项目从环境生态学、生态工程学、景观生态学和生态经济学等多维视角，参考国家相关规范条例和高校生态校园建设经验，按照"源于实践、高于实践"的理念，将生态学有关原理方法和校园建设有机结合，深度融入校园规划、设计、建设、运行、管理各个方面，构建了具有"生态理念、生态建设、生态环境、生态教育"内涵的高校生态校园建设规范，举行了多次编制研讨会，广泛征求了湖南农业大学、中南林业科技大学、湖南省农林工业勘察设计研究总院、湖南绿苑园林股份有限公司等高校、设计院和企业意见，制定了涵盖建设规划、景观设计、植物布局与配置、生态建筑、生态文化教育及宣传、维护管理等技术要求的普通高等学校生态校园建设规范。

《高等学校生态校园建设规范》蕴含了人与自然及人与人和谐相处的生态发展理念，确立了高校生态校园建设的基础架构和应用，为高校建设生态校园提供了科学依据，得到了湖南省教育厅高等教育处、职业教育与成人教育处的指导、支持和认可。湖南省质量技术监督局组织的专家评审组认定，《高等学校生态校园建设规范》符合国家相关法律法规及强制性要求，适用性强，可操作性强；其实施对提升校园生态功能、培育生态意识、践行生态文明及美丽中国建设具有重要意义，填补了高等学校生态校园建设标准空白，具有开创性，达到了国内标准的领先水平，对提高校园生态功能具有里程碑意义。项目负责人左家哺教授表示，生态校园实现了人与自然关系和谐，给师生以美的享受和积极向上的感染与熏陶，是培育生态意识、生态环境育人的重要举措。《高等学校生态校园建设规范》解决了生态校园内涵及技术实现上的困惑，适用于普通高等学校生态校园的建设，有助于提高师生环境素养及自然保护意识，有助于美化校园环境、约束不文明行为，有助于提高学生的学习动力、培养学生的综合能力。

（资料来源：湖南环境生物职业技术学院官网，2018-01-17）

三、 生态校园创建的内容

生态校园建设的内容分为生态景观、生态技术、生态教育和生态管理四个层次。生态景观建设以校园布局结构、道路交通规划、景观园林设计、生物多样性的恢复、建筑设计与布局等为主要规划、建设内容；生态技术的应用是指以环保技术的应用为核心，以资源、能源的节约、再使用和再循环为原则，注重减少校园对外界所供能源的消耗，减轻校园内部环境污染；生态教育指试图从生态规律、生态伦理和生态美学相统一的角度去培养、熏陶甚至改变师生的人生观、哲学观、生态观和世界观，全面提高师生的环境素养与生态意识；生态管理是指学校在全面的日常管理工作中纳入对环境友好的管理措施并逐步形成制度规范，以促进学校物质资源的充分有效利用为目的。

能源短缺、环境污染加剧等全球性环境问题，以及城市环境污染日益严重的现状，使作为城市一部分的高校也难以幸免，废物大量排放、水电资源严重浪费等问题普遍存在；此外，院校合并、升格、改制，各地高校纷纷进行校园改扩建，致使校园环境建设出现了许多不协调、不合理的问题，例如，新老校区历史文脉断裂、缺乏融合，新校区边缘化；校园环境缺乏整体规划，千校一面，缺乏特色等。以上诸多问题迫使高校重新审视传统的校园环境规划与设计，而生态校园建设可能是解决这些问题的有效途径。目前，注重人与自然的和谐、强调生态可持续观念是当今校园环境建设发展的大方向。校园规划应以尊重自然生态为优先原则，注重能源的节约、资源的再利用和减少、避免污染物的排放，探索资源约束条件下大学校园环境建设的途径。

当前各高校对于校园建设有多种提法："环境友好型校园""节约型校园""绿色校园"和"生态校园"等。前二者是对建设资源节约型和环境友好型社会战略任务的号召和响应；"绿色校园"是政府主导下的"绿色大学"创建活动的组成部分。截至2010年，全国有11个省、市、自治区的60多所高校被命名为绿色大学，绿色校园建设主要包括校园的绿化、美化、净化效果，以及节能、垃圾分类、废物回收等措施。目前已有众多学者对"生态校园"进行了理论研究和实践经验总结。臧树良等（2004）和杜惟伟等（2005）从不同角度对生态校园的概念、内涵进行了定义和总结，给出了生态校园规划的基本原则和内容。杜惟玮还对生态校园现有建设流派及特点加以归纳总结。其中，臧树良认为生态校园是运用生态学的基本原理与方法规划、设计、建设、管理及运行的人与自然关系和谐，各物种布局、结构合理且环境质量优良，物质、能量、信息高效利用且对环境友好的集学习、工作、生活休闲功能于一体的人工生态系统。生态校园的内涵要比环境友好型校园、节约型校园、绿色校园的内涵广泛，也可以说前者涵盖了后三者。生态校园必然是环境友好的、节约的、绿色的校园，绿色校园建设实践也可以说为生态校园建设奠定了基础。这几种提法都以可持续发展理论、循环经济理论作为科学理论依据。而生态校园建设是运用生态学的基本原理与方法进行校园的规划、设计、建设和管理，将校园看作一个人工生态系统来研究，使校园成为一个有机的整体。

第二节　绿水青山就是金山银山

建设人与自然高度和谐共生的现代化校园，一定不能偏离安全与发展新理念的引领，只有这样，才能把始终坚持绿水青山就是金山银山理念真正落到实处。

一、绿水青山就是金山银山理念

始终坚持绿水青山就是金山银山的理念，就是要旗帜鲜明地坚持和发展好习近平生态文明思想。习近平生态文明思想是习近平新时代中国特色社会主义思想的重要组成部分，是我们始终坚持绿水青山就是金山银山理念的行动指南，深刻地回答了新时代为什么建设生态文明、建设什么样的生态文明、怎样建设生态文明等重大问题，是新时代生态文明建设的根本遵循，是马克思主义关于人与自然关系理论的最新成果，是被实践证明的可行方案，既是方法论，又是教科书。

在浙江安吉余村，习近平首次明确提出了"绿水青山就是金山银山"的重要论述。2005年的8月15日，时任浙江省委书记的习近平同志来到浙江余村进行调研，当听到村里下决心关掉了石矿，停掉了水泥厂，习近平同志给予了高度的肯定，称他们这是高明之举。他说，"一定不要再想着走老路，还是迷恋着过去的那种发展模式。所以，刚才你们讲了，下决心停掉一些矿山，这个都是高明之举，绿水青山就是金山银山。我们过去讲既要绿水青山，也要金山银山，实际上绿水青山就是金山银山，本身，它有含金量。"

"我们既要绿水青山，也要金山银山。宁要绿水青山，不要金山银山，而且绿水青山就是金山银山。"2013年9月，习近平总书记在哈萨克斯坦纳扎尔巴耶夫大学发表演讲，向世界传达了中国绿色发展的理念。

2019年9月18日，习近平总书记在郑州召开的黄河流域生态保护和高质量发展座谈会上强调："要坚持绿水青山就是金山银山的理念，坚持生态优先、绿色发展……共同抓好大保护，协同推进大治理，着力加强生态保护治理、保障黄河长治久安、促进全流域高质量发展、改善人民群众生活、保护传承弘扬黄河文化，让黄河成为造福人民的幸福河。"面对我国社会经济发展大局，坚持生态优先、绿色发展，就是要在生态环境保护和社会经济高质量发展方面"算大账、算长远账、算整体账、算综合账"，这是一个不可动摇的重要前提。

"金山银山"是"绿水青山"基础上的高质量发展。既要绿水青山，也要金山银山。要保护，也要发展。要在保护中发展，在发展中保护。保护绿水青山，不是为了原地踏步，也不是为了故步自封，而是为了更好的发展，为了更高质量的发展，为了更加可持续的发展。"保护生态环境就是保护生产力，改善生态环境就是发展生产力。"保护绿水青山是不可缺少的第一步，而收获金山银山则是顺理成章的第二步。保护生态环境不会导致社会经济发展开倒车，而是为了获得更高水平的经济发展和社会进步。2018年4月26日，习近平总书记在武汉召开的深入推动长江经济带发展座谈会上强调："推动长江经济带探索生态优先、绿色发展的新路子，关键是要处理好绿水青山和金山银山的关系。这不仅是实现可持续发展的内在要求，而且是推进现代化建设的重大原则。"绿水青山"和"金山银山"的关系，关系到中国特色社会主义建设的全局和大局，要从可持续发展和我国社会主义现代化建设的高度来看待"绿水青山"和"金山银山"的关系，这一点尤为重要。

"绿水青山就是金山银山"，意味着保护和发展的高度统一，意味着人、自然、社会的高度和谐。保护为了发展，保护可以推进更好的发展。发展兼顾保护，发展可以实现更好的保护。生态环境保护和生态文明建设，是我国可持续发展最为重要的基础。探索生态优先、绿色发展的新路子，是我国生态环境保护和社会经济发展需要回答的重要命题。习近平总书记曾指出："生态优先、绿色发展强调未来和方向路径。"由此可见，生态优先、绿色发展是我国社会经济未来的发展方向和发展路径，应该引起高度重视，深入研究，积极践行。生态环境保护是实现高质量发展的前提条件和必要基础。从安吉余村到浙江全省，从青海到内蒙古，从长江到黄河，我国生态文明思想在不断深化，我国生态文明建设在不断推进。

2016年5月，第二届联合国环境大会发布的《绿水青山就是金山银山：中国生态文明战略与行动》报告指出，以"绿水青山就是金山银山"为导向的中国生态文明战略为世界可持续发展理念的提升提供了"中国方案"和"中国版本"。中国生态文明建设沿着"绿水青山就是金山银山"所指明的方向，探索出了一条具有中国特色、全球意义的生态文明建设之路。"生态兴则文明兴，生态衰则文明衰。"从保护到发展，从生态到文明，从战略到全局，"绿水青山就是金山银山"这一关系文明兴衰、人民福祉的科学论断，将哲学的思考、发展的逻辑、现实的启示、历史的变迁、科学的规律、人文的关怀，融入我国生态文明建设的顶层设计和指导思想之中。"绿水青山就是金山银山"这一科学论断，将在我国大力推进生态文明建设、进行美丽中国建设、实现社会主义现代化强国战略和推进中华民族永续发展的过程中持续不断产生深远的历史影响。

新时代高校劳动教育应该真正实现与"德智体美'四育'"并举，以端正劳动价值观、培育劳动技能、养成劳动习惯、加强劳动实践锻炼为主要内容，挖掘和发挥其内在价值与外在价值的统一。

二、生态兴则文明兴

绿水青山就是金山银山理念，阐述了经济发展和生态环境保护的关系，揭示了保护生态环境就是保护生产力、改善生态环境就是发展生产力的道理，指明了实现发展和保护协同共生的新路径。这一重要理念科学把握自然规律、经济规律、社会规律，体现以人民为中心的发展思想，彰显马克思主义生态观和中华优秀传统文化中的生态智慧，开辟了正确处理人与自然关系的新境界。

生态兴则文明兴，生态衰则文明衰，生态环境是人类生存和发展的根基，生态环境变化直接影响文明兴衰演替。

经过各地各部门的不懈努力，我国生态环境质量持续改善，环境保护工作取得了一定的成效，但仍然要清醒地看到，一些地方环境保护工作面临的巨大压力和挑战。这是一场艰苦卓绝的攻坚行动，必须要持之以恒地抓好各项工作，聚焦长期目标的实现，不看眼前看将来，不看现在看子孙，不算小账算大账，以"咬定青山不放松"的毅力坚决打赢这场环境保护攻坚战。

  环境保护工作，保护的不仅仅是环境，更多的是子孙后代的长远利益，有的自然环境一旦被破坏，可能需要数年恢复期，可能需要无数人付诸劳动，可能需要无数资金财物，甚至这些都无法弥补和挽回造成的损失。大自然不应是我们无限索取的"资源提取器"，保护环境就是保护我们自己。万物各得其和而生，各得其养以成，造福当时更要泽被后世，打牢基础、利于长远，环境保护事关全人类的命运。

  要解决生态环境问题，必须从根本上解决当前不合理的发展方式和生活方式，贯彻创新、协调、绿色、开发、共享的发展理念，这是个系统工程，是一场多部门联合行动的阵地战。要以普惠民生福祉为最根本目标，共谋生态文明建设，提高生态环境治理的能力和水平，推动和引导建立国际性环境保护体系，充分彰显大国形象，展现大国担当，推动构建人类命运共同体。

第三节　低碳生活环保行动

生态环境保护是功在当代、利在千秋的事业。生态环境是关系党的使命宗旨的重大政治问题，也是关系民生的重大社会问题。生态环境没有替代品，用之不觉，失之难存。我们要争做绿化环保的践行者，应像保护眼睛一样保护生态环境，像对待生命一样对待生态环境，让生态美景永驻人间。

一、低碳校园生活

低碳意指较低（更低）的温室气体（二氧化碳为主）的排放，低碳生活可以理解为：减少二氧化碳的排放，低能量、低消耗、低开支的生活方式。如今，这股风潮逐渐在我国一些大城市兴起，潜移默化地改变着人们的生活。低碳生活代表着更健康、更自然、更安全，返璞归真地去进行人与自然的活动。对于普通人来说，低碳生活既是一种生活态度、生活方式，更是一种可持续发展的环保责任。

低碳生活给我们提出的是一个"愿不愿意和大家共同创造低碳生活"的问题，我们应该积极提倡并去实践低碳生活，注意节电、节气、熄灯一小时……从这些点滴做起。为了践行低碳生活，有人买运输里程很短的商品，有人坚持爬楼梯……在不降低生活质量的情况下，尽己所能的节能减排。

低碳生活，节能环保，有利于减缓全球气候变暖和环境恶化的速度。减少二氧化碳排放，选择"低碳生活"，是每位公民应尽的责任，也是每位公民应尽的义务。低碳是提倡借助低能量、低消耗、低开支的生活方式，把消耗的能量降到最低，从而减少二氧化碳的排放，保护地球环境，保证人类在地球上长期舒适安逸地生活和发展。低碳生活是一种经济、健康、幸福的生活方式，它不会降低人们的幸福指数，反而会使我们的生活更加幸福。

【知识链接】

什么是温室效应与全球变暖？

"温室效应"（Greenhouse Effect）与"全球变暖"（Global Warming）的含义听起来似乎相同，实际上却有很大的不同。温室效应是一个中性词，指的是大气层中时刻存在的一种自然现象，而全球变暖则是指一种有可能避免的大气环境问题，是一种生态或气候破坏。

温室效应

温室效应，又称"花房效应"，是大气保温效应的俗称。其原理本身非常简单明确，它只是不运转，非常像一个温室。从太阳输送到地球的能量中，大约有1/3的能量经过云层和地球表面被反射回太空中。其余的被土地和海洋吸收，然后以红外射线的形式放射出来，这些再被大气中的污染气体（微量气体）吸收，反过来向上释放红外线，向下则释放到地球的表面。正是这种不断跳跃的能量被称为温室效应。它对地球上的生命至关重要，没有它，赤道的平均气温将会是-10 ℃。

太阳辐射主要是短波辐射，如可见光；而地面辐射和大气辐射则是长波辐射，如红外线。大气对长波辐射的吸收力较强，对短波辐射的吸收力较弱。大气层就像覆盖玻璃的温室一样，保存了一定热量，使地球不至于像没有大气层的月球一样，被太阳照射时温度急剧升高，不受太阳照射时温度急剧下降。

全球变暖

全球变暖是由于大气层中二氧化碳等温室气体急剧增加，大量吸收地面红外线长波辐射，进而使温室效应增强造成的。二氧化碳等温室气体大量增加的主要原因：其一，人们为了获取能量，大量燃烧化石燃料（煤、石油、天然气等）排放大量温室气体；其二，滥伐森林并燃烧，使森林吸收二氧化碳的能力减弱。由于这些温室气体对来自太阳辐射的可见光具有高度的透过性，而对地球反射出来的长波辐射具有高度的吸收性，大量的温室气体排放使保留的能量增加，最终导致了全球气候变暖。

目前，政府间气候变化问题小组（IPCC）指出，有充分的证据显示，人类的活动导致了所谓"温室气体"在大气层的累积，这使全球气温逐步上升。

全球变暖其实可以视为气候变化的一种大趋势。人类活动造成了全球变暖，全球变暖又会对人类或整个地球产生什么样的影响？温室气体有哪些，它们有什么区别？目前全球温室气体排放量与过去有什么变化？大气中二氧化碳浓度有何变化，温室气体如何循环？面对全球气候变暖及其带来的影响，人类该怎么办？有哪些气候政策、机制可以采用？其作用机理如何？这些可能都是需要认真回答的问题。

作为大学生的我们，应该如何为实现低碳生活做出自己的贡献呢？

（1）我们应该树立低碳生活的意识，认识到低碳生活的必要性和紧迫性，把低碳生活的理念植入我们心中。

（2）我们应该从生活中的每一件小事做起，认真落实低碳生活，如节约用电、节约用水、节约用纸、多乘坐公共交通工具、不用一次性碗筷、不用塑料袋、废旧物品创意利用、爱护树木、将旧衣物捐给需要的人、不浪费粮食等。

（3）我们还应该主动宣传低碳生活方式，例如可以在校园橱窗内粘贴相关内容，向亲人、朋友宣传温室效应带来的严重危害，在校园内举办相关活动等。

二、绿化环保行动

保护环境，人人有责。让中华大地天更蓝、山更绿、水更清、环境更优美，需要动员全社会的力量推进生态文明建设，需要我们把环境保护转化为自觉行动。

（一）形成绿色价值取向

人与自然的平等作为生态文明的核心思想，为我国的生态文明建设提供了最基本的价值遵循，尊重自然、顺应自然、保护自然的理念必须深入人心。尊重自然，是人与自然相处时应秉持的首要态度，就是要求人对自然怀有敬畏之心，尊重自然界的创造和存在，深刻认识人与自然之间的平等关系，绝不能凌驾于自然之上。顺应自然，是人与自然相处时应遵循的基本原则，要求人顺应自然界的客观规律，按照自然规律的要求办事，绝不能只顾当前利益而违背了自然界本身的内在规律。保护自然，是人与自然相处时应承担的重要责任，要求人发挥主观能动性，在向自然界索取生存发展之需的同时，呵护自然、回报自然、保护自然界的生态系统，构建人与自然的生命共同体，防止出现生态赤字和人为造成的不可逆的生态灾难。

（二）形成绿色生活方式

健康的生活方式涉及吃穿住行等各个方面。单从出行方式来说，汽车的广泛使用除了带来交通堵塞问题外，更严重的是尾气排放对空气造成的污染，部分废气长时间存在于空气中，将会使人的身体健康遭受严重伤害。随着人们环保意识的日渐提高，不少人已经改变了自己的出行方式，共享单车、公共汽车逐渐在各个城市普及，人们在消费行为上也更加重视绿色、健康。现在，各大食堂都张贴着类似"谁知盘中餐，粒粒皆辛苦"的标语，呼吁和倡导节约粮食，以各种方式支持"光盘行动"。习近平总书记指出："绿色发展和可持续发展的根本目的是改善人民生存环境和生活水平。"所以，应该在社会生活的各个方面倡导一种健康文明的理念，倡导绿色消费，实现绿色发展。

【拓展阅读】

世界环境日

1972年6月5日，联合国在瑞典首都斯德哥尔摩举行第一次人类环境会议，通过了著名的《人类环境宣言》及保护全球环境的"行动计划"，提出"为了这一代和将来世世代代保护和改善环境"的口号。这是人类历史上第一次在全世界范围内研究保护人类环境的会议。出席会议的113个国家和地区的1 300名代表建议将大会开幕日定为"世界环境日"。

这次会议提出了响遍世界的环境保护口号：只有一个地球！会议经过12天的讨论交流后，形成并公布了著名的《联合国人类环境会议宣言》（Declaration of United Nations Conference on Human Environment），简称《人类环境宣言》）和具有109条建议的保护全球环境的"行动计划"，呼吁各国政府和人民为维护和改善人类环境、造福全体人民、造福子孙后代而共同努力。《人类环境宣言》提出7个共同观点和26项共同原则，引导和鼓励全世界人民保护和改善人类环境。《人类环境宣言》规定了人类对环境的权利和义务，呼吁"为了这一代和将来的世世代代而保护和改善环境，已经成为人类一个紧迫的目标""这个目标将同争取和平和全世界的经济与社会发展这两个既定的基本目标共同和协调地实现""各国政府和人民为维护和改善人类环境，造福全体人民和后代而努力"。会议提出建议，将本次大会的开幕日定为"世界环境日"。世界环境日的意义在于提醒全世界注意地球状况和人类活动对环境的危害，要求联合国系统和各国政府在这一天开展各种活动来强调保护和改善人类环境的重要性。

历年创意活动：

（1）巨大的水龙头——2005年6月5日，在巴西里约热内卢的巨型耶稣雕像前，世界自然保护基金会成员竖起一个巨型水龙头模型，以纪念第34个世界环境日。

（2）菲律宾绿色婚礼——2007年2月14日，在菲律宾的普林塞萨港，刚刚参加完集体婚礼的新人从他们种植在沙滩上的树苗旁走过。当天是情人节，一个由百对新人参加的环保集体婚礼在这里举行。新人们在沙滩上种植了红树。

（3）尚德高海拔阳光行动——2009年世界环境日，在青海考察的尚德董事长施正荣特意致电珠穆朗玛峰山麓西藏巴松完小扎西校长，关心该校师生的工作、学习和住宿情况。扎西校长向施正荣博士反映，尚德赞助的2.5千瓦的光伏电站为学校师生带来了光明，原有办公室、教室和寝室等总共31间，将扩建到59间，白天要保证计算机课的6台电脑供电，晚上要保证300多名师生学习、生活用电，学校扩容将出现较大的电力短缺，如今晚上还需要一台柴油发电机供电。施正荣博士表示，尚德将继续支援高海拔地区绿色电力，不日将送阳光上西藏。施正荣董事长还在同一天致电世界最高海拔中学定日中学校长次平，表示继续支持高海拔地区孩子们良好的成长环境，在该校长期设立尚德绿色奖学金。尚德为世界高海拔地区赠送光伏产品，赞助世界最高海拔小学巴松完小、世界最高海拔中学定日中学、世界最高海拔村庄"堆村"，为高海拔地区带来了绿色光明，也带来了中国光伏产业的高海拔影响力。

（4）联合国在2014年世界环境日（6月5日）首次在线发布公益动画短片《绿》，旨在于环境日之际引发公众对绿色消费的思考。

本章小结

生态校园建设是生态文明建设的重要组成部分，是高等教育实现可持续发展的重要途径。生态校园是运用生态学的基本原理与方法进行规划、设计、建设、运行的人与自然关系和谐，各物种布局、结构合理且自然环境优良，物质、能力、信息高效利用且对环境友好的集学习、工作、活动、休闲功能于一体的人工生态系统。"生态校园"是21世纪校园建构的主轴，创建生态大学校园已成为21世纪大学的必然趋势。当下，我们要深入学习贯彻党的十九届五中全会精神，建设人与自然高度和谐共生的现代化校园，始终坚持绿水青山就是金山银山理念。绿水青山就是金山银山理念彰显马克思主义生态观和中华优秀传统文化中的生态智慧。我们要争做绿化环保的践行者，应像保护眼睛一样保护生态环境，像对待生命一样对待生态环境，让生态美景永驻人间。

第四章　学习劳动法律法规

知识目标
了解我国劳动法的基本制度；理解劳动法的基本原则；掌握劳动合同基本法规、工作时间主要规定、工资制度、劳动保护法律制度和劳动争议处理法律制度。

能力目标
能够用劳动法的基本知识分析劳动问题。

素质目标
养成尊法守法的习惯；形成劳动法治意识。

【案例导入】

张阳是某大学的大二学生，暑假开始了，他希望找份暑期兼职工作，挣点零花钱和积累社会经验。经过努力，张阳很快在本市某超市找到了一份兼职促销工作。超市方和张阳约定：试用期两周，每天工作三小时，工资每周一结，试用期工资每周200元，为转正后工资的一半。张阳在该超市做了三周的促销工作，但超市一直没有给他发工资。张阳咨询法律专业人士后，得知自己的合法权益被侵犯，于是向当地劳动争议仲裁委员会申请仲裁。

当地劳动争议仲裁委员会研究案情后认为：《中华人民共和国劳动合同法》第70条规定，非全日制用工双方当事人不得约定试用期。超市与张阳关于试用期的约定违反法律规定，属于无效条款。所以，前两周的工资也应与正常工资标准一样，即每周400元，三周共计1 200元。裁定超市支付张阳工资1 200元。

思考问题：
1. 大学生做兼职时如何保护自己的权益？
2. 大学生如何培养法治意识？

第一节　劳动法规概述

一、劳动法的概念

劳动法是调整劳动关系以及与劳动关系有密切联系的其他社会关系的法律规范的总称。各国劳动法的表现形式不同，但大都包括以下基本内容：劳动就业法、劳动合同法、工作时间和休息时间制度、劳动报酬、劳动安全与卫生制度、女工与未成年工的特殊保护制度、劳动纪律与奖惩制度、社会保险与劳动保险制度、职工培训制度、工会和职工参加民主管理制度、劳动争议处理程序以及对执行劳动法的监督和检查制度等。

我国现行劳动法规主要有：《中华人民共和国劳动法》《中华人民共和国劳动合同法》《中华人民共和国就业促进法》《中华人民共和国劳动调解仲裁法》《中华人民共和国劳动合同法实施条例》等。

二、劳动法的调整对象

（一）劳动关系

劳动关系是指劳动者与用人单位在劳动过程中发生的社会关系，主要指劳动者与企业之间的关系。不包括劳动者与个人之间的关系以及公务员与国家机关、事业组织、社会团体等之间的关系。

要将劳动关系与劳务关系区别开来，劳动关系是指用人单位雇佣劳动者为其成员，劳动者在用人单位的管理下，提供由用人单位支付报酬的劳动而产生的权利义务关系。劳务关系属于民事关系的一种，是指平等民事主体之间就一方向另一方提供劳务、另一方接受劳务并支付对价而相互形成的权利义务关系。

（二）与劳动关系密切联系的其他劳动关系

（1）劳动行政关系，是指劳动行政主体在执行劳动行政职能时，与劳动行政相对人之间产生的社会关系。例如，劳动行政部门依法对用人单位的用工行为进行监督检查所产生的关系即属于劳动行政关系。

（2）劳动司法关系，是指劳动争议的仲裁机构和司法机构与劳动者、用人单位在处理劳动争议过程中发生的关系，如劳动仲裁、劳动诉讼等。

（3）劳动服务关系，是指劳动服务主体与劳动者和用人单位之间，在劳动服务过程中依据劳动法律规范和有关民事法律规范所形成的法律关系，如就业服务关系、职业培训服务关系、职业介绍服务关系、就业（失业）登记服务关系、社会保险服务关系等。劳动服务关系中的服务主体固定为依法取得特定劳动服务资格的社会组织。

（4）劳动团体关系，即工会与单位团体之间，工会与其成员或用人单位之间，用人单位团体与其成员或劳动者之间，由于协调劳动关系和维护劳动关系当事人利益而发生的社会关系。

【拓展阅读】

兼职工资被拖欠，如何维权？

刘晓霏是山东一所高校的大学生，在校期间由于课余时间充裕，因此想找份兼职工作，挣点外快。2020年12月，她在济南一家教学培训机构找了一份兼职工作，给中学生辅导高考专业课。当时签了合同，上边写了费用和相应的支付时间。半年过去了，按照约定应该支付给她8 000元的工资。可是培训机构的济南分公司与总部之间互相推诿不给支付，最终超过合同约定的支付时间一个半月才陆陆续续支付工资。她想咨询律师，这种情况下，可以索要违约金吗？

山东某律师事务所罗律师认为，索要违约金首先要看当时签订合同的具体内容，有无约定工资支付数额和时间，以及如未按照合同约定，是否明确约定违约金数额。如果约定违约金，可以按照合同约定索要。如索要无果，可以根据《中华人民共和国民法典》中（以下简称《民法典》）"合同编"的相关条款维权，索要违约金。

大学生勤工俭学，与用人单位之间是一种短期的雇佣关系，可以根据《民法典》的相关条款维权，劳动部在《关于贯彻执行〈中华人民共和国劳动法〉若干问题的意见》中规定："在校生利用业余时间勤工俭学，不视为就业，未建立劳动关系，可以不签订劳动合同。"因此，学生兼职并不属于现行劳动法律、法规、规章的适用范围。无须劳动仲裁救济前置程序，可以直接去合同履行地基层人民法院起诉维权。

律师提醒，在校学生兼职时要注意保留证据，如入职表、工作证、公司的内部资料、工作照片等，以便在产生纠纷时当作证据。

三、《中华人民共和国劳动法》的基本原则

（一）就业平等原则

就业平等原则是指劳动者不因民族、种族、性别、宗教信仰、财产状况等的不同而受到差别待遇，都享有平等就业和选择职业的权利、取得劳动报酬的权利、休息休假的权利、享受社会保险和福利待遇的权利以及法律规定的其他劳动权利。

（二）劳动自由原则

劳动自由原则是劳动法的核心，主要包括择业自由、合同订立自由、合同内容自由及合同形式自由等四个方面内容，即劳动者从事什么工作岗位、进入哪一个用人单位、是否缔结合同关系、合同内容如何确定、选择何种形式的合同、是否继续履行合同，取决于当事人的自由意志。劳动者在就业方面不受任何力量强迫，任何有违劳动者意愿的强迫劳动都应该受到法律的禁止。

（三）三方协调原则

三方协调原则又称为三方协商机制，是指政府（通常以劳动行政部门为代表）、雇主组织和工会共同协商处理有关劳动关系的问题，如工资水平、劳动标准、工作时间、休息休

假、劳动安全卫生、生活福利待遇等问题。

(四) 倾斜保护原则

倾斜保护原则是指劳动法倾斜保护劳动者的合法权益。该原则体现了劳动法的价值取向，《中华人民共和国劳动合同法》体现了对劳动者的倾斜保护。此外，《中华人民共和国劳动法》对工资、工时以及休息休假等劳动条件进行了强制性规定，包括最低工资制度、最高工时等，它对用人单位可能出现的强迫劳动者工作、肆意延长劳动时间等行为进行了限制，以确保劳动者的合法权益。我国劳动法之所以倾斜保护劳动者的权益，是因为劳动者相对于用人单位来说在经济、社会等方面处于弱势地位，只有适度地抑制强者和扶助弱者才能平衡两者的不平等。

第二节　劳动合同法律制度

在市场经济条件下，劳动者和用人单位通过签订劳动合同建立劳动关系，但由于劳动者与用人单位地位不平等，为了更好地保护劳动者合法权益，构建和发展和谐稳定的劳动关系，我国专门制定了《中华人民共和国劳动合同法》（以下简称《劳动合同法》）。

《中华人民共和国劳动法》（以下简称《劳动法》）第16条第1款规定："劳动合同是劳动者与用人单位之间确立劳动关系、明确双方权利义务关系的协议。"第2款规定："建立劳动关系应当订立劳动合同。"在市场经济条件下，用人单位与劳动者之间建立劳动关系，必须订立劳动合同。劳动合同一经订立，就成为规范双方当事人劳动权利和义务的法律依据。

一、劳动合同的特征

（1）劳动合同的当事人一方是用人单位，另一方是劳动者。用人单位主要是指企业、个体经济组织、民办非企业单位以及国家机关、事业单位、社会团体等。劳动者是指达到法定年龄，具有劳动能力，以从事某种社会劳动获取收入为主要生活来源的自然人。

（2）劳动合同的标的是劳动者的劳动行为。劳动关系建立后，劳动者即有义务按照用人单位的指示提供劳动，将处于静态的自身拥有的劳动力转化为动态的劳动行为，以实现劳动合同的目的。

（3）劳动合同的双方当事人具有职责上的从属关系。从属关系具体表现在劳动者进入用人单位后，必须服从单位的合法管理和指挥，遵守单位的劳动纪律和规章制度，接受单位的监督。劳动者创造的劳动成果属于用人单位。

二、劳动合同的形式和内容

（一）劳动合同的形式

劳动合同有口头形式和书面形式之分。根据《劳动法》和《劳动合同法》规定，劳动合同的订立形式必须是书面的。《劳动合同法》还规定，已建立劳动关系，未同时订立书面劳动合同的，应当自用工之日起一个月内订立书面劳动合同。用人单位自用工之日起超过一个月不满一年未与劳动者订立书面劳动合同的，应当向劳动者每月支付两倍的工资。

（二）劳动合同的内容

劳动合同的内容即劳动合同的条款，是指劳动者与用人单位之间设定权利义务的具体规定。劳动合同的内容直接涉及劳动者与用人单位的切身利益，也关系到国家劳动法律、法规和政策的贯彻实施。因此，合同内容不能完全依照双方当事人的自由意愿约定，还必须遵循有关法律对劳动标准的强制性规定。一般来说，劳动合同的内容包括法定条款、约定条款和禁止性条款。

1. 法定条款

（1）用人单位的名称、住所和法定代表人或者主要负责人的基本信息；

（2）劳动者的姓名、住址和居民身份证或者其他有效证件号码；

（3）劳动合同期限。我国劳动合同可以是有固定期限的，也可以是无固定期限的，或者以完成一定工作为期限；

（4）工作内容和工作地点；

（5）工作时间和休息休假；

（5）劳动报酬；

（6）社会保险；

（7）劳动保护、劳动条件和职业危害防护；

（8）法律、法规规定应当纳入劳动合同的其他事项；

2. 约定条款

约定条款是指法定条款以外，双方当事人在劳动合同中协商议定的条款。约定条款的内容只要不违反法律、法规的规定，同法定条款一样，对当事人具有法律约束力。《劳动合同法》第17条规定，用人单位与劳动者可以约定试用期、培训、保守秘密、补充保险和福利待遇等其他事项。约定条款的内容只要不违反法律、法规的规定，同法定条款一样，对当事人具有法律约束力。

三、劳动合同的订立、履行和变更

（一）劳动合同的订立

劳动合同的订立是指劳动者和用人单位经过相互选择和平等协商，就劳动合同的条款达成协议，从而确立劳动关系和明确相互权利和义务的法律行为。

《劳动合同法》规定："订立劳动合同，应当遵循合法、公平、平等自愿、协商一致、诚实信用的原则。"合法原则是指无论合同的当事人、内容和形式，还是订立合同的程序，都必须符合有关法律和行政法规的要求。平等原则要求用人单位不得借助经济实力的优势以及劳动力市场中供大于求的就业形势，对劳动者提出不合理的附加条件，双方应平等地决定是否缔约以及平等地确定合同内容。自愿原则是指订立劳动合同完全是出自双方当事人自己的真实意志，是双方在意思表示一致的情况下，经过平等协商而达成协议。协商一致原则是指双方当事人要对合同内容达成一致意见。诚实信用原则是指订立合同时，当事人双方要依诚实信用的道德标准，讲究信用，恪守诺言，诚实不欺，在不损害他人利益和社会利益的前提下追求自己的利益。

【拓展阅读】

关于试用期的规定

在签订劳动合同时，一般都会约定一定时间的试用期，那么《劳动合同法》关于试用期是如何规定的呢？

第十九条规定：劳动合同期限三个月以上不满一年的，试用期不得超过一个月；劳动合同期限一年以上不满三年的，试用期不得超过二个月；三年以上固定期限和无固定期限的劳动合同，试用期不得超过六个月。同一用人单位与同一劳动者只能约定一次试用期。

以完成一定工作任务为期限的劳动合同或者劳动合同期限不满三个月的，不得约定试用期。试用期包含在劳动合同期限内。劳动合同仅约定试用期的，试用期不成立，该期限为劳动合同期限。

第二十条规定：劳动者在试用期的工资不得低于本单位相同岗位最低档工资或者劳动合同约定工资的百分之八十，并不得低于用人单位所在地的最低工资标准。

（二）劳动合同的履行

劳动合同的履行是指劳动合同的双方当事人按照劳动合同的约定履行各自所应承担的合同义务的行为。履行应遵守合同约定，全面、合法履行。

（三）劳动合同的变更

劳动合同的变更是指劳动合同在履行过程中，由于法定原因或约定条件发生变化，对已生效的劳动合同进行修改或补充的行为。变更劳动合同，用人单位和劳动者必须协商一致，并且应该采取书面形式。双方当事人的权利义务，从双方约定变更之日起开始实施。

四、劳动合同的解除和终止

（一）劳动合同的解除

劳动合同的解除是指劳动合同签订以后，尚未履行完毕之前，劳动合同的主体基于单方或双方的意愿，提前结束劳动合同效力的法律行为。用人单位与劳动者协商一致，可以解除劳动合同。劳动者也可以单方面解除合同，即辞职。辞职应该提前30日以书面形式提出。

用人单位单方解除劳动合同，又称辞退或解雇，必须符合法定条件和按照法定程序进行。它可分为即时解除、预告解除和经济性裁员三种情形。即时解除针对劳动者有过错的情况；预告解除指由于合同不能继续履行，用人单位可以提前30日通知劳动者本人或额外支付一个月工资后解除劳动合同。经济性裁员应该听取工会意见，并向劳动行政部门报告。

（二）劳动合同的终止

劳动合同的终止是指劳动合同的法律效力终止。有下列情形之一的，劳动合同终止：①劳动合同期满的；②劳动者开始依法享受基本养老保险待遇的；③劳动者死亡，或者被人民法院宣告死亡或者宣告失踪的；④用人单位被依法宣告破产的；⑤用人单位被吊销营业执照、责令关闭、撤销或者用人单位决定提前解散的；⑥法律、行政法规规定的其他情形。

用人单位违反劳动法律规定解除或者终止劳动合同，劳动者要求继续履行劳动合同的，用人单位应当继续履行；劳动者不要求继续履行劳动合同或者劳动合同已经不能继续履行的，用人单位应当依法支付赔偿金。

【拓展阅读】

疫情期间停工停产用人单位能否停止支付工资

张某为某物流公司员工，双方签订的劳动合同约定其从事跨省货品运送工作，月工资为 5 000 元；物流公司于每月底发放张某当月工资。受疫情影响，物流公司按照所在地区人民政府施行的防疫措施，自 2020 年 2 月 3 日起停工。2 月底，张某发现公司未发工资，便询问公司人力资源部门，人力资源部门答复："因疫情属不可抗力，公司与你的劳动合同中止，2 月停工你无须上班，公司也没有支付工资的义务。"张某对此不理解，于 3 月初，通过互联网向劳动人事争议仲裁委员会（以下简称"仲裁委员会"）申请仲裁。请求裁决物流公司支付 2020 年 2 月工资 5 000 元。

仲裁委员会裁决物流公司支付张某 2020 年 2 月工资 5 000 元。物流公司不服仲裁裁决起诉，一审法院判决与仲裁裁决一致，物流公司未上诉，一审判决生效。

本案的争议焦点是物流公司能否以不可抗力为由拒绝支付张某工资。

本次新冠疫情是突发公共卫生事件，属于不能预见、不能避免且不能克服的不可抗力。不可抗力是民法的一个法定免责条款。《中华人民共和国合同法》（自 2021 年 1 月 1 日起施行《中华人民共和国民法典》，已废止）第 117 条规定："因不可抗力不能履行合同的，根据不可抗力的影响，部分或者全部免除责任，但法律另有规定的除外。"第 94 条规定："有下列情形之一的，当事人可以解除合同：因不可抗力致使不能实现合同目的……"最高人民法院《关于依法妥善审理涉新冠肺炎疫情民事案件若干问题的指导意见（一）》第 2 条规定："人民法院审理涉疫情民事案件，要准确适用不可抗力的具体规定，严格把握适用条件。"人力资源社会保障部、最高人民法院等七部门《关于妥善处置涉疫情劳动关系有关问题的意见》（人社部发〔2020〕17 号）第 1 条规定："受疫情影响导致原劳动合同确实无法履行的，不得采取暂时停止履行劳动合同的做法，企业和劳动者协商一致，可依法变更劳动合同。"因此，受疫情影响的民事合同主体可依法适用不可抗力条款，但劳动合同主体则不适用并不得因此中止履行劳动合同。

本案中，物流公司主张疫情属不可抗力，双方劳动合同因此中止缺乏法律依据，仲裁委员会不予采信。物流公司自 2020 年 2 月 3 日停工，张某 2 月未提供劳动。根据人力资源社会保障部办公厅《关于妥善处理新型冠状病毒感染的肺炎疫情防控期间劳动关系问题的通知》（人社厅明电〔2020〕5 号）第 2 条规定："企业停工停产在一个工资支付周期内的，企业应按劳动合同规定的标准支付职工工资。超过一个工资支付周期的，若职工提供了正常劳动，企业支付给职工的工资不得低于当地最低工资标准。"仲裁委员会裁决物流公司按照劳动合同约定，支付张某 2020 年 2 月工资 5 000 元。一审人民法院判决结果与仲裁裁决一致。

劳动法未引入不可抗力免责条款，主要原因是劳动关系是一种从属性的不对等关系，不同于民事关系是两个平等主体之间的关系。如果用人单位因不可抗力而免责，则会直接影响劳动者生存权。劳动报酬是劳动者赖以生存的经济来源，即使出现不可抗力，劳动者的该项权益仍需予以维护，用人单位也应谨慎区分民事关系与劳动关系适用不可抗力的条件、法律后果，避免适用错误，侵害劳动者权益，并因此承担违法后果。

第三节　工作时间与休息休假法律制度

一、工作时间

工作时间的长度由法律直接规定，或由集体合同或劳动合同直接规定，劳动者或用人单位不遵守工作时间的规定或约定要承担相应的法律责任。工作时间有以下几种：

（一）标准工作时间

标准工时是指法律规定的在一般情况下普遍适用的，按照正常作息办法安排的工作日和工作周的工时制度。我国的标准工时为劳动者每日工作 8 小时，平均每周工作 44 小时，每周至少一天休息日。

实行计件工作的劳动者，用人单位应当根据每日工作不超过 8 小时、平均每周工作不超过 44 小时的工时制度，合理确定其劳动定额和计件报酬标准。

（二）缩短工作时间

缩短工作时间是指法律规定的在特殊情况下劳动者的工作时间长度少于标准工作时间的工时制度，即每日工作少于 8 小时。缩短工作日适用于以下人群：

（1）从事矿山井下、高温、有毒有害、特别繁重或过度紧张等作业的劳动者。
（2）从事夜班工作的劳动者。
（3）哺乳期内的女职工。

（三）延长工作时间

延长工作时间是指超过标准工作日的工作时间，即每日工作时间超过 8 小时，每周工作时间超过 40 小时。《劳动法》规定，延长工作时间一般每日不得超过 1 小时，因特殊原因需要延长工作时间的，在保障劳动者身体健康的条件下延长工作时间每日不得超过 3 小时，但是每月不得超过 36 小时。

（四）不定时工作时间和综合计算工作时间

不定时工作时间，又称不定时工作制，是指无固定工作时数限制的工时制度。适用于工作性质和职责范围不受固定工作时间限制的劳动者，如企业中的高级管理人员、外勤人员、推销人员、部分值班人员，从事交通运输的工作人员以及其他因生产特点、工作特殊需要或职责范围的关系，适合实行不定时工作制的职工等。综合计算工作时间，又称综合计算工时工作制，是指以一定时间为周期，集中安排并综合计算工作时间和休息时间的工时制度。即分别以周、月、季、年为周期综合计算工作时间，但其平均日工作时间和平均周工作时间应与法定标准工作时间基本相同。

对符合下列条件之一的职工，可以实行综合计算工时工作制：

（1）交通、铁路、邮电、水运、航空、渔业等行业中因工作性质特殊，需连续作业的职工；

（2）地质及资源勘探、建筑、制盐、制糖、旅游等受季节和自然条件限制的行业的部分职工；

（3）其他适合实行综合计算工时工作制的职工。

实行不定时工作制和综合计算工时工作制的企业，应根据劳动法的有关规定，与工会和劳动者协商，履行审批手续，在保证职工身体健康并充分听取职工意见的基础上，采用集中工作、集中休息、轮流调休、弹性工作时间等适当方式，确保职工的休息休假权利和生产、工作任务的完成。

（五）计件工作时间

计件工作时间是以劳动者完成一定劳动定额为标准的工时制度。由用人单位根据《劳动法》规定的工时制度合理确定其劳动定额和计件报酬标准。

二、休息休假

根据法律法规的规定，我国目前休息休假可分为以下几种：

（一）工作日内的间歇时间

工作日内的间歇时间是指劳动者在一个工作日内的休息时间和用餐时间。一般来说，一个工作日内的休息时间的长短、次数可以由用人单位根据本单位的实际情况自主决定，通常劳动者在连续工作 4 小时后应当安排一次休息，其中用餐的休息时间一般不得少于半小时，这种休息时间不计入劳动者的工作时间之内。

（二）连续两个工作日之间的休息时间

连续两个工作日之间的休息时间是指劳动者在前一个工作日结束至后一个工作日开始之间的休息时间。在标准工作时间下，劳动者每日的工作时间不得超过 8 小时，也就是在连续两个工作日之间的休息时间不得少于 16 小时。实行轮班制的劳动者，其班次须平均调换，一般可在休息日之后调换；调换班次时，不得让劳动者连续工作两班。

（三）公休日，即周休息日，是劳动者工作一个工作周后的休息时间

《劳动法》第 38 条规定："用人单位应当保证劳动者每周至少休息一日。"即用人单位必须保证劳动者每周至少有一次 24 小时不间断的休息。根据《国务院关于职工工作时间的规定》，一般情况下星期六和星期日为周休息日；用人单位也可以根据本单位的实际情况，灵活确定本单位的周休息日。

（四）法定节假日

法定节假日有全民节日、部分公民放假的节日、少数民族节日和特殊纪念日。全体公民放假的节日，包括元旦、春节、清明节、劳动节、端午节、中秋节和国庆节。全体公民放假的节日，如果适逢星期六、星期日，应当在工作日补假。部分公民放假的节日及纪念日，包括妇女节、青年节、儿童节和中国人民解放军建军纪念日。部分公民放假的假日，

如果适逢星期六、星期日,无须补假。少数民族习惯的节日,由各少数民族聚居地区的地方人民政府,按照各民族习惯,规定放假日期。特殊纪念日如九一八纪念日、教师节、护士节等均不放假。

(五) 年休假

2008年1月1日起施行的《职工带薪年休假条例》规定:国家机关、社会团体、企业、事业单位、民办非企业单位、有雇工的个体工商户等单位的职工连续工作1年以上的,享受带薪年休假。职工累计工作已满1年不满10年的,年休假5天;已满10年不满20年的,年休假10天;已满20年的,年休假15天。

职工有下列情形之一的,不享受当年的年休假:

(1) 职工依法享受寒暑假,其休假天数多于年休假天数的;

(2) 职工请事假累计20天以上且单位按照规定不扣除工资的;

(3) 累计工作满1年不满10年的职工,请病假累计2个月以上的;

(4) 累计工作满10年不满20年的职工,请病假累计3个月以上的;

(5) 累计工作满20年以上的职工,请病假累计4个月以上的。

【拓展阅读】

补休不能代替加班工资

2020年10月30日,某公司生产部发出通知,要求所有职工在国庆期间加班,理由是黄金周产品销售量大,节后再补休。当马某提出加班应按《劳动法》的规定支付加班费时,遭到了生产部经理的拒绝。国庆期间,马某没去加班,10月8日,公司总经理即宣布解除公司和马某的劳动合同。在多次交涉无果的情况下,10月15日,马某向劳动争议仲裁部门申请仲裁。劳动争议仲裁部门认为马某不服从管理,辱骂公司管理人员,其行为确属违反劳动纪律,裁决维护某公司的处理决定。马某不服。10月28日,又向法院提起民事诉讼。法院受理后,要求该公司提供马某违反劳动纪律的证据。然而,该公司拿不出马某违反劳动纪律的具体证据。鉴于某公司举不出证据,法院遂判决:撤销某公司解除马某劳动合同的决定。

本案还涉及两个问题:① 国庆节加班,节后补休就可以不支付加班工资吗?② 在国庆期间加班,加班工资应如何支付?

结论与法理分析:

首先,在此案例中,公司安排职工在法定节假日加班,并以在事后安排补休为由拒绝支付法定节假日的加班工资,此种做法是不符合法律规定的,而且即使公司在节后安排了补休,也不得拒绝支付加班工资。

《劳动法》对延长劳动时间支付高于正常工作时间工资的工资报酬问题规定了三种情形:在工作日延长工作时间的,支付的工资报酬为工资的150%;休息日安排劳动者工作又不能安排补休的,支付的工资报酬为工资的200%;法定节假日安排劳动者工作的,支付的工资报酬为工资的300%。上述三种情形中,法律规定,在休息日安排劳动者工作的,其待遇有两种选择：一是安排补休，二是支付不低于工资200%的报酬，而第一种和第三种情形下，只能支付法律规定的工资报酬，不能以安排补休而不支付高于正常工作时间的工资报酬。

标准工作时间以外延长劳动者的工作时间或者休息日、法定节假日安排劳动者工作，是占用了劳动者的休息时间，应当严格加以限制，高于正常工作时间支付工资报酬就是一种限制措施。但是，三种情形下组织劳动者劳动是不完全一样的，如法定节假日对于劳动者而言，其休息有着比往常休息日更为重要的意义，会影响劳动者的精神生活和其他社会活动，这是用补休的办法无法弥补的。因此，应当给予其更高的工资报酬。用人单位遇到上述情况，安排劳动者劳动时，应当严格按照《劳动法》的规定办事。

其次，国庆期间加班的性质也有所不同，10月1日、2日和3日属于法定节假日加班，10月4—7日加班则属于休息日加班，在这两个时间段加班，加班工资的算法是不一样的。法定假日只有3天，此3天每日加班工资为：职工的日工资乘以300%。而其他4天为休息日，如果不能补休，则应按日工资的200%计算，如果补休，则可不发加班工资。

第四节 工资制度

一、工资概述

工资是指用人单位依照劳动法规规定或劳动合同的约定支付给本单位的劳动者的劳动报酬。

我国的工资形式主要有：计时工资、计件工资、奖金和津贴。

我国工资立法的基本原则有按劳分配、同工同酬、在经济发展基础上逐步提高工资水平和宏观调控原则。

二、最低工资制度

最低工资，是国家依法规定的，职工在法定工作时间或依法签订的劳动合同约定的工作时间内提供正常劳动的前提下，用人单位应支付的最低劳动报酬。最低工资标准由省级地方政府根据本地区不同行政区域的经济发展状况，确定与之相适应的不同水平的最低工资标准；在按规定程序审批备案后分级组织实施。

最低工资标准发布实施后，当最低工资标准制定时参考的各种相关因素，如当地的最低生活费用、职工平均工资、经济发展水平、就业状况等因素发生变化，或者城镇居民消费价格指数累计变动较大时，应当适时调整。最低工资标准每两年至少调整一次。

三、工资支付保障制度

（一）工资支付的一般原则

（1）货币支付规则。工资应当以法定货币支付，不得以实物和有价证券替代货币支付。

（2）直接向劳动者本人支付规则。劳动者本人因故不能领取工资时，可由其亲属或委托他人代领；用人单位可委托银行代发工资，但应当将工资存入劳动者本人账户。

（3）足额支付规则。劳动者在法定工作时间内提供了正常劳动的前提下领取足额工资，是劳动者的合法权益，受法律保护。为此，法定和约定应当支付给职工的工资项目和工资额，必须全部支付，不得克扣。

（4）定期支付规则。工资必须在用人单位与职工约定的日期支付。如遇节假日或公休日，应提前在最近的工作日支付。

（二）特殊情况下的工资支付规则

《劳动法》第51条规定："劳动者在法定休假日和婚丧假期间以及依法参加社会活动期间，用人单位应当依法支付工资。"用人单位在以上期间克扣劳动者工资的，属于违法行为。

第五节　劳动保护法律制度

一、劳动安全卫生法律制度

在我国，劳动安全卫生法是劳动法的重要组成部分。国家为保障劳动者的合法权益，颁布了一系列重要的法律、法规和规章。除《劳动法》和《劳动合同法》的相关规定外，还制定了《安全生产法》《职业病防治法》《矿山安全法》《女职工劳动保护特殊规定》和《未成年工劳动保护特殊规定》等特别法。

（一）劳动安全卫生制度的基本方针

我国劳动安全卫生制度的基本方针是"安全第一，预防为主"。"安全第一"是处理生产与安全关系所应遵循的原则。当生产与安全发生矛盾时，应当优先满足安全的需要，即安全重于生产，而不允许以生产压安全。"预防为主"是指防重于治，这是处理职业伤害的预防与治理关系所应遵循的原则，它要求把劳动保护的重点放在防患于未然，要求尽量采用直接的安全技术，制造和使用无害设备和无害工艺，而不要在不安全、不卫生因素形成之后，甚至造成职业伤害之后，再进行治理和补救。

（二）劳动安全卫生制度的基本原则

我国劳动安全卫生制度的基本原则是用人单位责任制。用人单位责任制是指用人单位（雇主）对本单位劳动安全卫生工作全面负责的制度。《中华人民共和国安全生产法》规定，生产经营单位的主要负责人对本单位的安全生产工作全面负责；《中华人民共和国职业病防治法》也规定，用人单位应当建立、健全职业病防治责任制，加强对职业病防治的管理，提高职业病防治水平，对本单位的职业病危害承担责任。

（三）劳动安全卫生制度的权利义务规则

劳动安全卫生涉及国家、用人单位和劳动者三者之间的权利义务关系。

1. 劳动安全卫生行政部门的权利义务

（1）建章立制。按照保障安全生产的要求，依法及时制定劳动安全卫生法规以及有关的国家标准或行业标准；使劳动安全卫生制度管理科学化、规范化，并力争与国际劳动立法标准接轨。

（2）监督检查。劳动安全卫生行政部门依法对用人单位执行劳动安全卫生制度的情况进行监督检查，对违反劳动法律、法规的行为有权制止并责令改正或依法给予相应的行政处罚。

（3）组织开展劳动安全卫生方面的科研工作，为建立科学合理的劳动安全卫生法律制度提供科学依据，提高安全生产水平，开发和推广更多的劳动安全卫生保护产品。

（4）加强对有关安全生产的法律、法规和安全生产知识的宣传，提高用人单位和职工的安全生产意识。

2. 用人单位的权利义务

在贯彻执行国家规定的劳动安全卫生制度方面，用人单位享有以下权利：①依法制定内部劳动安全卫生规章制度和操作规程，并要求劳动者全面遵守；②对本单位的劳动安全卫生规章制度和操作规程的执行情况进行监督检查，纠正违章操作行为，及时消除生产安全事故隐患；③对违反劳动安全卫生规章制度和操作规程并造成事故的劳动者给予纪律处分。

用人单位应承担的义务主要有：①建立、健全劳动安全卫生制度，严格执行国家劳动安全卫生规程和标准；②对劳动者进行劳动保护教育和劳动保护技术培训，防止劳动过程中的事故，减少职业危害；③向劳动者提供符合劳动安全卫生标准的劳动条件、卫生设施和必要的劳动保护用品；④保障职工休息权的实现；⑤对女工和未成年工提供特殊的劳动保护，并对从事有职业危害的劳动者进行定期的健康检查；⑥依法接受政府部门、工会组织和职工群众的监督，对他们提出的合理化建议，应当积极采纳并予以改正。

3. 劳动者的权利义务

劳动者主要享有以下权利：①要求单位提供符合国家规定、安全卫生的劳动条件的权利；②有权获得本岗位安全卫生知识、技术的学习和培训；③有权知悉其工作场所、工作岗位存在的危险因素、工作过程中可能产生的职业危害、预期防范措施等情况，并对防范措施及事故应急措施具有建议权；④有接受劳动安全卫生教育的权利；⑤有监督企业执行国家劳动安全卫生规程和标准的权利，对危害生命安全和身体健康的行为，有权提出批评、检举、控告；⑥有获得法定的休息休假的待遇；⑦有权拒绝单位提出的违章操作要求，在劳动条件恶劣、隐患严重的情况下，有权拒绝作业和主动撤离工作现场；⑧对因生产安全事故受到损害的从业人员，除依法享有工伤社会保险外，依照有关民事法律尚有获得赔偿的权利的，有权向本单位提出赔偿要求。

劳动者作为劳动过程的参与者，在享有劳动保护权利的同时也应当承担相应的义务：①严格遵守用人单位的有关规章制度和操作规程，服从管理，正确佩戴和使用劳动防护用品；②学习、掌握本职工作所需的安全卫生知识，提高安全生产技能和处置能力；③对在工作中发现的事故隐患或不安全因素有向单位提出报告的义务；④依法履行安全生产方面的义务。

二、女职工特殊保护制度

女职工特殊保护是指根据女职工的生理特点和抚育后代的需要，对女职工在劳动过程中的安全和健康依法加以特殊保护。女职工特殊保护是世界各国劳动法和劳动保护工作的一个重要组成部分。我国法律法规对女职工的特殊保护具体内容如下：

（一）女职工禁忌从事的劳动

（1）矿山井下作业，不包括临时性工作；

（2）根据国家标准《体力劳动强度分级》规定的第四级体力劳动强度的劳动；

（3）森林业伐木、归楞、流放作业；

（4）建筑业脚手架的组装和拆除，电力、电信等行业中的高处作业；

（5）连续负重（每小时负重次数在6次以上），每次负重超过20公斤，间隔负重每次超过25公斤的作业。

（二）对女职工的"四期"保护

1. 经期保护

女职工在月经期间，不得安排其从事高空、低温、冷水和国家规定的第三级体力劳动强度的劳动。

2. 孕期保护

已婚待孕女职工禁忌从事铅、汞、苯、镉等属于《有毒作业分级》国家标准中的三、四级的作业。另外，女职工在孕期不能适应原劳动的，用人单位应当根据医疗机构的证明，予以减轻劳动量或者安排其他能够适应的劳动。对怀孕7个月以上的女职工，用人单位不得延长劳动时间或者安排夜班劳动，并应当在劳动时间内安排一定的休息时间。怀孕女职工在劳动时间内进行产前检查，所需时间计入劳动时间。

3. 产期保护

女职工生育享受98天产假，其中，产前可以休假15天；难产的，增加产假15天；生育多胞胎的，每多生育1个婴儿，增加产假15天。女职工怀孕未满4个月流产的，享受15天产假；怀孕满4个月流产的，享受42天产假。女职工产假期间工资照发。

4. 哺乳期保护

对哺乳未满1周岁婴儿的女职工，用人单位不得延长劳动时间或者安排夜班劳动，应当在每天的劳动时间内为哺乳期女职工安排1小时哺乳时间；女职工生育多胞胎的，每多哺乳1个婴儿每天增加1小时哺乳时间。女职工在哺乳期内，所在单位不得安排其从事国家规定的第三级体力劳动强度的劳动和哺乳期禁忌从事的劳动。

（三）对女职工"性骚扰"的预防和制止

我国《女职工劳动保护特别规定》中指出，在劳动场所，用人单位应当预防和制止对女职工的性骚扰。禁止在职场中使用与"性"有关的语言、举动或其他方法对员工或求职者造成困扰。雇主已知悉这种情况，但不采取防范及纠正措施的，应当承担法律责任。

【拓展阅读】

女职工遭遇性骚扰案

赵某（女）入职A劳务服务公司后，被派遣到B饮食公司担任炊事员。工作期间，同班组的同事郑某（男）经常故意触碰赵某的身体。赵某认为郑某的行为构成性骚扰，三次要求B公司进行调班，不和郑某一同上晚班，但B公司均未回应。

2015年11月17日，赵某就郑某上述行为报警，此后赵某未再上班。2015年11月23日，赵某以B公司未能保障人身安全为由向仲裁委员会申请劳动争议仲裁。2015年11月25日，B公司向赵某发出《责令上班通知书》。2015年11月29日，B公司以赵某收到通知后仍未到岗，连续旷工为由，解除双方的劳动合同。

本案经过仲裁委员会及一、二审法院审理，最终，二审法院认为，依据《女职工劳动保护特别规定》第11条的规定，在劳动场所，用人单位应当预防和制止对女职工的性骚扰。赵某未到岗的原因是同事郑某的不当行为使其感到人身安全受到威胁，且赵某三次要求B公司调班而未被准许。此外，赵某已于2015年11月23日申请仲裁，故B公司于2015年11月29日以赵某连续旷工为由解除劳动合同属于违法解除。

本案是一起女职工因性骚扰而与公司发生劳动纠纷的案件。性骚扰是指违背他人意愿，以带暗示性的言语或动作针对被骚扰对象，引起被骚扰对象不适的行为，通常表现为加害者用肢体触碰受害者性别特征部位。

性骚扰不仅会给女职工带来工作上的不便，还会使其遭受心理上的痛苦，严重影响女职工的工作和生活。由于性骚扰界定模糊，且较为隐蔽，被骚扰对象通常难以收集证据。很多女性在受到性骚扰后担心影响自己的工作和生活，最终选择了容忍或者离职，而没有拿起法律武器来维护自己的权益。

对于工作场所内发生的性骚扰行为，用人单位应承担起保护女职工人身安全的职责。《女职工劳动保护特别规定》明确规定，在劳动场所，用人单位应当预防和制止对女职工的性骚扰。针对性骚扰现象，用人单位应及时采取调岗、轮班等措施，并对加害者进行相应的处罚。用人单位对女职工的请求置之不理，并以女职工未到岗为由解除劳动合同的，属于违法解除。

《民法典》也对性骚扰做出了明确的规定："违背他人意愿，以言语、文字、图像、肢体行为等方式对他人实施性骚扰的，受害人有权依法请求行为人承担民事责任""机关、企业、学校等单位应当采取合理的预防、受理投诉、调查处置等措施，防止和制止利用职权、从属关系等实施性骚扰。"

女职工面对性骚扰，要拒绝沉默、勇敢说不，如遇到此情况，及时寻求本单位和司法机关的保护。

（四）女职工劳动权益保护措施

为了切实保护女职工的合法权益，全面落实国家有关女职工特殊劳动保护的规定，我国《女职工劳动保护特别规定》中对女职工特殊保护的救济方式和侵权责任均做了明文规定，用人单位违反本规定，侵害女职工合法权益的，女职工可以依法投诉、举报、申诉，依法向劳动人事争议调解仲裁机构申请调解仲裁，对仲裁裁决不服的，依法向人民法院提起诉讼。用人单位违反本规定，侵害女职工合法权益，造成女职工损害的，依法给予赔偿；用人单位及其直接负责的主管人员和其他直接责任人员构成犯罪的，依法追究刑事责任。

三、未成年工的特殊保护

未成年工是指年满16周岁、未满18周岁的劳动者。未成年工虽属于未成年人范畴，但不是一般意义上的未成年人，而是具有劳动权利和行为能力，以自己的劳动收入为主要生活来源的未成年人。对未成年工特殊保护的内容有以下几点：

（一）禁止使用童工

童工是指未满16周岁的未成年人，我国相关的法律法规规定，禁止用人单位招用未满16周岁的未成年人；禁止任何单位或者个人为不满16周岁的未成年人介绍工作；禁止不满16周岁的未成年人开业从事个体经营活动；不满16周岁的未成年人的父母或其他监护人应当保护其身心健康，保障其接受义务教育的权利，不得允许其被用人单位非法招用，用人单位招用人员时，必须核查被招用人员的身份证。对于违反前述规定的单位和个人，要依法追究其相应的法律责任。

（二）未成年工禁忌的劳动范围

《未成年工特殊保护法规定》明确界定了未成年工禁忌劳动的范围：如《生产性粉尘作业危害程度分级》国家标准中第一级以上的接尘作业、《有毒作业分级》国家标准中第一级以上的有毒作业、《高处作业分级》国家标准中第二级以上的高处作业等不适合未成年人的劳动。

（三）未成年工定期健康检查制度

定期健康检查是保障未成年工在劳动过程中的身体健康的重要措施，也是用人单位的法定义务。《劳动法》和《未成年工特殊保护规定》对未成年工定期健康检查制度做了具体的规定：

（1）用人单位应按下列要求对未成年工定期进行健康检查：安排工作岗位之前；工作满一年；年满十八周岁，距前一次的体检时间已超过半年。

（2）未成年工的健康检查，应按本规定所附《未成年工健康检查表》列出的项目进行。

（3）用人单位应根据未成年工的健康检查结果安排其从事适合的劳动，对不能胜任原劳动岗位的，应根据医务部门的证明，予以减轻劳动量或安排其他劳动。

（四）未成年工使用和特殊保护的登记制度

我国《未成年工特殊保护法》规定：

（1）用人单位招收使用未成年工，除符合一般用工要求外，还须向所在地的县级以上劳动行政部门办理登记。

（2）劳动行政部门根据《未成年工健康检查表》《未成年工登记表》，核发《未成年工登记证》。

（3）未成年工须持《未成年工登记证》上岗。

（4）未成年工体检和登记，由用人单位统一办理并承担所需费用。

第六节 劳动争议处理法律制度

劳动争议是指劳动关系当事人即用人单位与职工之间就劳动权利、义务所发生的纠纷，具体指劳动者与用人单位之间，在劳动法的范围内，因适用国家法律、法规和订立、履行、变更、终止劳动合同以及其他与劳动关系之间联系的问题而引发的纠纷。

劳动争议处理制度的核心是劳动争议处理机制。劳动争议处理机制是由各种劳动争议处理机构和相互衔接的争议处理程序共同构成的解决劳动争议的制度体系。我国现行劳动争议处理机制的基本框架是：

一、协商

劳动争议发生后，当事人可以协商解决，协商一致后，双方可达成和解协议，但和解协议无必须履行的法律效力，由双方当事人自觉履行。协商不是处理劳动争议的必经程序，当事人不愿协商或者协商不成，可以申请劳动争议调解或提请劳动争议仲裁。

二、调解

劳动争议发生后，当事人双方愿意调解的，可以书面或口头形式向调解组织申请调解。调解组织接到调解申请后，可依据自愿、合法原则进行调解。调解不是劳动争议解决的必经程序。当事人不愿调解或调解不成，可直接向劳动争议仲裁委员会申请仲裁。

三、劳动争议仲裁

劳动争议发生后，当事人任何一方都可直接向劳动争议仲裁委员会申请仲裁。劳动争议仲裁是劳动争议处理机制的核心，是处理劳动争议的必经程序；未经仲裁的劳动争议案件，当事人不得向人民法院起诉。

四、诉讼

劳动者不服仲裁裁决，用人单位对《中华人民共和国劳动争议调解仲裁法》第47条以外情形所做的仲裁裁决（即针对非"一裁终局"案件所做的仲裁裁决）不服，可以向人民法院起诉。当事人不服一审判决，还可上诉，二审判决为生效判决。

本章小结

劳动法律法规是中国特色社会主义法律体系的重要组成部分，在稳定国家经济发展、构建和谐稳定的劳动关系、保护劳动者的合法权益方面起着非常重要的作用。大学生应该熟知劳动法的相关规定，养成良好的法治思维和行为方式，提高法治素养，尊法学法守法用法，成为中国特色社会主义事业合格的建设者和接班人。

第五章 志愿参加劳动实践

知识目标
掌握垃圾分类的意义、标准以及校园垃圾分类的推进策略。理解校园环境维护的意义,掌握共建无烟校园和维护校园环境秩序的方法。了解"三下乡"和假期参加社会实践的内涵、意义。

能力目标
能够正确地进行垃圾分类,能够参加志愿服务和"三下乡"社会实践。

素质目标
养成劳动的习惯,从我做起,从小事做起。

【案例导入】

劳动必修课与免费劳动力

2019年9月开始,某高校每一个2019级新生都面临着一堂特殊的课程——劳动必修课,内容涉及打扫校园、清洁卫生、门岗执勤、学校食堂餐盘清理、参与校园绿化维护等,劳动教育直接与学分学时挂钩,每学期上满24学时,才能获得2个学分。

有人质疑,这是把学生当成免费劳动力?对此,学校解释说,这是学校人才培养教育的内容之一,旨在培养学生的劳动意识,为此,学校不仅没有减少开支、减少后勤人员,还拨付专用资金购买服装、劳动工具,安排专门辅导老师指导课程。对于劳动教育课程,学生们是如何看待的呢?为此,成都商报—红星新闻记者在校园中随机采访了9位学生,其中6位正在参与劳动课程,3位已经结束了课程,他们对学校将劳动教育课程纳入学分考核都表示赞同。

对此,专家也有不同看法,赞同者认为,劳动课程可以帮助学生树立规则意识,反对者则提出劳动课程应该根据专业所需来设置。

思考问题:
1. 你如何看待该校的劳动必修课?为什么?
2. 劳动必修课的出发点是什么?你希望从中收获什么?

第一节　开展校园劳动

新时代高校劳动教育应该真正实现与"德智体美'四育'"并举，以端正劳动价值观、培育劳动技能、养成劳动习惯、加强劳动实践锻炼为主要内容，挖掘和发挥其内在价值与外在价值的统一。实施劳动教育重点是在系统的文化知识学习之外，开展校园劳动必修课，有目的、有计划地组织学生参加日常生活劳动、生产劳动和服务性劳动，充分发挥劳动的育人价值。

一、维护公共区域环境

（一）创建文明校园

众所周知，学校是有组织、有计划地进行教育的机构。但同时，校园还是一个独立的生态系统，它有着自己的结构和功能。

1. 物质环境

校园物质环境主要是指校园内经过人们组织、改造而形成的校容校貌和校园学习环境，具体指校容、校貌、自然物、建筑物及各种设施等。这种物质环境自然形成一种环境文化，它的作用体现了"桃李不言"的特点，能使学生不知不觉、自然而然地受此熏陶、暗示、感染。

干净、整洁的校园物质环境是学校精神风貌的反映，是学校个性的体现，能加深"无声胜有声"的教育作用。

2. 精神环境

校园精神环境是校园的灵魂，是学校师生认同的价值观和个性的反映，是一种潜在的教育力，具体体现在师生的精神面貌、校风、学风、校园精神、学校形象等方面。从学生个体角度看，精神环境又是心理环境。良好的心理环境会使人的精神愉快，具有催人奋发向上、积极进取、开拓创新的教育力量。

（二）打造无烟校园

20世纪50年代，科学研究证明了吸烟有害健康，世界各国纷纷开始了禁烟运动。烟草燃烧所产生的烟雾是由7 000多种化合物所组成的复杂混合物，其中气体占95%，如一氧化碳、氢化氰、挥发性亚硝胺等；颗粒物占5%，包括半挥发物及非挥发物，如烟焦油、尼古丁等。这些化合物绝大多数对人体有害，其中至少有69种为已知的致癌物，如多环芳烃、亚硝胺等，而尼古丁是引起成瘾的物质。所以人们常说："吸烟有害健康"。然而这句无关痛痒的警示语似乎丝毫不起作用。长期以来，为了减少烟民数量、降低吸烟对社会的危害，国家采取了多种措施。除了广为人知的肺癌风险外，吸烟还可能导致糖尿病、肝癌、结肠癌等多种疾病。控制烟草危害是一个具有长期性、艰巨性和复杂性的公共卫生问题。

为引起国际社会对烟草危害人类健康的重视，世界卫生组织将每年的5月31日定为

"世界无烟日"。

据统计,中国的烟民数量已超3亿,"吸烟有害健康""吸烟是健康头号杀手"等口号提了多年,但吸烟人数未见减少;"全国多地立法控烟"等举措实施多年,但控烟成效依旧不容乐观。据世界卫生组织统计,全球大部分烟民都在18岁之前开始吸烟,其中部分烟民甚至在10岁之前就开始吸烟。

吸烟的危害:吸烟会减少寿命、影响睡眠质量、影响生育功能、增加流产危险、导致骨质疏松、致癌等。烟草的危害大致分为以下10级:①污染环境;②气味难闻;③焦油致牙齿黑黄;④尼古丁上瘾;⑤睡眠质量下降;⑥免疫力下降;⑦影响生育能力;⑧多个器官病变;⑨亚硝胺致癌;⑩死亡(注:④~⑩均可导致猝死)。请问,你现在到哪一步了?吸烟,我们可以选择,那么,生命呢?

我们应该如何预防吸烟的危害、共建无烟校园呢?

第一,管好自己的口,做到不抽烟。为了自己的生命健康,共建无烟校园,同享无烟青春;为了保护环境,要有信心和能力约束自己。

第二,多了解有关吸烟危害的知识,增强自制力,自觉抵制诱惑。

第三,养成良好的习惯,早睡早起不熬夜,保持身体的健康状态。

第四,交友谨慎,远离那些有不良嗜好的朋友,选择和建立一个良好的朋友圈。

第五,积极参加控烟健康宣传活动,宣传校园禁烟行动,增强自身的控烟意识,约束吸烟行为。

【拓展阅读】

甘肃省教育厅、省卫生厅联合下发了《关于进一步加强学校控烟工作的意见》,这标志着"校园禁烟令"在甘肃开始全面推行。

烟草的危害主要来源于烟雾中的化学成分。目前,吸烟已经成为严重影响公众健康的全球性公共卫生问题之一。据统计,目前,中国吸烟人数超过3亿,遭受被动吸烟危害的人数高达5.4亿,其中15岁以下儿童有1.8亿,每年约有100万人死于吸烟导致的疾病。

要发挥教师控烟的表率作用。教师在学校的禁烟活动中应以身作则、带头戒烟,通过自身的戒烟,教育、带动学生自觉抵制烟草的诱惑。教师不得在学生面前吸烟,并做到相互之间不敬烟,不劝烟,发现学生吸烟,应及时劝阻和教育。学校应积极倡导和帮助吸烟的教职员工戒烟,摒弃不健康的生活方式。

各级各类学校应将控烟宣传教育纳入学校健康教育计划,通过课堂教学、讲座、班会、知识竞赛、板报等多种形式向师生传授烟草危害、不尝试吸烟、劝阻他人吸烟、拒绝吸二手烟等控烟核心知识和技能。

同时,要建立健全控烟制度。中等职业学校和中小学校及托幼机构室内及校园应全面禁烟,高等学校教学区、办公区、图书馆等场所室内应全面禁烟。各级各类学校校园内主要区域应设置醒目的禁烟标志,校园内不得张贴或设置烟草广告或变相烟草广告并禁止出售烟草制品。

考评办法:意见要求,各地教育、卫生行政部门要将控烟工作作为考评学校卫生工作的重要指标之一。各级各类学校应定期开展对本校各部门、各班级控烟工作的检查。

意见还制定了《无烟学校标准》。标准规定,中等职业学校和中小学校、托幼机构及专门的未成年人校外活动场所，学生必须禁止吸烟；任何人（包括外来人员）都不得在校园内吸烟；设立兼职控烟宣传员、监督员等，明确相关控烟人员的职责；将履行控烟职责的情况作为师生员工评优评先的参考指标之一。

对于普通高等学校，标准规定，任何人（包括外来人员）都不得在校园内指定吸烟区以外区域吸烟；学校应设有兼职控烟监督员或巡视员，并有明确的工作职责；将履行控烟职责的情况作为师生员工评优评先的参考指标之一；教师不在学生面前吸烟，不接受学生敬烟，不向学生递烟；教师应劝阻学生吸烟；要有鼓励或帮助教职员工戒烟的办法。

（三）维护校园环境秩序

为维护良好的校园秩序，营造一个文明、整洁、健康、高雅的校园环境，建设平安校园、和谐校园，根据《高等学校校园秩序管理若干规定》（国家教育委员会令第13号），我们应遵循以下校园文明行为规范：

（1）着装整洁得体，仪容端庄。

（2）行为举止高雅，谈吐文明。

（3）爱护学校花草树木，节约用水。

（4）乘坐电梯遵守秩序，先下后上，相互礼让。

（5）遵守学校环境卫生的有关规定，保持学校环境卫生，不随地吐痰、不乱扔杂物。

（6）文明如厕，保持卫生间清洁，爱护其设施。

（7）上课时遵守课堂纪律，候课时不得在楼道内大声喧哗。

（8）爱护教室设施，合理使用教学设备，保持干净整洁的教学环境。

（9）汽车、电动车、自行车停车入位，摆放有序。

（10）严禁在教学楼内的教室、办公室、楼道楼梯、卫生间及公共场所吸烟。

（11）观看教学展演展示、视听公共课讲座、参加会议等活动时，主动服从现场管理，遵守秩序，爱护礼堂、会议室等设施。

（12）进行教学和汇报演出活动时，要合理使用场地及设施设备，降低环境噪声分贝，防止影响学校周围单位和居民正常工作和生活。

（13）自觉遵守学校的各项规章制度，尊师爱生、团结和睦、教学相长，共同营造绿色健康的学习氛围和积极向上的工作环境。

（14）参加学校在本市组织的和赴外省、市教学汇报演出、比赛或游学活动时，保障安全、遵守纪律；尊重当地风俗习惯、文化传统；爱护文物古迹、风景名胜、旅游设施。

（15）如遇突发事件时，师生员工应当服从学校统一指挥，配合应急处置。

（16）师生员工应当遵守网络信息管理的法律法规和有关规定，维护微信群安全和秩序，自觉抵制不良信息，不传播网络谣言。

（17）各系院、处室，校、系学生委员会，班委会，学员社团组织各负其责，形成共建、共管、共享的长效机制。

（18）充分利用校报、LED屏和各系板报等媒体，宣传文明行为，传播文明理念，营造文明校园氛围。

（19）在开展校园精神文明建设中，学校应对在文明行为促进工作中做出特殊贡献的师生员工，给予表彰和奖励；对在校内发生的各种不文明行为，学校应进行批评、劝告，对情节严重的给予严肃处理。

二、创建文明寝室

（一）文明寝室建设要求

寝室是学生学习、生活、休息的重要场所，寝室文明环境建设直接体现学生的精神面貌和个人素质，直接关系身心健康。应将维护整洁文明寝室环境内化为自觉追求，外化为自觉行动，并达到以下要求：

（1）文明寝室的环境总体应达到"六净""六无""六整齐"的目标。

"六净"：地面干净、墙面干净、门窗干净、玻璃干净、桌椅橱干净、其他物品整洁干净。

"六无"：无杂物、无烟蒂、无乱挂、无蛛网、无酒瓶、无异味。

"六整齐"：桌椅摆放整齐，被褥折叠整齐，毛巾挂放整齐，书籍叠放整齐，鞋子摆放整齐，用具置放整齐。

（2）每天应自觉做到"六个一"、自觉遵守"六个不"，维护寝室良好生活环境。

"六个一"：叠一叠被子、扫一扫地面、擦一擦台面、整一整柜子、理一理书架、倒一倒垃圾。

"六个不"：异性宿舍不进出，外人来访不留宿，危险物品不能留，违规电器不使用，公共设施不损坏，果皮、纸屑不乱扔。

（3）在寝室应杜绝不文明行为，不养宠物、不在宿舍楼内抽烟、不在门口丢放垃圾、不乱用公用吹风机等。

（二）特色寝室建设标准

特色寝室宣扬的是一种文化，是一种相互影响、彼此照应、和谐共进的良好氛围，对学生文化修养、综合素质等各方面的提高有着很大的促进作用。

（1）室名设计：各寝室可以根据本寝室特点取一个寝室名。寝室名可以设计为"听雨轩""雪雅居"等言简意赅之名，或"击楫阁"等引自诗词蕴涵哲理之名，或"知行屋""修身堂"等用以自勉、催人奋进之名。

（2）寝室风格设计：各寝室可以确定自己寝室的风格，如文雅、温馨、活泼等。形象设计可通过装饰地面、墙壁、天花板，悬挂健康向上的书画作品，摆放富有特色的饰物，或利用照片、彩带等装饰。

（3）寝室DIY：各寝室的学生可以根据自己的兴趣设计手工制品，如寝室小相册、十字绣小挂画、DIY小物品等。

（三）寝室美化设计与创意

1. 美化原则

简单、大方：寝室往往不大，没有必要摆放过多的物品做过多的装饰，否则会显得太杂。

温馨、舒适：寝室是放松休憩的地方，在美化时要考虑烘托一种温馨、舒适的氛围，让室内充满家的温暖气息。

突出文化气息：寝室除了是放松休憩的地方，有时还会充当学习的场所，在美化时，要从色彩、风格上考虑这个因素，营造一个安静、适宜学习的空间。

2. 创意要点

彰显寝室文化：每个寝室都有不同的文化，在美化时要充分考虑自己寝室的文化，做出别出新意的美化设计。

用材节约，变废为宝：低碳、绿色不仅是当下流行的概念，更是学生应践行的生活方式。在美化寝室时充分利用牛奶盒、饮料瓶、废纸箱等被忽略的生活垃圾和旧物，做成各种实用的日用品，不仅创意十足，更向周围的人传递了一种绿色生活态度。

彰显个性：寝室是学生的另一个"家"，由多个小空间组成，在美化时，每个人在兼顾大风格统一的基础上，也要考虑自己的审美偏好和兴趣爱好，打造属于自己的"私密空间"，彰显个性。

【拓展阅读】

浙财大男生寝室打造"绿野仙踪"

华丽的高尔夫草坪、精美的波斯地毯、大气的木质地板、温馨的暖黄色灯光，这些似乎不可能出现在寝室的装修，却齐聚在浙江财经大学的一个男生寝室中。

浙江财经大学成蹊苑56幢219寝室，驻扎着一群热爱生活的人，他们是来自工商管理学院2017工商2班的陈乐、汪亮、阳青云和朱晨康。

为使大学四年生活温馨而有爱，借着学校寝室美化大赛的契机，他们商量之后决定改造寝室，为寝室取了一个别出心裁的名称——"绿野仙踪"。

"绿野仙踪"的装修创意来自陈乐，他综合考虑舒适及美观的因素后，将寝室风格定位为印尼风，并精心为寝室采购了墙纸、装饰画、地毯、窗帘等物件，使寝室装修协调而干净大方。秉持节省经费并保证质量的原则，所有物件都经由寝室成员精挑细选，他们利用空闲时间从购物网站选择物品，并对比价格质量等因素找到最合适的物资，然后利用双休日到旧物市场选购旧物加以改造，物美价廉。

寝室中最具特色的便是阳台上的高尔夫草坪，寝室成员为阳台的地板选择了青绿的假草坪，柔软且漂亮，别具一格，这一"高尔夫球场"的设置令人耳目一新。制作过程中为了节约成本，寝室成员从网上购买了原材料之后，所有的装修工作都亲自动手。考虑到阳台还需晾晒衣服，他们从网上购买了木板，组装成木架，架在地板和草坪之间用来排水。

他们还将浴室的帘布卷成球状，使白色的灯光转变为暖黄，这样不仅更有家的氛围，还节约了资金。"我对室内装修这方面很感兴趣，想好好装扮自己的寝室，让我们四年的大学生活过得安逸舒适。"陈乐说。

从前期的材料采办到后期的装修改造，寝室四人足足花了一个月，几乎把所有的空闲时间都花在美化寝室上。但看到美丽整洁的寝室，大家都觉得很值得。

寝室的建设离不开所有人的努力，在这期间初次装修寝室的成员们也遇到了不小的麻烦，墙纸不服帖、排水木架承重力度不够大等。他们花费两天查阅各类装修资料，观看手作视频，吸取他人经验，在寝室成员的共同努力之下，最终建成了他们未来四年的"家"。朱晨康感慨："寝室美化是四个人的事情，并且干净的寝室实实在在能够让人心情舒畅，所以我们都努力为自己营造良好的生活环境。"

除却美好的寝室环境，绿野仙踪的氛围也十分融洽。陈乐天籁般的男高音、汪亮绝妙的拉丁舞，组成了"绿野仙踪"平日里精彩纷呈的表演，乐趣无穷。每隔一段日子，他们会在寝室里小做庆祝，摆上丰盛的夜宵，盘腿坐于木质地板上，这倒不失为生活中的小确幸。寝室长汪亮说："我们都认为大学四年是丰富充实自我的四年，所以我们要将生活过得有滋有味，让每一天都意义非凡。这样志同道合的四个人聚在一个寝室，是一件非常幸运的事情。"

三、倡导垃圾分类

2016 年 12 月，习近平总书记发出了"普遍推行垃圾分类制度"的总动员令，强调要加快建立分类投放、分类收集、分类运输、分类处理的垃圾处理系统，形成以法治为基础、政府推动、全民参与、城乡统筹、因地制宜的垃圾分类制度，我国垃圾分类工作有了清晰蓝图，自此步入快车道。垃圾分类是实现社会绿色健康发展的必然要求。

（一）垃圾分类标准

1. 可回收物

主要包括废纸、塑料、玻璃、金属和布料五大类。

废纸：主要包括报纸、期刊、图书、各种包装纸等。但是，要注意纸巾和厕所用纸由于水溶性太强不可回收。

塑料：各种塑料袋、塑料泡沫、塑料包装、一次性塑料餐盒餐具、硬塑料、塑料牙刷、塑料杯子、矿泉水瓶等。

玻璃：主要包括各种玻璃瓶、碎玻璃片、镜子、暖瓶等。

金属物：主要包括易拉罐、罐头盒等。

布料：主要包括废弃衣服、桌布、洗脸巾、书包、鞋等。

这些垃圾通过综合处理回收利用，可以减少污染、节省资源。例如，每回收 1 t 废纸可造好纸 850 kg，节省木材 300 kg，比等量生产减少污染 74%；每回收 1 t 塑料饮料瓶可获得 0.7 t 二级原料；每回收 1 t 废钢铁可炼好钢 0.9 t，比用矿石冶炼节约成本 47%，减少空气污染 75%，减少 97% 的水污染和固体废物。

2. 厨余垃圾（湿垃圾）

厨余垃圾（也称湿垃圾）包括剩菜剩饭、骨头、菜根菜叶、果皮等食品类废物。经生物技术就地处理堆肥，每吨可生产 0.6~0.7 t 有机肥料。玉米核、坚果壳、果核、鸡骨等是餐厨垃圾。

有害垃圾果壳：在垃圾分类中，"果壳瓜皮"的标识就是花生壳，属于厨余垃圾。家里用剩的废弃食用油，也归类在"厨余垃圾"。

残枝落叶：属于"厨房垃圾"，包括家里开败的鲜花等。

3. 其他垃圾（干垃圾）

其他垃圾（也称干垃圾）主要包括砖瓦陶瓷、渣土、卫生间废纸、纸巾等难以回收的废弃物及尘土、食品袋（盒）。采取卫生填埋可有效减少对地下水、地表水、土壤及空气的污染。

大棒骨因为"难腐蚀"被列入"其他垃圾"。

卫生纸：厕纸、卫生纸遇水即溶，不算可回收的"纸张"，类似的还有烟盒等。

餐厨垃圾装袋：常用的塑料袋，即使是可以降解的也远比餐厨垃圾更难腐蚀。此外塑料袋本身是可回收垃圾。正确做法应该是将餐厨垃圾倒入垃圾桶，塑料袋另扔进"可回收垃圾"桶。

尘土：在垃圾分类中，尘土属于"其他垃圾"。

4. 有害垃圾

有害垃圾是指含有对人体健康有害的重金属、有毒的物质或者对环境造成现实危害或者潜在危害的废弃物，包括电池、荧光灯管、灯泡、水银温度计、油漆桶、部分家电、过期药品、过期化妆品等。这些垃圾一般单独回收或填埋处理。

【拓展阅读】

垃圾分类顺口溜（一）

垃圾分类就是好，蓝红黄绿干湿分。
蓝色回收又能卖，红色有毒又有害。
绿色剩菜瓜果皮，黄灰桶里放其他。
人人一定要记下，美化环境靠大家。

垃圾分类顺口溜（二）

垃圾分类很重要，源头减量不可少。
生活垃圾不分类，家庭教育没品味。
分好垃圾并不难，提升素质把你赞。
每天用好专用袋，厨余垃圾往里塞。
单独存放是有害，红色对号别瞎摆。
回收你就拿去卖，不卖蓝桶等你来。
排除以上归其他，培养习惯才畅快。
垃圾从来不是害，转化利用人人爱。
美好生活天天在，变废为宝新时代。
家里家外齐努力，我们出彩有意义。

（二）校园垃圾分类的推进策略

（1）增强宣传力度。校园应该充分利用校园网站、广播电台、宣传栏等积极宣传校园垃圾分类回收利用的意义，向全体师生普及垃圾分类不当的危害，普及垃圾分类的基础知识。为了增强教育效果，学校可以定期邀请环保方面的专家前来讲座，以便让学生了解当前我国垃圾分类回收利用现状，学习国外发达国家垃圾分类回收利用的先进经验。除此之外，学校还可以组织学生开展志愿者活动，组织学生会开展"校园垃圾分类回收利用知识宣传月"等专题教育活动，以增强教育效果。

（2）加大垃圾回收的设施投入。将垃圾分类回收利用纳入学校重点工作范畴，并将相应任务落实到具体的主管部门，由其负责具体开展，主管部门可以结合校园现状制定校园垃圾分类回收利用的进度计划，加大校园垃圾分类回收利用的设施投入。

（3）健全管理机制。为了确保校园垃圾分类回收利用工作长期得以顺利、有效开展，学校还应该针对该项工作建立相应的校园垃圾分类管理部门，该部门的主要职责是负责全校垃圾的分类回收利用，并编写和印发相关的垃圾分类指南与要求。学校还应该建立垃圾回收物流的发展策略，以校规的形式对按垃圾分类要求投放垃圾的学生给予一定的奖励，并对那些不按垃圾种类投放垃圾的学生给予相应处罚，必要时还可以将奖励措施同"文明寝室评比""三好学生评定"等有机结合起来。除此之外，学校还应该加强同垃圾回收企业的联系，彼此形成长期合作关系，出售的垃圾废品获得的利润可以作为学校环境保护发展基金，用于校园环境改造中。

【拓展阅读】

国内不同地区的垃圾分类

1. 上海

1999 年，上海市市容环境卫生管理局编制了《上海市区生活垃圾分类收集、处置实施方案》，报告首次确定了生活垃圾按照"有机垃圾""无机垃圾""有毒有害垃圾"分类的标准，垃圾分类工作的推进由此展开序幕。2010 年，上海市出台《上海市人民政府关于印发进一步加强本市生活垃圾管理若干意见的通知》（沪府发〔2010〕9 号），明确推进生活垃圾全过程分类。2012 年 1 月，上海市建设交通委和市绿化市容局联合发布《关于印发〈上海市城市生活垃圾分类设施设备配置导则（试行)〉的通知》（沪建交联〔2012〕27 号），明确了分类标准、收集容器设置、分类标识等规范。2014 年 2 月，上海市政府发布了《上海市促进生活垃圾分类减量办法》（沪府令〔2012〕14 号）(以下简称《办法》)，确定了新的生活垃圾分类标准。《办法》的制定和实施意味着上海垃圾分类减量推进工作进入了法制化的新阶段。

2019 年 7 月 1 日，《上海市生活垃圾管理条例》（以下简称《条例》)正式实施，根据规定，个人或单位未按规定分类投放垃圾都将面临处罚。此次实施的《条例》，不仅实现管理区域、管理对象全覆盖，同时还加大了惩处力度，因此也被外界称为"史上最严"。

2. 广州

2011 年 4 月 7 日，《广州市城市生活垃圾分类管理暂行规定》（以下简称《规定》)正式施行。广州成为国内第一个立法实施城市生活垃圾分类的城市。该项工作的目标是，垃圾分类率力争达 50%，资源回收率达 16%，资源化处理率达 90%，末端处理率低于 75%，无害化处理率达 85%。依照《规定》，广州的生活垃圾分为可回收物、餐厨垃圾、有害垃圾和其他垃圾四类，垃圾分类将贯穿垃圾产生、投放、收运和处理的全过程。

2012 年 7 月 19 日，广州市城管委公布各街镇实现全面实施生活垃圾分类的截止期限，其中全市 131 条街道是 2012 年年底前，剩余 35 个镇则在 2013 年年底前。同时，市城管委还要求，用两年时间在全市建立完善的生活垃圾分类收运处理系统。

根据"三年内实现垃圾处理突围"的目标，广州还制订了详细的实施计划。2012年，A类，建成生活垃圾分类的示范区域，生活垃圾分类达到推广普及阶段，其中50%的街道达到全面实施阶段；B类，完成整街推广任务，生活垃圾分类达到推广初级阶段，其中30%的街道达到推广普及阶段；C类，年底前全面推广生活垃圾分类，生活垃圾分类达到推广起步阶段，其中20%的街道达到推广初级阶段；D类，开展生活垃圾分类宣传，进行乡镇生活垃圾分类试点。

2013年，全市城乡全面开展生活垃圾分类。A类的16条街道，进入全面实施阶段的要达到80%；B类，50%的街道达到推广普及阶段以上；C类，30%的街道达到推广初级阶段以上；D类，100%的镇开始推广生活垃圾分类，50%的镇达到推广起步阶段以上。

2015年，实现A、B类街道全部达到全面实施阶段，建成示范区域；而C类一半的街道达到推广普及阶段以上，D类所有镇达到推广起步阶段以上。

第二节　参与社会实践

社会实践活动是增强学生体质健康、完善学生知识体系、传授学生专业技能的有效途径。而"三下乡"活动和假期实习活动是高校诸多社会实践教学中最具代表性的活动之一。深入实施与组织"三下乡"活动和假期实习活动，能够有效补充课内理论教学的不足，丰富教学形式、提升教学效果、增强学生实践能力，对高校人才培养具有重要的意义。

一、"三下乡"社会实践活动

（一）"三下乡"社会实践活动的内涵

1. "三下乡"是文化下乡、科技下乡、卫生下乡的简称

"三下乡"活动源于1996年12月中央10部委联合下发的《关于开展文化科技卫生"三下乡"活动的通知》。在二十多年的发展过程中，"三下乡"活动有力地推动了我国广大农村地区先进生产力、先进文化的快速发展。2019年，共青团中央印发《关于深入开展乡村振兴青春建功行动的意见》，意见中明确指出，要组织和引领大中专学生深入农村地区，特别是革命老区、深度贫困地区和少数民族地区开展暑期社会实践活动。该意见的出台是在新时代乡村振兴战略背景下，对大中专学生群体开展"三下乡"活动的进一步明确指导。高职学生在该活动中，需要依托自身综合素质和专业背景，深入我国农村地区宣讲习近平新时代中国特色社会主义思想，将先进知识带向农村，开展针对农村儿童的志愿服务、开展文化和医疗服务等。

2. 三下乡是指文化、科技、卫生"三下乡"

文化下乡包括：图书、报刊下乡，送戏下乡，电影、电视下乡，开展群众性文化活动；

科技下乡包括：科技人员下乡，科技信息下乡，开展科普活动；

卫生下乡包括：医务人员下乡，扶持乡村卫生组织，培训农村卫生人员，参与和推动当地合作医疗事业发展。

（二）"三下乡"社会实践活动的着眼点

1. 要着眼于促进农牧区经济社会发展的实际

"三下乡"的内容需从各地实际出发，紧密与本地农牧区群众的生产生活联系起来，把"三下乡"落实到帮助农民发展生产、增加收入上，落实到培养新型农牧民上，落实到满足农牧民群众日益增长的物质文化需求上，以此来促进社会主义和谐社会和新农村建设。

2. 要着眼于实际效果

要把"大"与"小"结合起来，在组织好大型团队下乡的同时，要更多组织小型演出队、流动医疗队和科普工作队等，深入基层。要把"送"与"建"结合起来，注重培养农村本土人才。要把"老"与"新"结合起来，要更充分运用新的传播技术和手段，加快农村公共信息网络建设。

3. 要着眼于解决农民的切身利益问题

要加大贫困地区和困难家庭支持力度，既要扶贫又要扶志，帮助他们出思路、谋创业，尽快实现脱贫致富。要关心农牧区贫困户、五保户和残疾人、老年人，关爱农村妇女儿童，多为他们送温暖、办实事。

【知识链接】

西部志愿者计划

西部志愿者的产生，源于2003年团中央实行西部计划，在各大高校招募毕业生到西部基层进行支教、支农、支医、扶贫、法律援助等，对西部进行人才支援，所有参加西部计划的毕业生有一个共同的名字——西部计划志愿者。

自2010年开始参加西部计划的，服务期满2年且考核合格的志愿者，3年内报考研究生，初试总分加10分，同等条件下优先录取。全国项目办于2011年1月15日前将符合加分政策的志愿者名单和电子数据库（包括地方项目）报送教育部有关部门。

志愿者服务期满2年且考核合格的，报考公务员等享受相关优惠政策，出省服务的和在本省服务的志愿者优惠政策必须保持一致，具体政策规定由省级人力资源社会保障部门确定。

有志于为公益事业发展奉献力量、有志于为传播志愿文化奉献力量的普通高等学校本年度应届毕业生，无论是本科生、研究生、大专生都可报名参加。

（三）高校"三下乡"社会实践活动的育人价值

1. 强化大学生的社会责任感和使命感

大学生长期处在一个生活条件相对轻松的校园环境中，对社会缺乏全面深入的了解，在认知上难免出现脱节现象，尤其是对农村情况。有不少大学生从小生活在城市中，对农村的了解仅限于书本和新闻报道，而对真实情况一无所知。通过"三下乡"活动，组织大学生在假期深入农村，了解基层生活，让他们深刻地体会到祖国在日益强大的同时，还存在许多不足的地方。例如，城乡区域发展不平衡问题仍然突出，扶贫工作任重道远，留守儿童和留守老人仍是农村尖锐的问题。为了解决这些问题，需要大批有志青年积极地投身到农村建设中，贡献自己的力量，从而增强社会责任感和使命感。

2. 提升大学生的综合素质

高校教育的宗旨是传授学生专业知识和提升学生的综合素质能力。大学生唯有深入掌握课堂理论知识，才能将其有效利用，才能将高校教育与社会经济活动有机结合起来。然而仅仅注重课堂教学与教材知识的传授，难以有效增强学生的应用技能，无法提升学生的社会实践能力，从而制约学生的全面发展。而"三下乡"实践活动，能够有效为学生使用理论知识破解社会现实问题、增强社会实践能力提供基础。另外，"三下乡"社会实践活动是一个团体性活动，它的出色完成需要每一位团队成员相互配合、彼此协调。通过参加"三下乡"活动，在积极参与活动筹备、实施和总结的每一个环节中，学会团结协作，认识他人的优点，明白团队合作的重要性。同时，在与团队其他成员相互合作中战胜困难，完成活动任务，使他们彼此认可、具备集体精神。

3. 促进农村的建设与发展

"三下乡"是以大学生群体作为实践主体,以服务农村基层为目的的活动。随着我国经济的快速发展,农村面貌发生了很大的改变,广大农民的思想观念也日益开放,但由于区域发展不平衡,在我国许多偏远的地方,农村经济发展缓慢,部分群众思想保守。此时,通过"三下乡"活动,以大学生为媒介,将先进的文化观念、科学技术和医疗卫生知识传播到农村中,改变群众的守旧观念,解放思想,从而促进农村经济和文化的发展。另外,大学生在将先进的科学技术和文化知识传授给群众、协助培养农村技术人才的同时,还传播了党的方针政策,把文明新风和民主法治带到农村,强化了农村文明建设。

【拓展阅读】

甘肃大学生暑期"三下乡"实践活动:再见牛尾,再见是故人

为响应共青团中央的号召,更好地投入到扶贫攻坚的工作中,近日,陕西理工大学文学院暑期社会实践团来到陇南市武都区汉王镇牛尾乡,开展以"爱心呵护成长,阳光筑梦未来"为主题的"三下乡"社会实践服务活动。七天的相伴,志愿者们和孩子们结下了深厚的友谊;七天的收获,志愿者们和孩子们都欣喜异常。回顾此次实践,硕果满满。

1. 呵护守护纯真,关爱铸就梦想

实践团在抵达目的地前就准备好了太多的鼓励的话语,但是当志愿者们面对留守的孩子们的时候,都没能说出口,只好用眼神去鼓励他们。在整个实践过程中,志愿者们密切关注着那些性格内向、害怕表现自己的孩子们,这些孩子大多都是留守儿童,因为父母常年不在家,缺少情感的关怀,造成了性格上的缺陷。"妈妈在很远的地方打工,爸爸也在外面做生意,过年才能见他们,我明天过生日,我不想要礼物,我就想让他们陪我一起",在送孩子们回家的路上,一个孩子说出了这样的话。志愿者们只能忍住了内心的酸楚,回来谈起这件事的时候,默默地为他准备了小礼物,约定陪他过一个别样的生日。在免费教学指导中,志愿者们积极鼓励他们在课堂上发言,让他们能够认识到自己的优点,树立自信。年纪尚幼的孩子,志愿者们还会为他们讲故事,陪他们做游戏,让他们感受到快乐和关爱。

"在家中缺少的陪伴,我们就要尽力给他们补回来,哪怕是微不足道的一点,我们也要去做",指导教师王廷子老师在第一次晚上的总结例会中给志愿者们布置任务。关注到每一个孩子,不让任何一个孩子掉队,这是实践团的宗旨。每天两次的放学接送是属于志愿者和孩子们的时间,只想离他们近一些,更近一些。

2. 发挥专业优势,传承国学经典

实践伊始,文学院各个专业的志愿者们在面对教学指导的讨论中,决定发挥文学院的专业优势,为孩子们带来别开生面的普通话教育和国学教育,让孩子们从小受到中国传统文化的熏陶,为他们的成长助力启航。

由于当地的方言影响和教育资源的缺乏,孩子们的普通话水平有待提升。为了培养孩子们说好普通话,志愿者张曦月、邓宇杰为孩子们带来了普通话教学,"同学们,上课之前大家读一遍刘奶奶喝牛奶的绕口令好不好?""好。"孩子们异口同声地回答。在大家不标准的绕口令之后,课堂气氛瞬间提升。志愿者使用有趣的开场导语,以及在其他志愿者的协助下,对孩子们不容易分清的字音耐心加以纠正,"原来有好多字我都读的是错的哇,谢谢老师教我们。"小朋友们经过认真的学习发音,一遍遍的练习,将很多读音都区分清楚

了。推普课程在孩子们齐声的朗读声中结束,取得了圆满成功。

随即最重要的传统文化课程也陆续展开,志愿者们根据学生的年龄构成以及对学生们的调查,放弃了原先制定的教案,精心制作了知识性和愉悦性相统一的教学计划,用风趣的语言,以十二生肖的故事为启发,以传统节日为拓展,让孩子们增加对中国传统文化知识的了解。在此基础上,还举办了主题为"传承国学,诵读经典"古诗文朗诵活动,并且为孩子们准备了纪念奖品,对他们予以肯定和鼓励。"中国文化源远流长,孩子们的学习路还长,希望他们继续努力。"王老师感慨之语深入人心。

3. 展现美好青春,自信成就未来

时间总是匆匆而过,7月15日下午,最激动人心的文艺汇演拉开了帷幕。"吃完饭就不休息了,布置会场,给孩子们一个惊喜。"志愿者们吃完中饭立即投入到布置会场的工作中,学生工作经历让他们的工作井然有序。下午3点,孩子们全部到校,文艺汇演在两名小主持人稚嫩的声音中开始,唱歌队、朗诵队、跳舞队依次上台表演,志愿者们也为孩子和家长们带来了《我是青年志愿者》的精彩朗诵。最终在大家的齐声加油中,活动进入了尾声,实践服务活动也进入了尾声,六天的努力收获满满,孩子们的笑脸就是志愿者们最好的答卷。

(资料来源:中国青年网,2020-01-21)

二、假期实习

实习是大学生积累社会经验的重要途径,它能够提高大学生的沟通能力、适应能力及解决问题的能力等。大学生应充分把握在校的实习机会,广泛地接触社会,努力大胆地尝试,积累实践经验,增强自己未来求职的竞争力。

(一)假期实习指南

实习是学习与就业之间的一个重要环节,好的实习经历既可为在校的学习交出一份满意的答卷,也可为将来的就业热身,打好"预备战"。

1. 获取实习信息

学校公示栏。学校公示栏中往往会有许多的就业信息。学校附近的企业或者公司,会把招人信息以纸质文稿的形式张贴在公示栏中。

各地方劳动局。各地劳动局每年都会有相应的政策支持大学生在假期参加实习。劳动局给出的用人实习单位有很多,而且十分正规。

各大企业官网。一般来说,寒暑假期间,各大企业都会在其官网上发布招人(大学实习生)公告。有意向的学生可以留意各大企业的官网,以找到适合自己的假期实习。

【拓展阅读】

为防止被骗,大学生在找实习机会时,也应特别注意以下方面:

第一,从可靠渠道获取职位信息。

第二,通过多种渠道了解企业背景。

第三,仔细确认面试地点。

第四，谨慎签订实习协议。实习协议中应当写明实习薪资、实习期限、终止协议的相关条款。如果用人单位违约，拖欠工资，可以将实习协议作为证据提起劳动仲裁，维护自身的合法权益。

第五，拒交任何名义的费用。

第六，求职前了解相关法规和劳动政策。

2. 结合自身专业与兴趣选择实习单位

在专业对口的单位实习可以大大提高专业业务能力，对专业的认知将上升到更高的层面。但有些学生把实习当作兼职，以薪酬高低为目标，偏离了专业方向与范围。从长远来看，这样的选择对今后的职业发展不利。

在具体的选择中，学生首先要摆正心态，抛开自身荣誉、学校背景，客观分析自己的专业知识、沟通技能、思维能力及自身性格、兴趣等方面的优缺点。分析实习机会会提高自身的哪些能力和素质。其次在实习单位方面，一般成熟的企业会有完备的管理流程和鲜明的企业文化，可以提升实习者的职业素养。但也要注意不盲目追求实习单位的名气和规模。那些中小型的公司虽然在管理方面不成熟，但是实习者可以在职业能力上得到较大提升。对于实习报酬要具体情况具体分析，如果实习机会难得，可考虑不要报酬。

3. 在实习当中探索个人职业定位

实习不仅是个人接受企业考察的过程，也是个人和企业互相了解的过程。在实习时，应多主动接触同事、感受企业文化，看自己是否适应工作氛围，能否与他人很好地沟通合作。如果通过实践发现自己并不适合这份工作，在后期的职业规划中要有针对性地调整职业定位。

【拓展阅读】

大学生选择实习看重什么？有人看平台有人注重机会

现在一些大学生在选择实习时，薪资高低不是首要因素，兴趣、平台和经验等都是他们的考虑因素。

1. 期待提高自我，坚持兴趣至上

在四川一所高校就读的研二学生潘微微，本科专业是电子商务，硕士研究生所学专业是市场营销，现在在索尼成都区域人力资源部门实习。"我对人力资源这块比较感兴趣，因为可接触到很多不同的人和事，所以在选择实习的时候我就留意了有人力资源岗位的公司。"她选择了一份与自己所学专业完全不对口的实习工作。

从一开始的不熟悉到后来的熟能生巧，潘微微发现许多学科都是融会贯通的。在她看来，大学生可以根据自己的兴趣爱好，积累不同领域的经验，从而确定自己与理想岗位的匹配度。在人力资源岗位实习之后，她总结出了自己的一些经验："虽然以后我也不能确定自己是否从事这份职业，但是在这里实习让我对未来应聘工作有了一些积累，知道用人单位看重应聘者的哪些素质，我觉得这一点很重要。"

2. 看重实习平台，注重资源与机会

在成都一所高校读大三的余靖文，目前已有过3次实习经历。从大一开始，她就决定毕业直接找工作，她对实习的选择也有着明确的目标。"我主要是根据自己未来的就业方向来选择实习岗位，公司的平台和行业的前景非常重要，大公司的实习经历比较有含金量，写在简历里也比较好看，而且在大公司实习会拓宽个人的视野和格局，能够接触更多更好的资源和工作方式"。

余靖文在选择实习时首选世界500强企业，并且会根据行业的发展和公司的近况对实习的平台和岗位进行评估，再结合自身的情况最终敲定实习意向。

3. 在多次实习中找寻方向

在上海一所高校读大三的沈月有过3次实习经历。大二期间，她找到了自己的第一份实习工作，实习单位是一家传统媒体；大二暑假，她到一家互联网初创企业，做亲子类社交平台的内容输出；读大三时，她又去了另外一家有名的互联网公司做运营工作。从传统媒体到新媒体，选择的变化，得益于沈月自身在工作中的不断探索。

随着年级的增长，沈月找实习工作也更有针对性。"大二时，我只想找可以发挥自己优势、名气较大的单位进行实习。后来到了大三，在网上搜索实习时，我会搜与我想做的工作相关的关键词，如果看到那种没有听过的小公司，也不会直接略过不看，我会去进一步了解公司的情况，看看是不是适合自己的。"她说。

阶段不同，需求不同

浙江理工大学的辅导员侯霞将学生在大学不同阶段对实习态度的转变，归于学生在知识掌握和未来道路选择上的变化。"我经常遇到一些大一同学，找实习的唯一要求就是兴趣，只要是新奇的、有趣的，同学们都跃跃欲试，但对实习却没有明确的认识。到了大二大三，更多同学将实习与学分挂钩，通过实习他们去寻找适合自己的就业岗位。大四阶段的学生对实习的选择则与他们未来要从事的工作具有高度吻合性，他们从事的实习大多与自己未来的工作匹配度很高，他们会为自己积累工作经验或在实习工作中寻找转正的机会。"

4. 在实习中提高自己的综合能力

进入企业实习后，要尽快完成从学生到工作者的身份转变和思路转变，不断提高自己的综合能力。

要清楚工作都是结果导向的。客户需要的是成果，工作评估的也是成果，过程中无论做了多少事，只要没有达成目标、交付成果都不算完成工作。如果没有产出成果，必须主动协调资源，推动问题解决。

要分清事情的轻重缓急，对时间进行合理安排。不清楚手里的工作孰轻孰重时，要及时向上级领导反映或请示。

对于工作内容切勿眼高手低，要以积极主动的态度认真对待接到的每一个任务，在规定的时间内保质保量完成工作。

还要注意如何进行有效沟通、与同事和谐相处等问题。

（二）假期实习实务

（1）熟悉环境，不做局外人。实习开始后，要尽快熟悉环境，除了自己部门的业务内容，还要大致了解其他部门的情况。学习使用打印机、传真机等办公设备。

(2) 多听、多想、多自学。多思考，处处留心。学会自学，特别是通过看报告、旁听会议等各种渠道尽快了解工作内容及业务逻辑。

(3) 以正式员工要求自己。要把自己当成一个有工作责任感的职场人，积极尝试承担新工作。

(4) 做事可靠、有章法。工作任务了解清楚，工作进度及时汇报，遇问题先想办法再寻求帮助。按时完成工作并保证质量。

(5) 及时总结经验。

【拓展阅读】

大学生打工遭转包　针对大学生都有哪些骗局

"当时只想着，怎么着都要赶紧离开。"山西农业大学公共管理学院大二学生郭爱华和他的几名同学完全没想到，暑假打工的计划不仅没有实现，还遭"转包"被迫滞留他乡，甚至不得已去投靠救助站。

在救助站那晚，因为害怕，他们都没怎么睡，凌晨3点起就在院子里踱步到天明。次日，在救助站的帮助下，他们每人携带6包方便面，凭站票踏上了从广州东站开往太原的火车，历经近34个小时回到太原。

郭爱华的痛苦经历源于一则落款为"爱信力团队"的暑假工招募广告，同样加入此次招募当中的，还有来自山西农业大学、太原理工大学、山西能源学院等山西多所高校的100多名学生。

这些学生有的隐瞒年龄进入工厂务工，有的则不仅没有找到工作，还滞留在深圳。一些人用仅剩的钱买了返程车票，有人就近投靠了亲友，另一些人身无分文，又不愿让家人担忧，只得向公安局等部门求助。

（三）做好劳动安全教育，增强劳动安全意识

当前，在社会不断发展的过程中，劳动安全教育是高职院校教育教学的重点内容，同时也是大学生知识体系不可缺少的组成成分之一。积极对大学生进行劳动安全教育，能够促进其形成健康心理，对其发展也有着十分重要的意义。

大学生劳动安全问题关系到千家万户，同时也关系着社会的和谐发展，与国家未来发展有着十分密切的联系。目前，我国各大高校频繁发生各种触目惊心的劳动安全事故，这直接反映了对大学生进行劳动安全教育的迫切性。由于当前教学体系和教学方式存在的弊端，大学生普遍存在劳动安全意识较弱的问题，因此应积极开展劳动安全教育工作。

【知识链接】

大学生安全知识

(1) 防磕碰。目前，一些家庭的居室空间比较狭小，又放置了家具等物品，所以不应在居室中追逐、打闹，做剧烈的运动和游戏，防止磕碰受伤。

(2) 防滑、防摔。居室地板比较光滑，要注意防止滑倒受伤；需要登高打扫卫生、取

放物品时，要请他人加以保护，防止摔伤。

（3）防坠落。住楼房，特别是住在楼房高层的，不要将身体探出阳台或者窗外，谨防不慎发生坠楼的危险。

（4）防挤压。在开关居室的房门、窗户、家具的柜门、抽屉等时容易夹手，应当处处小心。

（5）防火灾。居室内的易燃品很多，例如木制家具、被褥窗帘、书籍等，因此要注意防火。不要在居室内随便玩火，更不能在居室内燃放爆竹。

（6）防意外防害。改锥、刀、剪等锋利、尖锐的工具，图钉、大头针等文具，用后应妥善存放起来，不能随意放在床上、椅子上，防止有人受到意外伤害。

（四）假期实习，提高安全意识谨防受骗

1. 提防非法中介机构

许多非法中介机构看准了在校大学生缺少社会经验、又挣钱心切的心理，在收到高额中介费后却不履行合同，不能及时为大学生找到合适的工作；或者为大学生找一家招聘公司，然后该公司又以种种名义推脱；更有甚者，打一枪换一个地方，交钱后连人都找不到。

防范方法：大学生一定要到有资质、信誉好的职介中心找工作。进门先看该职介中心是否有劳动部门颁发的职业介绍许可证和工商部门颁发的营业执照，只有具备这两证的职介中心，才能从事职业介绍工作。正规中介机构，除具有中介许可证之外，一般会将营业执照悬挂在大厅等较显著位置。大学生一定要看清对方的营业执照，了解经营范围是否与其所称的相符；同时应要求看营业执照正本，不要被"复印件"糊弄。

2. 拒交各种名义的押金、保证金以及证件

一些用人单位会要求大学生支付押金，承诺交了押金后就可以上班，但之后又以人员已满等各种借口要求大学生等消息，而且拒绝返还押金，最后就没有音信了。有的单位收取保证金，称以此"保证"学生按要求上班，并答应在工作结束后归还，可是到结算工资时，保证金却不见踪影。

防范方法：任何招聘单位，以任何名义向求职者收取抵押金、风险金、报名费、培训费等行为，都属非法行为。招聘单位培训本单位的职工，也不准收取培训费。求职者遇到此类情况，要坚持拒交，并向招聘单位所在区、县举报，以确保自己的合法权益不受侵害。坚决不押任何证件！证件一旦流失，不法分子可能利用它来买手机等贵重物品进行诈骗或者伪造证件等不法活动。

3. 远离传销

传销公司一般先安排大学生以销售人员的名义上岗工作，然后公司让大学生交纳一定的提货款，再让大学生如法炮制去哄骗他人，有的大学生在高回扣的诱惑下，甚至去欺骗自己的同学、朋友。

防范方法：了解传销特征。传销通常具有以下特征中的一个或几个：在"入会"时告诉你的职责之一是发展更多的人；交纳昂贵的会费；在工作场所很多人群情激昂。如果识别出传销，大学生应立即停止工作，及时报警。

4. 不要轻信和许诺到外地上岗

非法中介或私招滥雇者为外地企业或总公司某某外地分公司、分厂的高薪招聘，不论

其待遇多好，求职者都要保持清醒的头脑和高度的警惕，不要轻信他人的口头许诺。

防范方法：一是不去；二是到劳动保障部门咨询，并办理相关的手续，否则会吃大亏，被骗工骗钱甚至被人贩子骗卖。

5. 慎重与用人单位签订书面协议

有些单位以种种借口拒绝与大学生签订书面"协议书"，结果打工结束后，因没有书面协议，劳务费无处可讨。有的单位在协议里为自己设定的权利很多，而给大学生的权利很少，这样的协议要谨慎对待，要求其权责明确。签协议书要明确对象，有的用人单位可能要耍花招，营业执照上写的是 A 公司，协议书上写的却是 B 公司。

防范方法：大学生工作时一定要与用人单位签订权责明确的书面协议书。

6. 小心在娱乐场所上当受骗

一般来说，这类行业大都以高薪来吸引求职者。工种有代客泊车、导游、陪练、陪侍等，大学生到这种场所打工，往往容易上当受骗。

防范方法：大学生在应聘前要清楚应聘岗位的工作内容和性质，不要被眼前的高薪所迷惑。另外，要尽可能跟用人单位签订有效协议，这样即使出了问题也有挽救的余地。

7. 发觉被骗，及时报案

求职者一旦发觉上当受骗，要及时向招聘单位所在地的人事局人才市场管理办公室、劳动保障监察大队或公安派出所报案，寻求法律保护。另外，求职者在求职前或求职过程中，应主动学习一些劳动法规和相关政策，提高自己的求职素质和独立思考的能力。

行动板块

模块一　日常生活劳动
模块二　公益服务劳动
模块三　专业生产与服务劳动

模块一　日常生活劳动

项目一　个人生活劳动

任务一　衣物清理

1.1.1.1　任务描述

明确具体的衣物清理内容和方法，形成个人衣物清理工作表，完成衣物清理实践，按照标准接受验收并取得合格成绩，展示衣物清理任务，完成衣物清理成果记录。

1.1.1.2　学习目标

1. 知识目标

（1）掌握衣物清理工具选用的知识；
（2）掌握衣物清理的步骤和方法。

2. 能力目标

（1）能按照衣物清理目标制订个人衣物清理工作表；
（2）能根据衣物清理标准独立进行衣物清理劳动实践。

3. 素养目标

（1）形成良好的劳动习惯和劳动品质；
（2）培养尊重劳动、珍惜劳动成果的观念；
（3）培养集体主义精神。

1.1.1.3　重难点

1. 重点

（1）能正确选择个人衣物清理工具；
（2）能掌握个人衣物清理操作流程。

2. 难点

（1）能合理制订个人衣物清理工作表；
（2）能按照个人衣物清理及整理标准完成实践。

1.1.1.4 知识链接

1. 日常衣物清洁方法

（1）衣物分类。

我们日常穿着的衣服具有色彩多样性、面料多样性、穿着部位不同、脏污程度不同等特点，因此在对衣物进行清洁之前，建议先将需清洁的衣物进行分类。可参考以下方式进行分类：

① 按衣物的颜色进行分类。衣物颜色大致可分为四种类别：纯白色、浅色、深色（黑色、褐色、蓝色等）和亮色（红色、黄色、橙色等）。

② 按衣物的面料进行分类。常见衣物按面料可以分成棉、麻、皮、毛、聚酯纤维等类别。

③ 按衣物的穿着部位进行分类。上半身：内衣、外套。下半身：裤子、裙子。脚：袜子、鞋。

（2）具体清洁方式。

在日常清洁衣物的过程中，除了根据不同颜色类别进行衣物清洁，还要了解不同品类衣物的特性并选择合适的清洁方式。

① 不同颜色类别的衣物需分开洗涤，否则会造成衣物染色，影响衣物的美观。

② 棉、麻类衣物穿着舒适，透气性好，但不抗皱、易染色褪色，所以棉、麻类衣物最好手洗且不可用力拧干，应自然晾干。

③ 皮类衣物有良好的挡风雨、防水、防尘功能，不可水洗、干洗，只可用湿布轻轻擦洗，最好送干洗店清洗和护理。

④ 毛类衣物柔软、轻便，穿着暖和。毛类衣物建议尽量干洗，如水洗最好采用毛制品专用洗涤剂，轻揉手洗，挤压除水。如果使用洗衣机洗涤，宜使用滚筒洗衣机且选择毛制品清洁模式。

⑤ 聚酯纤维类衣物轻便、好打理、抗皱、不易染色褪色，所以聚酯纤维类衣物的清洁比较简单容易，手洗或机洗均可。

⑥ 因脏污程度不同，内衣（裤）需与外衣（裤）分开清洁，袜子和鞋应单独手洗。

※衣物清洁小贴士（常见污渍清洗方法）

领口、袖口处污渍：先将衣服浸湿，再在脏的地方均匀涂上一层牙膏，用毛刷轻刷 1~2 分钟，用水清洗后再按常规方法洗涤。

墨水污渍：可以在污渍处撒些食盐，然后用肥皂水洗污渍处。

油渍：可以在油渍处抹上洗洁精反复干搓，然后用常规方法洗涤。

汗渍：汗渍处可用少量冬瓜汁搓洗，冬瓜汁可清除白衣服上的汗渍。

※常见洗涤标识

常见洗涤标识如图 1-1-1 所示。

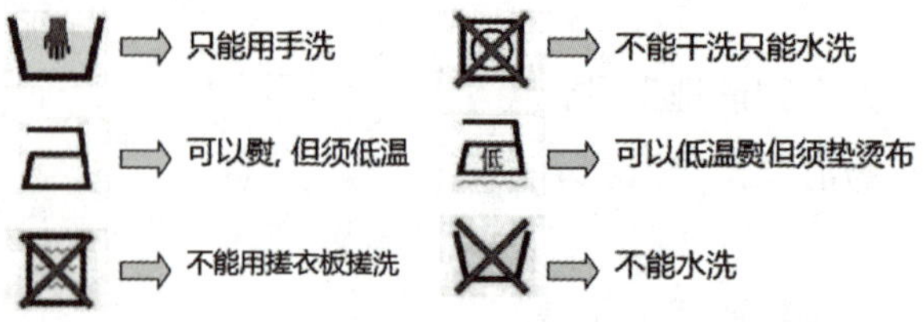

图 1-1-1　常见洗涤标识

2. 日常衣物晾晒方法

（1）棉、麻类衣物在洗涤后，可直接挂在衣架上晾晒，让其自然脱水后晾干。为了不把地面打湿，建议用盆接湿衣物的水。

（2）毛类衣物在水洗并挤压除水后，应弄平整并平铺晾晒。

（3）内衣、内裤在洗涤后，轻柔挤干水分，然后对折挂在衣架上。

（4）其他类型的衣物在清洁完毕后，尽可能拧干水分，然后挂在衣架上自然风干。

（5）外套、牛仔裤等要反着晾晒，以免褪色。

（6）鞋类清洁干净后在表面贴上干净的白色卫生纸以防止鞋面发黄，同时应尽量避免阳光暴晒。

3. 衣物保洁流程

衣物保洁流程如图 1-1-2 所示。

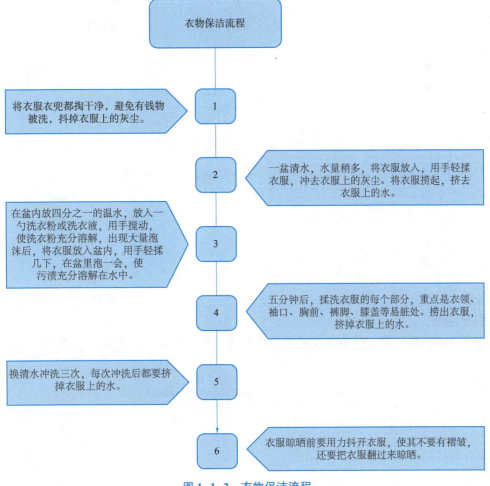

图 1-1-2　衣物保洁流程

1.1.1.5　素质养成

（1）个人衣物清理不仅对个人的生活品质有很大影响，还会对生活环境及他人产生影响。学生在进行个人衣物清理实践的过程中，既能掌握衣物保洁和整理的技巧，又能营造良好的寝室环境及人际交往氛围。

（2）在进行衣物清理实践过程中，学生能亲身感受劳动成果带给自己的成就感和愉悦感，增强参与衣物清理劳动实践的自主性和积极性，从而有利于获得更好的身心体验，拉进与他人的距离，促进人际关系的改善。

（3）通过亲身参与劳动实践，充分认识劳动的不易，学生能逐渐形成珍惜个人及他人劳动成果的观念，增强集体主义精神。

1.1.1.6 任务实施

1.1.1.6.1 学生分组

以寝室为单位，进行分组（见表1-1-1）。

表1-1-1 学生分组表

班级		寝室号		指导教师	
室长		学号			
寝室成员	姓名		学号	姓名	学号

1.1.1.6.2 自主探学

任务工作单1

组号：_____ **姓名：**_____ **学号：**_____ **检索号：** 11162-1

引导问题：

思考个人衣物清理实践中需要做的工作有哪些？分别需要使用哪些工具？时间如何分配？并完成表1-1-2。

表1-1-2 衣物清理工具及时间分配表

序号	保洁内容	所需工具	劳动时间

任务工作单 2

组号：_____ 姓名：_____ 学号：_____ 检索号：__11162-2__

引导问题：

思考个人衣物清理实践过程中各任务的注意事项及对于实践者的具体要求，如衣着是否合适、手部有无伤口等，并完成表 1-1-3。

表 1-1-3　衣物清理劳动要求

序号	保洁内容	劳动要求（客观因素，如手部是否受伤等）

1.1.1.6.3　合作研学

任务工作单 1

组号：_____ 姓名：_____ 学号：_____ 检索号：__11163-1__

引导问题：

小组针对自主探学内容进行交流讨论、并邀请教师参与，填写个人衣物清理任务表（见表 1-1-4）。

表 1-1-4　个人衣物清理任务表

序号	保洁内容	所需工具	劳动时间	劳动要求

1.1.1.6.4　保洁实践

任务工作单 1

组号：_____ 姓名：_____ 学号：_____ 检索号：__11164-1__

引导问题：

根据个人衣物清理任务表制订个人衣物清理工作计划，明确个人衣物清理方案，填写表 1-1-5。

表 1-1-5　个人衣物清理工作计划表

	保洁内容	劳动要求	所需工具	所需时长
日常衣物清理				
	保洁内容	劳动要求	所需工具	所需时长
周末衣物清理				
	保洁内容	劳动要求	所需工具	所需时长
开学前后衣物清理				

1.1.1.6.5　展示赏学

任务工作单 1

组号：_____　姓名：_____　学号：_____　检索号：__11165-1__

引导问题：

每个宿舍的室长，分享汇报本组的个人衣物清理任务表。全班对分享的内容进行讨论，进一步优化个人衣物清理任务表（见表 1-1-6）。

表 1-1-6　个人衣物清理任务优化表

序号	保洁内容	所需工具	劳动时间	劳动要求

任务工作单 2

组号：_____ 姓名：_____ 学号：_____ 检索号：11165-2

引导问题：

完成个人衣物清理实践，然后拍照在班级中展示（见表 1-1-7）。

表 1-1-7　个人衣物清理劳动成果展示表

序号	个人衣物清理成果展示
照片 1	
照片 2	

1.1.1.7　评价反馈

通过评价指标进行任务评价，并完成以下任务工作单（见表 1-1-8~表 1-1-12）。

任务工作单 1

组号：_____ 姓名：_____ 学号：_____ 检索号：1117-1

表 1-1-8　个人自评表

班级		组名		日期	年　月　日
评价指标	评价内容			分数	分数评定
信息检索	能有效利用网络、图书资源查找有用的相关信息等；能将查到的信息有效地应用到学习中			10 分	
感知课堂生活	是否熟悉个人衣物清理流程，认同其中的劳动价值；在劳动实践中是否能获得满足感			10 分	
参与态度	积极主动与教师、同学交流，相互尊重、理解、平等；与教师、同学之间是否能够保持多向、丰富、适宜的信息交流			10 分	
	能处理好合作学习和独立思考的关系，做到有效学习；能提出有意义的问题或能发表个人见解			10 分	
知识、能力获得	1. 掌握衣物清理工具选用的知识			10 分	
	2. 掌握衣物清理的步骤和方法			10 分	
	3. 能按照衣物清理目标制定个人衣物清理工作表			10 分	
	4. 能根据衣物清理标准独立进行衣物清理劳动实践			10 分	
思维态度	是否能发现问题、提出问题、分析问题、解决问题、创新问题			10 分	

续表

评价指标	评价内容	分数	分数评定
自评反馈	按时按质完成任务；较好地掌握了知识点；具有较强的分析能力和理解能力；具有较为全面严谨的思维能力，成文条理清楚、表达明晰	10分	
自评分数			
有益的经验和做法			
总结反馈建议			

任务工作单 2

组号：_____ 姓名：_____ 学号：_____ 检索号：__1117-2__

表 1-1-9　小组内互评验收表

验收组长		组名		日期	年　月　日
组内验收成员					
任务要求	能按照个人衣物清理任务内容，按照清理标准，正确选用劳动工具，合理制定劳动方案；能根据劳动方案合理安排时间开展劳动实践，并记录劳动效果				
验收文档清单	被验收者 11165-1 任务工作单 被验收者 11165-2 任务工作单 被验收者 1117-1 任务工作单				
	文献检索清单				
验收评分	评分标准		分数		得分
	能正确选择清理衣物工具，错一处扣5分		20分		
	掌握正确清理衣物的步骤和方法，出现错误做法一处扣5分		20分		
	能独立进行衣物清理劳动实践，出现错误做法一处扣5分		20分		
	能根据个人衣物清理任务及标准制定个人衣物清理工作表，按照工作表合理程度酌情扣分		20分		
	搜集个人衣物清理劳动实践案例，不少于4个，缺一个扣5分		20分		
评价分数					
不足之处					

任务工作单 3

组号：_____ 姓名：_____ 学号：_____ 检索号：1117-3

表 1-1-10　小组间互评表

班级		评价小组		日期	年　月　日
评价指标	评价内容			分数	分数评定
汇报展示	展示完全			15 分	
	语言流畅			10 分	
	准确反映本组完成情况			15 分	
内容完整度	内容完整			30 分	
	表达到位			30 分	
互评分数					
简要评述					

任务工作单 4

组号：_____ 姓名：_____ 学号：_____ 检索号：1117-4

表 1-1-11　任务完成情况评价表（一）

序号	评价内容	评价标准	分数	分数评定
1	整体着装状态	衣物干净整洁	15 分	
2	衣物颜色	未染色、未褪色	15 分	
3	衣物大小	衣物未缩水、未松垮	15 分	
4	衣物状况	衣物表面未起球、未破烂	15 分	
5	衣物细节	领口、袖口干净，裤脚干净	15 分	
6	衣物存放	衣物分类整齐摆放在衣柜里	25 分	
自评分数				
有益的经验和做法				
总结反馈建议				

表 1-1-12　任务完成情况评价表（二）

任务名称	个人衣物清理		总得分		
评价依据	学生完成的所有工作任务单				
序号	任务内容及要求		评分	评分标准	教师评价
					结论　得分
1	整体着装状态	（1）身着衣物干净	10 分	酌情给分，如有明显污渍不给分	
		（2）穿戴整齐适宜	10 分	不整齐或不适宜不给分	

续表

序号	任务内容及要求		评分	评分标准	教师评价	
					结论	得分
2	衣物颜色	（1）清洁后的衣物未染色	10分	酌情给分		
		（2）清洁后的衣物未褪色	5分	不一致不给分		
3	衣物大小	（1）清洁后的衣物未缩水	10分	酌情给分		
		（2）清洁后的衣物未松垮变形	10分	酌情给分		
4	衣物状况	（1）清洁后的衣物表面未起球	5分	未断电不给分		
		（2）清洁后的衣物未破损	5分	酌情给分		
5	衣物细节	清洁后的衣物领口、袖口干净，裤脚干净	5分	酌情给分		
6	衣物存放	衣物分类整齐摆放在衣柜里	10分	酌情给分，如乱放乱挂不给分		
7	素质素养	劳动态度	10分	酌情赋分，但违反课堂纪律，不听从组长、教师安排，不得分		
		珍惜劳动成果	10分			

任务二　厨余保洁

1.1.2.1　任务描述

了解厨余垃圾的定义，明确厨余保洁的必要性和重要性，结合自身思考制作厨余保洁任务表并完成劳动实践。

1.1.2.2　学习目标

1. 知识目标

（1）掌握厨余垃圾的定义；
（2）掌握厨余垃圾的处理办法。

2. 能力目标

（1）能正确处理厨余垃圾；

（2）能自主减少厨余垃圾。
3. 素养目标
（1）培养环保节约意识；
（2）培养尊重他人劳动成果的意识。

1.1.2.3　重难点

1. 重点
（1）厨余垃圾的定义；
（2）正确处理厨余垃圾。

2. 难点
（1）减少个人厨余垃圾的方法；
（2）形成自觉减少个人厨余垃圾的意识。

1.1.2.4　知识链接

（1）厨余垃圾：也可称为餐厨垃圾，泛指厨余垃圾、餐饮垃圾和易腐垃圾。主要包括：居民家庭日常生活过程中产生的菜帮、菜叶、瓜果皮壳、剩菜剩饭、废弃食物等厨余垃圾；相关企业和公共机构在食品加工、饮食服务、单位供餐等活动中，产生的食物残渣、食品加工废料和废弃食用油脂等餐饮垃圾。农贸市场、农产品批发市场等场所产生的蔬菜瓜果垃圾、腐肉、肉碎骨、蛋壳、畜禽产品内脏等易腐垃圾。

（2）餐桌浪费与经济发展：通过学校餐厅的样本获取和测算得到，某城市中小学生人均食物浪费量约为每餐 130 g，浪费率为 22%。在浪费的食物构成上，主食和蔬菜为主要品种，分别占总量的 45% 和 30%；肉类和汤水分别占 15% 和 10%。中小学生的食物浪费量已明显高于城市餐饮的平均水平。以此为基础推算，该城市中小学生每学年校园餐饮的浪费总量约达 7 780 t，折合经济损失 1.6 亿元，而浪费掉的这些食物所占用的耕地面积约为 28 万 hm^2，消耗虚拟水 1 160 万 m^3。

我国城市餐饮业人均浪费量为每餐 96 g，浪费率为 11.3%；大型聚会浪费率达 38%；学生盒饭有 1/3 被扔掉；4 个城市游客人均食物浪费量为每餐每人 103 g，明显高于当地居民食物浪费量的每餐每人 88 g。

全球现有农业生产使用了 70% 的淡水资源、33% 的土地和 30% 的能源，排放了 20% 的温室气体。我们用这样的环境代价生产出来的食物，却又大量在餐桌上浪费了。也就是说，食物浪费不仅仅意味着食物本身的浪费，更意味着生产这些食物所投入的水、土地、能源以及其他生产资料的无效消耗，以及由此导致的环境污染和温室气体的大量排放。我国的资源、环境和生态基础弱、底子薄，当前社会这种不恰当的食物消费及其所带来的资源环境压力，已经成为制约我国社会经济健康持续发展的重要瓶颈。舌尖上的浪费触目惊心，抵制"餐饮浪费"仍任重而道远。

（3）"光盘行动"："光盘行动"倡导厉行节约，反对铺张浪费，带动人们珍惜粮食、吃光盘子中的食物，得到从中央到民众的支持，成为 2013 年十大新闻热词、网络热度词语，最知名公益品牌之一。

光盘行动由一群热心公益的人们发起，光盘行动的宗旨：餐厅不多点、食堂不多打、厨房不多做。引导人们养成珍惜粮食、厉行节约、反对浪费的习惯，不只是一场行动。不只是在餐厅吃饭打包，而是按需点菜，在食堂按需打饭，在家按需做饭。"光盘行动"提醒与告诫人们：饥饿距离我们并不遥远，即便是今日，珍惜粮食、节约粮食仍是需要遵守的古老美德之一。

2020年8月11日，中共中央总书记、国家主席、中央军委主席习近平对制止餐饮浪费行为做出重要指示。他指出，餐饮浪费现象，触目惊心、令人痛心！"谁知盘中餐，粒粒皆辛苦。"尽管我国粮食生产连年丰收，对粮食安全还是始终要有危机意识，2020年全球新冠疫情所带来的影响更是给我们敲响了警钟。

习近平总书记强调，要加强立法，强化监管，采取有效措施，建立长效机制，坚决制止餐饮浪费行为。要进一步加强宣传教育，切实培养节约习惯，在全社会营造浪费可耻、节约为荣的氛围。

习近平总书记一直高度重视粮食安全和提倡"厉行节约、反对浪费"的社会风尚，多次强调要制止餐饮浪费行为。2013年1月，习近平总书记就做出重要指示，要求厉行节约、反对浪费。此后，习近平总书记又多次做出重要指示，要求以刚性的制度约束、严格的制度执行、强有力的监督检查、严厉的惩戒机制，切实遏制公款消费中的各种违规违纪违法现象，并针对部分学校存在食物浪费和学生节俭意识缺乏的问题，对切实加强引导和管理，培养学生勤俭节约良好美德等提出明确要求。

(4)《中华人民共和国反食品浪费法》：是针对实践中群众反映强烈的突出问题，以餐饮环节为切入点，聚焦食品消费、销售环节反浪费、促节约、严管控，同时注重处理好与正在起草的粮食安全保障法等有关法律的关系，对减少粮食、食品生产加工、储存运输等环节浪费做出原则性规定。

第十三届全国人大常委会第二十四次会议对《中华人民共和国反食品浪费法（草案）》进行了审议，中国人大网2021年1月29日已完成向社会公布并公开征求意见。草案共32条，分别对反食品浪费的原则和要求、政府及其部门职责、各类主体责任、监管措施、法律责任等做了规定。

(5) 校园厨余保洁实践要求。

① 厨余垃圾源头减量：到餐厅就餐，按量、按口味选择饭菜，杜绝在校外购买熟食、盒饭进寝室，减少包装零食进寝室。

② 食堂厨余正确分类投放：在食堂就餐过程中产生的肉类骨刺、调料渣，放在桌上的渣盘内，由食堂服务人员专门收拣，餐盘内剩余饭菜倒入指定泔水桶内，餐盘、筷子、勺子放入指定回收区。

③ 寝室外卖厨余正确分类投放：外卖熟食、打包食堂饭菜到寝室食用后，剩饭、剩菜、骨渣用袋子装好拴紧，餐盒外沿、筷子上面的油汁用餐纸擦干净，餐盒内的油汁用纸巾吸干，分别包装严实，在规定的时间内及时送到垃圾回收站。

④ 坚持厨余垃圾本人负责：食堂厨余垃圾应由就餐人员立即收拾并投放到指定回收区；寝室厨余垃圾应由就餐人员立即自行收拾投放处理，不得和其他生活垃圾混装，不得由寝室卫生值日同学代劳，就餐完毕立即打开门窗通风透气，使饭菜味道尽快消散。

1.1.2.5 素质养成

(1) 学生一日三餐没有吃完的食物，累计产生的厨余垃圾造成了大量的浪费，不仅对地球资源造成了浪费，还对环境造成了一定的破坏。因此，学生要从自身做起，开展"光盘行动"，树立环保节约意识。

（2）如果学生不正确处理厨余垃圾，不仅会破坏校园干净整洁的环境，还会耗费大量的人力物力进行清理。因此，学生要懂得珍惜粮食、珍惜环境，尊重他人的劳动成果。

1.1.2.6 任务实施

1.1.2.6.1 学生分组

学生自主进行分组（见表1-1-13）。

表1-1-13 学生分组表

班级		组号		授课教师	
组长		学号			
成员	姓名	学号		姓名	学号

1.1.2.6.2 自主探学

任务工作单1

组号：_____ 姓名：_____ 学号：_____ 检索号：__11262-1__

引导问题：

（1）结合实际情况，填写厨余情况反馈表（见表1-1-14）。

表1-1-14 厨余情况反馈表

序号	题目	答案：是/否
1	你是否在食堂、寝室发现浪费食物的情况？	
2	你是否会经常剩饭剩菜？	
3	你是否在寝室内发现有室友把剩饭剩菜、饭盒随意放在桌上、地上，不及时清理收拾？	
4	你是否曾经帮助室友或者在公共区域帮助其他同学收拾厨余垃圾？	
5	你是否会因碰到以上情况而影响心情或在寝室的居住感受？	

(2) 请简述你对上述行为的观点（是什么原因造成了学生的浪费现象？是因为学生没有节约意识，食堂做的饭菜不好吃，打的饭菜太多，还是认为自己出钱吃饭，浪费与别人无关？）

_____
_____
_____

任务工作单 2

组号：_____ 姓名：_____ 学号：_____ 检索号：__11262-2__

引导问题：

请思考并回答下列问题。

(1) 常见的厨余垃圾有哪些？

_____
_____
_____

(2) 在哪里常见到厨余垃圾？

_____
_____
_____
_____

(3) 你认为厨余保洁重要吗？为什么？

_____
_____
_____
_____

(4) 要如何减少厨余垃圾？

_____
_____
_____

(5) 作为大学生，在校园内、寝室内应如何处理厨余垃圾？

_____
_____
_____

1.1.2.6.3　合作研学

任务工作单 1

组号：_____ 姓名：_____ 学号：_____ 检索号：__11263-1__

引导问题：

(1) 小组讨论，教师参与，确定任务工单 11262-2 的最优答案，并检讨自己存在的不足。

_____

_____

_____

_____

（2）小组讨论，教师参与，设计填写厨余保洁任务表（见表 1-1-15）。

表 1-1-15　厨余保洁任务表

序号	任务	具体要求
1	光盘行动（示例）	除骨、刺、菜梗、调料等不能食用的部分以外，无其他剩残

1.1.2.6.4　展示赏学

任务工作单 1

组号：_____　姓名：_____　学号：_____　检索号：__11264-1__

引导问题：

每个组的组长，分享本组的厨余保洁任务表。同时采纳其他组好的想法，优化本组的厨余保洁任务表（见表 1-1-16）。

表 1-1-16　厨余保洁任务表

序号	任务	具体要求

1.1.2.7 评价反馈

通过评价指标进行任务评价，并完成以下任务工作单（见表 1-1-17~表 1-1-20）。

任务工作单 1

组号：_____　姓名：_____　学号：_____　检索号：__1127-1__

表 1-1-17　自我评价表

班级		组名		日期	年　月　日
评价指标	评价内容			分数	分数评定
信息检索	能有效利用网络、图书资源查找有用的相关信息等；能将查到的信息有效地应用到学习中			10 分	
感知课堂生活	是否能在学习中获得满足感和对课堂生活的认同感			10 分	
团队协作沟通交流	积极主动与教师、同学交流，相互尊重、理解、平等；与教师、同学之间是否能够保持多向、丰富、适宜的信息交流			10 分	
	能处理好合作学习和独立思考的关系，做到有效学习；能提出有意义的问题或能发表个人见解			10 分	
知识、能力获得情况	1. 掌握厨余垃圾的定义			10 分	
	2. 掌握厨余垃圾处理办法			10 分	
	3. 能正确处理厨余垃圾			10 分	
	4. 能自主减少厨余垃圾			10 分	
分析问题解决问题	是否能发现问题、提出问题、分析问题、解决问题、创新问题			10 分	
自评反馈	按时按质完成了任务；较好地掌握了知识点；具有较强的分析能力和理解能力；具有较为全面严谨的思维能力，文字条理清楚、表达明晰			10 分	
自评分数					
有益的经验和做法					
总结反馈建议					

任务工作单 2

组号：_____ 姓名：_____ 学号：_____ 检索号：1127-2

表 1-1-18　小组内互评验收表

验收组长		组名		日期	年　月　日
组内验收成员					
任务要求	掌握厨余垃圾的定义；掌握厨余垃圾处理办法；能正确处理厨余垃圾；能自主减少厨余垃圾；提供文献检索目录				
验收资料清单	被验收者 11262-1 任务工作单 被验收者 11262-2 任务工作单				
	文献目录				
验收评分	评分标准			分数	得分
	掌握厨余垃圾的定义，错一处扣 5 分			20 分	
	掌握厨余垃圾处理办法，错一处扣 5 分			20 分	
	能正确处理厨余垃圾，错一处扣 5 分			20 分	
	能自主减少厨余垃圾，错一处扣 5 分			20 分	
	文献检索数量不低于 5 项，少一项扣 2 分			20 分	
	评价分数				
该同学的不足之处					
有针对性的改进建议					

任务工作单 3

组号：_____ 姓名：_____ 学号：_____ 检索号：1127-3

表 1-1-19　小组间互评表

班级		评价小组		日期	年　月　日
评价指标	评价内容			分数	分数评定
汇报展示	表述准确			15 分	
	语言流畅			10 分	
	准确反映本组完成情况			15 分	
内容完整度	内容正确			30 分	
	表达到位			30 分	
	互评分数				
简要评述					

任务工作单 4

组号：_____ 姓名：_____ 学号：_____ 检索号：1127-4

表 1-1-20 任务完成情况评价表

任务名称		厨余保洁		总得分		
评价依据		学生完成的所有工作任务单				
序号	任务内容及要求		配分	评分标准评分标准	教师评价	
					结论	得分
1	光盘行动	除骨、刺、菜梗、调料等不能食用的部分以外，无其他剩残	20 分	酌情给分		
2	残渣分类	骨、刺、菜梗、调料等放在指定容器中	10 分	酌情给分		
3	餐后行动	就餐后桌面干净，无饭菜汤汁撒漏	10 分	酌情给分		
		剩饭、剩菜、汤汁倒入指定泔水桶	10 分	酌情给分		
4	外卖减量	不点外卖进寝室	10 分	酌情给分		
5	寝室厨余垃圾清理	包装物、残渣分类放置，正确投放，在寝室内搁置时间不超过 1 小时	10 分	酌情给分		
6	寝室环境	无饭菜异味	10 分	酌情给分		
7	素质素养	具有环保节约意识	10 分	酌情给分		
		珍惜劳动成果	10 分	酌情给分		
	合计得分					

任务三　安全用电

1.1.3.1　任务描述

正确辨别寝室中的违规电器，掌握发生用电安全事故时的应急措施，制作日常安全用电打卡表，完成安全用电实践，按照标准接受验收并取得合格成绩，展示安全用电照片。

1.1.3.2　学习目标

1. 知识目标

（1）掌握寝室可用电器的品类；

（2）掌握在寝室内安全使用电器的方法。

2. 能力目标

（1）能正确辨别电器是否属于寝室违规电器；
（2）能按安全用电标准完成每日安全用电实践；
（3）能在发生用电安全事故时及时采取应急措施。

3. 素养目标

（1）培养安全用电意识；
（2）培养个人良好用电习惯；
（3）培养自我保护及保护他人的意识和能力。

1.1.3.3 重难点

1. 重点

（1）寝室可用电器的辨别；
（2）安全用电打卡表的制作。

2. 难点

（1）掌握寝室安全用电的方法；
（2）掌握发生用电安全事故时的应急措施。

1.1.3.4 知识链接

（一）认识电力安全警示标识牌

应注意所在场所周边是否悬挂相关电力安全警示标识牌（见图1-3-1）。

图1-3-1 电力安全警示标识牌

（二）触电及触电的危险

人体是导体，当人体上加有电压时，就会有电流通过人体。当通过人体的电流很小时，人没有感知；当通过人体的电流稍大时，人就会有"麻电"的感觉；当电流达到8~10 mA时，人就很难摆脱电压，从而形成危险的触电事故；当通过人体的电流达到100 mA时，在很短时间内人就会窒息、心跳停止。所以，当加在人体上的电压大到一定数值时，就会发生触电事故。

通常情况下，不高于 36 V 的电压对人是安全的，称为安全电压。

照明用电的火线与零线之间的电压是 220 V，绝不能同时接触火线与零线。零线是接地的，所以火线与大地之间的电压也是 220 V，一定不能在与大地连通的情况下接触火线。

（三）几种触电类型

1. 家庭电路中的触电

人接触了火线与零线或火线与大地则会发生触电。

（1）人误与火线接触的原因。

① 火线的绝缘皮破坏，其裸露处直接接触了人体，或接触了其他导体，间接接触了人体。

② 潮湿的空气导电、不纯的水导电——湿手触开关或浴室触电。

③ 电器外壳未按要求接地，其内部火线外皮破坏接触了外壳。

④ 零线与前面接地部分断开以后，与电器连接的原零线部分通过电器与火线连通转化成火线。

（2）人自以为与大地绝缘实际却与地连通的原因。

① 人站在绝缘物体上，却用手扶墙或其他接地导体或站在地上的人扶他。

② 人站在木桌、木椅上，而木桌、木椅却因潮湿等原因转化成导体。

（3）避免家庭电路中触电的注意事项。

① 开关接在火线上，避免打开开关时使零线与接地点断开。

② 安装螺口灯的灯口时，火线接中心、零线接外皮。

③ 室内电线不要与其他金属导体接触，不在电线上晾衣物、挂物品。电线有老化与破损时，要及时修复。

④ 电器该接地的地方一定要按要求接地。

⑤ 不用湿手扳开关、换灯泡，插、拔插头。

⑥ 不站在潮湿的桌椅上接触火线。

⑦ 接触电线前，先把总电闸打开，在不得不带电操作时，要注意与地绝缘，先用测电笔检测接触处是否与火线连通，并尽可能单手操作。

2. 高压触电

高压带电体不但不能接触，而且不能靠近。高压触电有以下两种：

（1）电弧触电：人与高压带电体距离到一定值时，高压带电体与人体之间会发生放电现象，导致触电。

（2）跨步电压触电：高压电线落在地面上时，在距高压线不同距离的点之间存在电压。人的两脚间存在足够大的电压时，就会发生跨步电压触电。

高压触电的危险比 220 V 电压的触电更危险，所以看到"高压危险"的标志时，一定不能靠近它。室外天线必须远离高压线，不能在高压线附近放风筝、捉蜻蜓、爬电杆等。

（四）处理触电事故的原则和方式

原则：尽快使触电人脱离电源，同时避免在处理事故时其他人再触电。

方式：发现有人触电要设法及时关断电源；或者用不导电物（如干燥的木棍等）将触电者与带电的电器分开，用砂土、灭火器扑灭火焰。不要用手直接去救人，以防触电。将触电人转移到空气流通的地方，拨打 120 急救电话；若停止呼吸，立即进行人工氧合

1.1.3.5 素质养成

（1）掌握寝室安全用电的知识和方法，为自己和他人的生命安全提供保障。学生在寝室中使用电器时，能够正确辨别违规电器，具备安全用电的意识和技能，防止用电安全事故的发生。

（2）在进行日常安全用电实践时，学生能按照安全用电标准使用各类电器，做到安全用电。当发生违规用电行为时，能主动自我纠正及相互监督。

（3）学生应积极学习并掌握用电安全事故应急措施，以便在意外发生时，能更好地保护自己及他人。

1.1.3.6 任务实施

1.1.3.6.1 学生分组

以寝室为单位，进行分组（见表1-1-21）。

表1-1-21 学生分组表

班级		寝室号		指导教师	
室长		学号			
寝室成员	姓名	学号	姓名	学号	

1.1.3.6.2 自主探学

任务工作单1

组号：＿＿＿＿＿　姓名：＿＿＿＿＿＿　学号：＿＿＿＿＿　检索号：＿11362-1＿

引导问题：

想一想寝室常见的安全电器及违规电器有哪些？完成违规电器识别表（见表1-1-22）。

表1-1-22 违规电器识别表

违规电器	安全电器	无法判断是否为违规电器

任务工作单 2

组号：_____ 姓名：_____ 学号：_____ 检索号：__11362-2__

引导问题：

思考并罗列寝室内常见电器的安全使用方法及注意事项（见表 1-1-23）。

表 1-1-23　寝室电器使用方法

电器	使用方法及注意事项

1.1.3.6.3　合作研学

任务工作单 1

组号：_____ 姓名：_____ 学号：_____ 检索号：__11363-1__

引导问题：

小组针对自主探学所填内容进行交流讨论，并邀请教师参与，制作安全用电打卡表（见表 1-1-24）。

表 1-1-24　安全用电打卡表

日期	当日发生的用电行为	是否有违规用电行为（如有，写明具体行为及电器）	打卡人	监督人

任务工作单 2

组号：_____ 姓名：_____ 学号：_____ 检索号：__11363-2__

引导问题：

通过小组合作讨论及查阅资料，明确违规用电安全事故的处理方法（见表 1-1-25）。

表 1-1-25　违规用电安全事故处理方法总结表

违规用电安全事故	处理方法

1.1.3.6.4　展示赏学

任务工作单 1

组号：_____　姓名：_____　学号：_____　检索号：　11364-1

引导问题：

每个寝室的室长，分享本组的日常安全用电情况，并在班级中展示本组安全用电的照片或视频（见表 1-1-26）。

表 1-1-26　安全用电展示表

照片	视频

1.1.3.7　评价反馈

通过评价指标进行任务评价，并完成以下任务工作单（见表 1-1-27～表 1-1-30）。

任务工作单 1

组号：_____　姓名：_____　学号：_____　检索号：　1137-1

表 1-1-27　安全用电自评表

序号	内容	标准	分值	自评打分
1	电脑、充电器、手机、台灯等的使用	（1）通电过程中远离纸张、棉布等易燃物品	10 分	
		（2）使用完毕后拔掉电源插头或关闭接线板上的开关	10 分	
2	电气线路检查	如发现破损、接头松动等现象，及时按学院报修流程报修，不得私自处理	10 分	

续表

序号	内容	标准	分值	自评打分
3	插排使用管理	（1）未将插排放在桌子上或者床上	2.5 分	
		（2）插排需悬挂距离地面、床超过 30 cm 的地方	2.5 分	
		（3）一个宿舍内插排数量不得超过 4 个	3 分	
		（4）离开寝室时拔下插排	2 分	
4	部分用电行为	（1）不用手或导电物（如铁丝、钉子、别针等金属制品）去接触、探试电源插座内部	5 分	
		（2）不用湿手触摸电器，不用湿布擦拭电器	5 分	
		（3）不私自拉、接电线，不随意在寝室内更改、拆卸、安装电源线路、插座、插头等	20 分	
		（4）没有把铁钉等硬物凿入墙面	10 分	
5	规范使用电器设备	无私自使用违章器具或电器的情况。例如，明火类用具：汽（煤）油炉、酒精炉（灯）、液化气炉等；电热杯、电饭锅、热得快、电褥子、取暖器、电吹风、电夹板、电熨斗、洗衣机、电冰箱、带有变压功能的插座等其他违规电器	20 分	
	合计		100 分	

任务工作单 2

组号：_____ 姓名：_____ 学号：_____ 检索号：__1137-2__

表 1-1-28　小组内互评验收表

验收组长		组名		日期	年　月　日
组内验收成员					
任务要求	能正确辨别寝室中的违规电器，掌握发生用电安全事故时的应急措施，制作日常安全用电打卡表，完成安全用电实践，按照标准接受验收并取得合格成绩				
验收文档清单	被验收者 11362-1 任务工作单 被验收者 11362-2 任务工作单 被验收者 11363-1 任务工作单 被验收者 11363-2 任务工作单				
	文献检索清单				

续表

评分标准		分数	得分
验收评分	能按照寝室安全用电的标准,制作安全用电每日打卡表,根据合理程度酌情扣分	25 分	
	能正确选用安全电器,错一处扣 5 分	25 分	
	能按照安全用电要求,完成每日安全用电实践,并用打卡表记录用电情况,违规一次扣 5 分	25 分	
	搜集安全用电实践及违规用电案例,各不少于 2 个,缺一个扣 5 分	25 分	
评价分数			
不足之处			

任务工作单 3

组号:_____ 姓名:_____ 学号:_____ 检索号:1137-3

表 1-1-29 小组间互评表

班级		评价小组		日期	年 月 日
评价指标	评价内容			分数	分数评定
汇报展示	展示完全			15 分	
	语言流畅			10 分	
	准确反映本组完成情况			15 分	
内容完整度	内容完整			30 分	
	表达到位			30 分	
互评分数					
简要评述					

任务工作单 4

组号:_____ 姓名:_____ 学号:_____ 检索号:1137-4

表 1-1-30 任务完成情况评价表

任务名称	安全用电		总得分		
评价依据	学生完成的所有工作任务单				
序号	任务内容及要求	配分	评分标准	教师评价	
				结论	得分
1	寝室电器的使用	20 分	按照标准正确使用电器,如有违规行为或使用违规电器,酌情扣分		

续表

序号	任务内容及要求	配分	评分标准	教师评价	
				结论	得分
2	电气线路检查	20 分	按照标准正确使用电气线路，如有违规行为，酌情扣分		
3	插排使用管理	20 分	按照标准正确使用插排，如有违规行为，酌情扣分		
4	日常用电行为	20 分	如有违规行为，酌情扣分		
5	用电安全监督	20 分	日常用电是否进行相互监督，是否树立自我保护及保护他人的意识，是否掌握应对用电事故的方法，酌情给分		

任务四　卫浴保洁

1.1.4.1　任务描述

正确认识卫浴保洁，明确卫浴保洁的要求，制作长期有效的卫浴保洁任务表，完成卫浴保洁实践，按照标准接受验收并取得合格成绩，展示卫浴保洁记录。

1.1.4.2　学习目标

1. 知识目标

（1）掌握卫浴保洁工具选用的知识；

（2）掌握卫浴保洁的步骤和方法。

2. 能力目标

（1）能正确认识卫浴保洁；

（2）能协作开展日常卫浴保洁。

3. 素养目标

（1）培养个人的良好劳动习惯和品质；

（2）培养集体协作劳动的意识；

（3）培养尊重劳动成果的意识。

1.1.4.3　重难点

1. 重点

（1）卫浴保洁内容和操作流程；

（2）卫浴保洁的任务分配。

2. 难点

（1）正确认识卫浴保洁；

（2）自觉开展日常卫浴保洁。

1.1.4.4　知识链接

（1）深入开展爱国卫生运动：2020年3月2日，习近平总书记在北京考察新冠防控科研攻关工作时强调："坚持开展爱国卫生运动"；在浙江考察时强调："要深入开展爱国卫生运动，推进城乡环境整治，完善公共卫生设施，提倡文明健康、绿色环保的生活方式"。

（2）要改善校园环境卫生。教育部于2020年6月22日印发的文件《深入开展新时代校园爱国卫生运动 培养德智体美劳全面发展的社会主义建设者和接班人——教育部印发通知部署深入开展新时代校园爱国卫生运动》中指出：要"推进学校厕所革命，大力推进厕所改造"。

（3）厕所的卫浴保洁可以提升学生的自律性：厕所的卫生环境首先是保洁问题，其次是文化布置，最后是个人对厕所卫生环境所担负的义务与责任。保洁是一个过程。首先是每天至少需要一次性将厕所卫生做好，然后是每一位身在其中的人对厕所卫生状况的维护。这种维护需要自律，需要每个人都有一种替他人着想的意识。事实上，校园中的每个人都是在这种持续的日常自律与行为中慢慢成长起来的，并逐渐发展成为最好的自己。

（4）以厕所革命为契机推动校园文化建设：厕所文明是学校精神文明建设的重要标尺之一，看似是改善脏、臭的如厕环境，实际是提升文明理念、改变落后的习惯。厕所革命作为高校文明修身工程的项目之一，积极启动此项活动，使学生逐渐养成便后冲水、不乱吐乱扔、有序如厕、爱护厕内公共设施和公共卫生等文明如厕行为，使学生的思想道德、文明修养在潜移默化中有效提升。

（5）世界厕所组织：根据世界卫生组织的统计，每个人每天上厕所6~8次，一年就是约2 500次，算下来人的一生大约有三年时间耗费在厕所里。如厕实在是每个人生命中的一件大事，成立一个国际组织来研讨60多亿人的如厕问题，绝非小题大做之举。

在新加坡厕所协会主席沈锐华（Jack Sim）先生的倡议、协调和组织下，2001年11月19日，在新加坡会展中心举办了第一届世界厕所峰会，向全球宣布世界厕所组织成立，并发表世界厕所峰会宣言，将每年的11月19日定为"世界厕所日"，世界厕所组织自此作为一个国际性的厕所卫生组织，通过协调各国的厕所卫生协会之间的交流合作，来改善那些占世界总人口数的40%却从未使用过冲水厕所的人的卫生状况。世界厕所组织致力于应对全球厕所卫生危机，倡导厕所清洁、舒适、健康。组织愿景是每一个人无论何时何地都能使用安全、卫生的厕所。

（6）"扫除正心"卫浴保洁工具介绍。

二维码1-1-4-1

（7）"扫除正心"厕所扫除践行示范。

二维码 1-1-4-2

1.1.4.5 素质养成

（1）卫浴是具有功能性的公共使用空间，卫浴环境会直接影响学生的日常生活。学生在日常使用卫浴的过程中，要随手做好卫浴保洁，养成良好的个人生活习惯。

（2）每个人的卫浴使用习惯和保洁情况，都会直接影响其他人。学生在卫浴保洁的过程中，要有集体意识，共同协作，打造干净整洁的卫浴环境，为自己和他人构建良好的寝室环境。

（3）在使用卫浴和保洁过程中，要学会换位思考，尊重自己与他人的劳动成果。

1.1.4.6 任务实施

1.1.4.6.1 学生分组

以寝室为单位，进行分组（见表1-1-31）。

表 1-1-31　学生分组表

班级		寝室号		指导教师	
室长		学号			
寝室成员	姓名	学号		姓名	学号

1.1.4.6.2 自主探学

任务工作单 1

组号：_____ 姓名：_____ 学号：_____ 检索号：__11462-1__

引导问题：

（1）结合实际情况，填写卫浴情况反馈表（见表1-1-32）。

表 1-1-32　卫浴情况反馈表

序号	题目	答案：是/否
1	你是否在卫生间看到有乱扔垃圾的情况？	
2	你是否在卫生间或洗漱区看到物品乱摆放的情况？	

续表

序号	题目	答案：是/否
3	你是否在卫生间遇到过垃圾桶未及时倾倒的情况？	
4	你是否在卫生间遇到过地面、便盆有脏污的情况？	
5	你是否在洗漱区发现地面有积水或有垃圾的情况？	

（2）陈述你对上述行为的观点：_____

_____

（3）查阅相关资料，结合自身的思考，回答下列问题。
① 卫浴卫生是否重要？为什么？

_____

② 卫浴保洁应该由谁负责？为什么？

_____

任务工作单 2

组号：_____ 姓名：_____ 学号：_____ 检索号：__11462-2__

引导问题：

思考并按先后顺序罗列卫浴保洁中需要做的具体任务，分别需要什么工具，有什么要求，然后填写卫浴保洁任务表（见表 1-1-33）。

表 1-1-33 卫浴保洁任务表

序号	卫浴保洁任务	所需工具	劳动时间（频率）	劳动要求（客观因素，如身高等）

1.1.4.6.3 合作研学

任务工作单 1

组号：_____ 姓名：_____ 学号：_____ 检索号：__11463-1__

引导问题：

小组交流讨论，教师参与，补充完善卫浴保洁任务表（见表 1-1-34）。

表 1-1-34 卫浴保洁任务优化表

序号	卫浴保洁任务	所需工具	劳动时间（频率）	劳动要求（客观因素，如身高等）

任务工作单 2

组号：_____ 姓名：_____ 学号：_____ 检索号：11463-2

引导问题：

小组交流讨论，教师参与，完成卫浴保洁任务安排表（见表 1-1-35）。

表 1-1-35　卫浴保洁任务安排表

		负责人	保洁内容	劳动要求	所需工具			
卫浴扫除	寝室全体人员共同参与 每____一次							
卫浴日常保洁	值日生	周一	周二	周三	周四	周五	周六	周日
	值日内容 （自行约定）							
	非值日生	除值日生外，寝室其他人员						
	保洁内容 （自行约定）							

1.1.4.6.4　卫浴保洁实践

任务工作单 1

组号：_____ 姓名：_____ 学号：_____ 检索号：11464-1

引导问题：

根据卫浴保洁任务安排表进行实践，并在表 1-1-36 中进行记录。

表 1-1-36　卫浴保洁记录表

		负责人	保洁任务	保洁情况记录
卫浴扫除	寝室全体人员共同参与 第___周			

续表

		时间	周一	周二	周三	周四	周五	周六	周日
卫浴日常保洁	值日生	学生							
		保洁情况记录							
	非值日生	保洁情况记录							

1.1.4.6.5　展示赏学

任务工作单1

组号：＿＿＿＿＿＿　**姓名：**＿＿＿＿＿＿　**学号：**＿＿＿＿＿＿　**检索号：**＿11465-1＿

引导问题：

每个小组的组长，分享本组的卫浴保洁实践情况，同时进一步优化本组卫浴保洁任务安排表（见表1-1-37）。

表1-1-37　卫浴保洁任务安排表

		负责人	保洁内容	劳动要求	所需工具
卫浴扫除	寝室全体人员共同参与 每＿＿＿一次				

		周一	周二	周三	周四	周五	周六	周日
卫浴日常保洁	值日生							
	值日内容 （自行约定）							
	非值日生	除值日生外，寝室其他人员						

1.1.4.7　评价反馈

通过评价指标进行任务评价，并完成以下任务工作单（见表1-1-38~表1-1-41）。

任务工作单 1

组号：_____　姓名：_____　学号：_____　检索号：<u>1147-1</u>

表 1-1-38　自我评价表

班级		组名		日期	年　月　日
评价指标	评价内容			分数	分数评定
信息检索	能有效利用网络、图书资源查找有用的相关信息等；能将查到的信息有效地应用到学习中			10 分	
感知课堂生活	是否能在学习中获得满足感和对课堂生活的认同感			10 分	
团队协作沟通交流	积极主动与教师、同学交流，相互尊重、理解、平等；与教师、同学之间是否能够保持多向、丰富、适宜的信息交流			10 分	
	能处理好合作学习和独立思考的关系，做到有效学习；能提出有意义的问题或能发表个人见解			10 分	
知识、能力获得情况	1. 掌握卫浴保洁工具选用的知识			10 分	
	2. 掌握卫浴保洁的步骤和方法			10 分	
	3. 能正确认识卫浴保洁			10 分	
	4. 能协作开展日常卫浴保洁			10 分	
分析问题解决问题	是否能发现问题、提出问题、分析问题、解决问题、创新问题			10 分	
自评反馈	按时按质完成了任务；较好地掌握了知识点；具有较强的分析能力和理解能力；具有较为全面严谨的思维能力，成文条理清楚、表达明晰			10 分	
自评分数					
有益的经验和做法					
总结反馈建议					

任务工作单 2

组号：_____　姓名：_____　学号：_____　检索号：<u>1147-2</u>

表 1-1-39　小组内互评验收表

验收组长		组名		日期	年　月　日
组内验收成员					
任务要求	掌握卫浴保洁工具选用的知识；掌握卫浴保洁的步骤和方法；能正确认识卫浴保洁；能协作开展日常卫浴保洁；提供文献检索目录				
验收资料清单	被验收者 11462-1 任务工作单 被验收者 11462-2 任务工作单 被验收者 11464-1 任务工作单				
	文献检索目录				

续表

评分标准		分数	得分
验收评分	掌握卫浴保洁工具选用的知识，错误一处扣5分	20分	
	掌握卫浴保洁的步骤和方法，错误一处扣5分	20分	
	能正确认识卫浴保洁，错误一处扣5分	20分	
	能协作开展日常卫浴保洁，错误一处扣5分	20分	
	文献检索数量不低于5项，少一项扣2分	20分	
评价分数			
该同学的不足之处			
有针对性的改进建议			

任务工作单3

组号：_____ 姓名：_____ 学号：_____ 检索号：1147-3

表1-1-40 小组间互评表

班级		评价小组		日期	年　月　日
评价指标		评价内容		分数	分数评定
汇报展示	表述准确			15分	
	语言流畅			10分	
	准确反映本组完成情况			15分	
内容完整度	内容正确			30分	
	表达到位			30分	
互评分数					
简要评述					

任务工作单4

组号：_____ 姓名：_____ 学号：_____ 检索号：1147-4

表1-1-41 任务完成情况评价表

任务名称		卫浴保洁			总得分	
评价依据		学生完成的所有工作任务单				
序号	任务内容及要求		配分	评分标准	教师评价	
					结论	得分
1	整体印象	卫生间及洗漱区无异味	5分	酌情给分，如有烟头不给分		
2	门、地面	卫生间门、地面干净，无杂物	5分	酌情给分，有明显垃圾不给分		
3	天花板	天花板无蜘蛛网，墙面干净，无污渍	5分	酌情给分		

续表

序号	任务内容及要求		配分	评分标准	教师评价	
					结论	得分
4	便盆	便盆干净，无黄渍、污渍	10分	酌情给分		
5	墙面	卫生间及洗漱区无张贴或乱写乱画	10分	1酌情给分		
6	毛巾架	毛巾架上毛巾整齐摆放	10分	酌情给分		
7	洗漱台	洗漱台干净，物品摆放整齐	10分	酌情给分		
8	洗漱盆	洗漱盆干净	10分	酌情给分		
9	物品摆放	洗漱区物品摆放整齐	5分	酌情给分		
		卫生间物品摆放整齐	5分	酌情给分		
10	安全节能	卫生间及洗漱区的灯是否在无人时及时关闭；是否节约用水	10分	酌情给分，未及时关灯不给分		
11	素质素养	劳动态度	5分	酌情给分，但违反课堂纪律，不听从组长、教师安排，不得分		
		劳动协作	5分			
		珍惜劳动成果	5分			
合计得分						

项目二　集体生活劳动

任务一　寝室保洁

1.2.1.1　任务描述

明确集体劳动的具体要求，形成长期可实施的寝室公约，完成宿舍保洁实践，按照标准接受验收并取得合格成绩，展示寝室保洁照片。

1.2.1.2　学习目标

1. 知识目标

（1）掌握寝室内务保洁工具选用的知识；
（2）掌握寝室内务保洁的步骤和方法。

2. 能力目标

（1）能独立进行寝室保洁劳动实践；
（2）能根据寝室内务任务及标准制定寝室公约；
（3）能集体协作开展寝室保洁。

3. 素养目标

（1）培养个人良好的劳动习惯和品质；
（2）培养集体协作的意识；
（3）培养尊重劳动、珍惜劳动成果的观念。

1.2.1.3　重难点

1. 重点

（1）寝室保洁内容和操作流程；
（2）寝室保洁的任务分配。

2. 难点

（1）合理制定寝室公约；
（2）达到寝室保洁标准。

1.2.1.4　知识链接

1. 劳动教育主要内容之一：日常生活劳动教育

教育部于 2020 年 7 月 7 日印发的《大中小学劳动教育指导纲要（试行）》指出："日常生活劳动教育立足个人生活事务处理，结合开展新时代校园爱国卫生运动，注重生活能力和良好卫生习惯培养，树立自立自强意识。"

2. 扫尘的历史由来

据《吕氏春秋》记载，我国在尧舜时代就已经有了春节扫尘的风俗了。扫尘又称除尘、除残、掸尘、打埃尘等。北方叫扫房，南方叫掸尘。因为民间的说法是"尘"与"陈"谐音，所以在春节扫尘有"除陈布新"的意思。要把一切不好的"穷运""晦气"全部扫除。在新的一年有好的运气。又可以说是寄托了人们破旧立新、辞旧迎新、辟邪除灾、迎祥纳福的美好生活愿望。

3. 日常寝室保洁实践

（1）床铺整理：被子折叠好，与枕头分别放在床的两头；床铺整理平顺。

（2）个人衣物：睡衣折叠整齐，放在枕头旁边；换洗衣物收纳至洗衣桶中备洗；不穿的衣物折叠好放在个人储物柜里。

（3）桌面整理：物品分类摆放整齐，不常使用的物件或个人贵重物品收纳到抽屉或柜子里。

（4）行李架摆放：行李箱和行李包整齐有序地摆放在行李架上，使用后及时归位。

（5）鞋子整理：整齐摆放在鞋架上或一字形摆放在床下。

（6）洗漱台整理：洗漱完毕把牙杯、牙刷、牙膏、毛巾按规定位置整齐有序摆放，把面盆、水桶整齐摆放在规定位置。

（7）厕所用后要冲洗干净。

（8）垃圾按垃圾分类要求装入袋中，按照早、中、晚三个投放时间投放到垃圾桶内或将个人垃圾统一放在本寝室的垃圾分类袋中，由寝室值日生统一拿出投放。

（9）每天早上和下午上课前各进行一次10~30分钟的个人床铺卫生整理和日常生活用品整理。

（10）寝室值日生做好寝室卫生清扫、物面擦拭，协助室长做好寝室成员卫生监督，按垃圾投放时间将寝室垃圾分类投放在楼下垃圾桶内。

（11）每日寝室内卫生须做到"早上8：00—8：20、中午13：10—13：30、晚上6：10—6：30"三次清扫，每日拖地一次，保持寝室卫生干净；早、中、晚倒三次垃圾。

4. 寝室大扫除实践

（1）每周扫除。

①用便池刷和洁厕王清洗厕所便池，用厕所专用毛巾擦拭厕所墙面瓷砖。

②用湿毛巾将门、窗、书桌擦拭干净，用干毛巾将玻璃擦拭干净。

③将寝室、客厅、阳台、卫生间、洗漱间地面及卫生死角彻底清扫一遍，清扫后再用拖把拖地。

④将书桌上的物品摆放整齐。

⑤整理衣柜，将最常用的衣物放最上面并将衣物摆放整齐，便于取用。

（2）每月扫除。

①清理寝室天花板、墙壁上的灰尘和蜘蛛网等。

②清理门、玻璃和窗台上的灰尘。

③整理衣柜里面的衣物，按季节调整摆放顺序。

④清洗床上用品和蚊帐等。

（3）离校前扫除和开学前扫除（除每周扫除和每月扫除内容外，还应做到以下方面）。

①所有个人物品收纳入袋，桌面、地面不留任何物品。

② 将所有收纳袋或收纳箱整齐摆放在自己的床位上。
③ 门窗关闭,电源断电。
④ 公共区无任何个人物品,桌椅干净且摆放整齐。

1.2.1.5 素质养成

(1)寝室是公共生活场所,寝室的环境会直接影响学生生活、学习的质量。学生在对寝室进行保洁的过程中,要自主思考、身体力行,既要掌握正确的劳动方法,又要锻炼个人的生活劳动能力。

(2)营造干净文明的寝室环境需要每一位学生积极参与。在寝室保洁过程中,学生要有责任意识、诚实守信、吃苦耐劳;要有集体意识、合理分工、积极协作;要有自主意识、自觉维护、相互监督。为构建寝室的良好卫生环境共同努力,从而提高自身的劳动品质。

3. 树立以劳为美的观念,通过劳动,为自身和他人创造美好的生活环境。

1.2.1.6 任务实施

1.2.1.6.1 学生分组

以寝室为单位,进行分组(见表1-2-1)。

表1-2-1 学生分组表

班级		寝室号		指导教师	
室长		学号			
寝室成员	姓名		学号	姓名	学号

1.2.1.6.2 自主探学

任务工作单1

组号:_____ **姓名:**_____ **学号:**_____ **检索号:** 12162-1

引导问题:

(1)结合实际情况,填写寝室卫生情况反馈表(见表1-2-2)。

表1-2-2 寝室卫生情况反馈表

序号	题目	答案:是/否
1	你是否在入学前,希望入住一间干净整洁的寝室?	
2	你是否做好了寝室中的日常个人卫生保洁任务?如物品收纳、叠衣叠被、及时清理个人垃圾等	

续表

序号	题目	答案：是/否
3	你是否因室友的某些不良卫生习惯而感到困扰？	
4	你是否会因寝室脏乱而影响个人心情？	
5	你认为寝室环境是否会影响寝室人际关系？	

（2）日常寝室保洁的重要性和意义：_____

_____

（3）请反思个人在寝室卫生中需要改进的地方：_____

_____

任务工作单 2

组号：_____ 姓名：_____ 学号：_____ 检索号：12162-2

引导问题：

思考并罗列寝室保洁中需要做的具体任务，分别需要什么工具，有什么要求，然后填写寝室保洁任务表（见表1-2-3）。

表1-2-3 寝室保洁任务表

序号	寝室保洁任务	所需工具	劳动时间（频率）	劳动要求（客观因素，如身高等）

1.2.1.6.3 合作研学

任务工作单 1

组号：_____ 姓名：_____ 学号：_____ 检索号：12163-1

引导问题：

小组针对自主探学的内容进行交流讨论，并邀请教师参与，共同制定寝室保洁任务表（见表1-2-4）。

表1-2-4 宿舍保洁任务优化表

序号	保洁任务	所需工具	劳动时间（频率）	劳动要求（客观因素，如身高等）

任务工作单 2

组号：_____ 姓名：_____ 学号：_____ 检索号：12163-2

引导问题：

小组根据寝室保洁任务优化表进行交流讨论、并邀请教师参与，根据自身实际情况，合理制定寝室公约（见表1-2-5）。

表 1-2-5 寝室公约

		负责人	保洁内容	劳动要求	所需工具
寝室扫除	寝室全体人员共同参与 每___一次				
		周一	周二	周三	周四	周五	周六	周日
寝室日常保洁	值日生							
	值日内容（自行约定）							
	非值日生	除值日生外，寝室其他人员						
	保洁内容（自行约定）							

1.2.1.6.4 宿舍保洁实践

任务工作单 1

组号：_____ 姓名：_____ 学号：_____ 检索号：12164-1

引导问题：

根据寝室保洁任务安排表进行实践，并在表1-2-6中进行记录。

表 1-2-6 寝室保洁记录表

		负责人	保洁任务	保洁情况记录
寝室扫除	小组全体人员共同参与 第___周周___			

续表

		时间	周一	周二	周三	周四	周五	周六	周日
寝室日常保洁	值日生	学生							
		保洁情况记录							
	非值日生	保洁情况记录							

1.2.1.6.5　展示赏学

任务工作单1

组号：_____　姓名：_____　学号：_____　检索号：__12165-1__

引导问题：

每个寝室的室长，在班级中展示本寝室的保洁实践情况，并展示寝室扫除前后的照片（见表1-2-7）。

表1-2-7　寝室保洁成果展示表

序号	寝室保洁成果展示
照片1	
照片2	

1.2.1.7 评价反馈

通过评价指标进行任务评价，并完成以下任务工作单（见表1-2-8~表1-2-11）。

任务工作单1

组号：_____ 姓名：_____ 学号：_____ 检索号：__1217-1__

表 1-2-8　个人自评表

班级		组名		日期	年　月　日
评价指标	评价内容			分数	分数评定
信息检索	能有效利用网络、图书资源查找有用的相关信息等；能将查到的信息有效地应用到学习中			10分	
感知课堂生活	是否熟悉劳动流程，认同劳动价值；在劳动中是否能获得满足感			10分	
参与态度	积极主动与教师、同学交流，相互尊重、理解、平等；与教师、同学之间是否能够保持多向、丰富、适宜的信息交流			10分	
	能处理好合作学习和独立思考的关系，做到有效学习；能提出有意义的问题或能发表个人见解			10分	
知识、能力获得	1. 能按照寝室内务保洁的标准要求，正确制定每一个保洁活动的劳动方案			10分	
	2. 能正确选用不同保洁任务的劳动工具			10分	
	3. 能根据不同的劳动内容，合理分工、分步骤开展劳动			10分	
	4. 能按照劳动方案，完成保洁活动，并记录劳动成果			10分	
思维态度	是否能发现问题、提出问题、分析问题、解决问题、创新问题			10分	
自评反馈	按时按质完成了任务；较好地掌握了知识点；具有较强的分析能力和理解能力；具有较为全面严谨的思维能力，成文条理清楚、表达明晰			10分	
自评分数					
有益的经验和做法					
总结反馈建议					

任务工作单 2

组号：_____　姓名：_____　学号：_____　检索号：__1217-2__

表 1-2-9　小组内互评验收表

验收组长			组名		日期	年　月　日
组内验收成员						
任务要求	能按照寝室内务保洁的标准要求，正确制定每一个保洁活动的劳动方案；能正确选用不同保洁任务的劳动工具；能根据不同的劳动内容，合理分工、分步骤开展劳动；能按照劳动方案，完成保洁活动，并记录劳动成果					
验收文档清单	被验收者 12162-1 任务工作单 被验收者 12162-2 任务工作单 被验收者 12164-1 任务工作单					
	文献检索清单					
验收评分	评分标准				分数	得分
	能按照寝室内务保洁的标准要求，正确制定每一个保洁活动的劳动方案，遗漏一处扣 5 分				20 分	
	能正确选用不同保洁任务的劳动工具，遗漏或错误一处扣 5 分				20 分	
	能根据不同的劳动内容，合理分工、分步骤开展劳动，错一处扣 5 分				20 分	
	能按照劳动方案，完成保洁活动，并记录劳动成果，遗漏一处扣 5 分				20 分	
	搜集清洁劳动案例，不少于 4 个，缺一个扣 5 分				20 分	
	评价分数					
不足之处						

任务工作单 3

组号：_____　姓名：_____　学号：_____　检索号：__1217-3__

表 1-2-10　小组间互评表

班级		评价小组	日期	年　月　日
评价指标	评价内容		分数	分数评定
汇报展示	展示完全		15 分	
	语言流畅		10 分	
	准确反映本组完成情况		15 分	
内容完整度	内容完整		30 分	
	表达到位		30 分	
	互评分数			
简要评述				

任务工作单 4

组号：_____ 姓名：_____ 学号：_____ 检索号：__1217-4__

表 1-2-11 任务完成情况评价表

任务名称		寝室保洁		总得分		
评价依据		学生完成的所有工作任务单				
序号	任务内容及要求		配分	评分标准	教师评价	
					结论	得分
1	地面、墙面	（1）地面无垃圾、灰尘和烟头	10 分	酌情给分，如有烟头不给分		
		（2）地面鞋子摆放整齐	5 分	不整齐不给分		
		（3）屋面（天花板）、墙面无蜘蛛网、无脚（球）印，书桌面、门窗、玻璃无灰尘	10 分	酌情给分		
2	床铺卫生	（1）被子折叠并摆放整齐	10 分	酌情给分		
		（2）枕头摆放方向一致	5 分	不一致不给分		
		（3）床上无杂物和其他物品，铺面平整干净	10 分	酌情给分		
3	物品摆放	（1）行李架物品摆放整齐	10 分	酌情给分		
		（2）牙杯架、床下物品摆放整齐	10 分	酌情给分		
		（3）桌面物品摆放整齐	5 分	酌情给分		
4	安全	（1）人走断电，关闭电器电源及开关	5 分	未断电不给分		
		（2）贵重物品妥善保管	5 分	酌情给分		
5	素质素养	劳动态度	5 分	酌情给分，但违反课堂纪律，不听从组长、教师安排，不得分		
		劳动协作	5 分			
		珍惜劳动成果	5 分			

任务二 教室保洁

1.2.2.1 任务描述

明确教室保洁的具体要求，形成长期可实施的教室保洁任务安排表，完成教室保洁实践，按照标准接受验收并取得合格成绩，展示教室保洁照片。

1.2.2.2 学习目标

1. 知识目标

（1）掌握教室保洁工具选用的知识；
（2）掌握教室保洁的步骤和方法。

2. 能力目标

（1）能独立进行教室保洁劳动实践；
（2）能协作开展教室保洁。

3. 素养目标

（1）培养个人的良好劳动习惯和品质；
（2）培养集体协作的意识。

1.2.2.3 重难点

1. 重点

（1）教室保洁内容和操作流程；
（2）教室保洁的任务分配。

2. 难点

（1）形成自觉开展教室保洁的意识；
（2）达到教室保洁标准。

1.2.2.4 知识链接

1. 劳动教育基本理念之一：发挥主体作用，激发创新创造

教育部于 2020 年 7 月 7 日印发的《大中小学劳动教育指导纲要（试行）》指出："关注学生劳动过程中的体验和感悟，引导学生感受劳动的艰辛和收获的快乐，增强获得感、成就感、荣誉感。鼓励学生在学习和借鉴他人丰富经验、技艺的基础上，尝试新方法、探索新技术，打破僵化思维方式，推陈出新。"

2. 劳动教育学段要求

教育部于 2020 年 7 月 7 日印发的《大中小学劳动教育指导纲要（试行）》指出："职业院校要重点结合专业特点，增强职业荣誉感和责任感，提高职业劳动技能水平，培育积极向上的劳动精神和认真负责的劳动态度。组织学生：（1）持续开展日常生活劳动，自我管理生活，提高劳动自立自强的意识和能力；（2）定期开展校内外公益服务性劳动，做好校园环境秩序维护，运用专业技能为社会、为他人提供相关公益服务，培育社会公德，厚植爱国爱民的情怀……"

3. 大学生热爱劳动体现在工作中的三种精神之一：务实勤劳的实干精神

务实即讲究实际、实事求是、埋头苦干、不求浮华；勤劳即努力劳动、不怕辛苦。勤劳务实的工作作风取决于人的世界观、人生观和价值观，决定着一个人自身修养的高度。要想做到勤劳务实，首先要在勤劳上下功夫。工作时要勤思索、勤动手、勤动脚，以认真负责的态度、实事求是的精神、科学严谨的方法开展工作。其次，要在务实上求突破。在工作中要戒骄戒躁，把心思放在如何落实工作上，发扬兢兢业业、踏实苦干的实干精神。

4. 小行动改造大观念

基于时代的道德焦虑，人们期望通过劳动教育思考人类的存在、反思人性的养成。所以，劳动教育包括劳动知识和技能的获得，而且更强调道德习成，这种道德习成是受教育者的学习力与劳动的道德性之间的相遇、相知与相互作用，是一种影响和浸染，是在环境中的提升、氛围中的再造。小行动改造大观念，在教育目标层面从人类发展的根源上进行厘清、纠偏、教育、改造，如此，人性才得以整全、鲜活，社会才得以有序、健康。

5. 所有劳动总是在一定的社会关系、社会结构中进行

为了实现劳动目标，人们必须团结协作、共同努力。在劳动中，加深对劳动意义的理解，正确处理自我与他人、社会的关系，培养服务社会的良好品格，强化集体主义精神、社会责任感。同时，劳动教育还能帮助高职学生锻造脚踏实地、诚实守信的道德品质。

6. 日常教室保洁要求

（1）清理个人座位上的垃圾，包括个人生活垃圾和课程练习产生的垃圾、自己带来的垃圾或他人遗留的垃圾。

（2）就近清理教室内的公共区域垃圾，如过道、讲台等。

（3）桌椅摆放整齐，如产生了污渍，需擦干净。

（4）个人使用过的教具或实训工具，按照相关规定进行整理，干净整齐并放在指定位置。

（5）值日生擦干净黑板，整理讲桌讲台。

（6）座位靠近窗户的学生负责关窗。

（7）班级劳动委员进行监督检查。

（8）离开教室时将垃圾带离，根据垃圾种类投入对应的公共垃圾桶中。

（9）最后一名离开教室的学生，关灯、关电、关门。

7. 教室保洁大扫除要求

（1）检查扫除教室情况。

① 教室有无异常现象、有无损坏的物品。如发现异常，首先应向有关部门进行报告，然后再进行扫除。

② 熟悉教室及周围环境，明确公共垃圾桶、水槽等的具体位置。

（2）手机拍照记录扫除前的情况。

（3）扫除灰尘（顺序为从上到下）。

① 用扫帚或木棍等物品清理天花板及周围的蜘蛛网。

② 清理墙面、桌面的污物灰尘。

③ 清扫地面的垃圾灰尘。

（4）冲洗擦拭（顺序为从高到低、先里后外、先湿后干）。

① 观察冲洗擦拭的物品是否有破损、是否有铁钉等尖锐易伤人的物品，注意避开。

② 冲洗擦拭可移动的工具，注意物品是否可遇水。

③ 门窗、墙壁、柜子、黑板、讲台、桌椅均要擦拭两遍以上,且要控制抹布的湿度,应一次比一次干燥,注意避免用潮湿的抹布擦拭电器、插座等。

④ 应避免攀爬到不安全的地方。

(5) 物品整理(顺序为先内后外)。

① 整理需装箱、装柜的物品,按照相关要求或指定位置进行收纳整理。

② 将课桌椅子、讲台、柜子等大物品摆放整齐。

③ 将实训工具、粉笔盒、白板笔、板擦等物品摆放整齐。

(6) 地面拖净(顺序为从内向外)。

① 从教室远离门的地方开始向门的方向拖地。

② 先用湿拖把,再用干拖把,应拖地两次以上。

(7) 垃圾清倒。

① 将垃圾分类包装好,带出教室,丢入对应的公共垃圾桶内。

② 更换好教室垃圾桶的垃圾袋。

(8) 手机拍照记录扫除后的教室。

(9) 安全节能:关窗关门,关闭用电设备。

1.2.2.5 素质养成

(1) 教室是公共学习场所,教室的环境直接影响学生的学习质量。学生要爱护教室的卫生、器材等,上下课时自觉维护教室的环境,养成良好的行为习惯。

(2) 营造文明有序的教室环境需要每一位学生的积极参与。在日常保洁过程中,学生要有责任意识,诚实守信、吃苦耐劳;要有集体意识,合理分工、积极协作;要有自主意识,自觉维护、相互监督。为构建良好的教室环境共同努力,提高劳动品质。

1.2.2.6 任务实施

1.2.2.6.1 学生分组

学生自主完成分组(见表1-2-12)。

表1-2-12 学生分组表

班级		组号		授课教师	
组长		学号			
成员	姓名		学号	姓名	学号

1.2.2.6.2　自主探学

任务工作单1

组号：_____　姓名：_____　学号：_____　检索号：__12262-1__

引导问题：

（1）结合实际情况，填写教室卫生情况反馈表（见表1-2-13）。

表1-2-13　教室卫生情况反馈表

序号	题目	答案：是/否
1	你是否在上课前，遇到过桌椅表面脏污的情况？	
2	你是否在上课前，遇到过教具或实训工具未整理干净或胡乱摆放的情况？	
3	你是否在课桌桌面或课桌旁的墙面上发现他人留下的涂鸦？	
4	你是否在课桌抽屉或座位旁的地面发现过其他人留下的垃圾？	
5	你是否会因碰到以上情况而影响上课时的心情或状态？	

（2）陈述你对上述情况中行为的观点：_____
_____

（3）查阅相关资料，结合自身思考，回答下列问题。
① 教室保洁的重要性和意义：_____
_____

② 教室保洁应该由谁负责？为什么？
_____
_____

任务工作单2

组号：_____　姓名：_____　学号：_____　检索号：__12262-2__

引导问题：

　　思考并按先后顺序罗列教室保洁中需要做的具体任务，分别需要什么工具，有什么要求，然后填写教室保洁任务表（见表1-2-14）。

表1-2-14　教室保洁任务表

序号	教室保洁任务	所需工具	劳动时间（频率）	劳动要求（客观因素，如身高等）

1.2.2.6.3　合作研学

任务工作单 1

组号：_____　姓名：_____　学号：_____　检索号：12263-1

引导问题：

小组交流讨论任务工作单 12262-1 和 12262-2，并进一步优化教室保洁任务表（见表 1-2-15）。

表 1-2-15　教室保洁任务优化表

序号	教室保洁任务	所需工具	劳动时间（频率）	劳动要求（客观因素，如身高等）

任务工作单 2

组号：_____　姓名：_____　学号：_____　检索号：12263-2

引导问题：

小组交流讨论、教师参与，完成教室保洁任务安排表（见表 1-2-16）。

表 1-2-16　教室保洁任务安排表

		负责人	保洁内容	劳动要求	所需工具
教室扫除	小组全体人员共同参与 第___周周___				

		周一	周二	周三	周四	周五
日常课间教室保洁	值日生					
	值日内容（自行约定）					
	非值日生	除值日生外，班级其他人员				
	保洁内容（自行约定）					

1.2.2.6.4　教室保洁实践

任务工作单1

组号：_____　姓名：_____　学号：_____　检索号：__12264-1__

引导问题：

根据教室保洁任务安排表进行实践，并在表1-2-17中进行记录。

表1-2-17　教室保洁记录表

		负责人	保洁任务	保洁情况记录
教室扫除	小组全体人员共同参与第___周周___			

		时间	周一	周二	周三	周四	周五	周六	周日
寝室日常保洁	值日生	学生							
		保洁情况记录							
	非值日生	保洁情况记录							

1.2.2.6.5　展示赏学

任务工作单1

组号：_____　姓名：_____　学号：_____　检索号：__12265-1__

每个小组的组长，分享本组的教室保洁实践情况，在班级中展示教室扫除前后的照片（见表1-2-18）。

表1-2-18　教室保洁成果展示表

序号	教室保洁成果展示
照片1	

续表

序号	教室保洁成果展示
照片 2	

1.2.2.7 评价反馈

通过评价指标进行任务评价，并完成以下任务工作单（见表 1-2-19~表 1-2-22）。

任务工作单 1

组号：_____ 姓名：_____ 学号：_____ 检索号：__1227-1__

表 1-2-19 自我评价表

班级		组名		日期	年　月　日
评价指标	评价内容			分数	分数评定
信息检索	能有效利用网络、图书资源查找有用的相关信息等；能将查到的信息有效地应用到学习中			10 分	
感知课堂生活	是否能在学习中获得满足感和对课堂生活的认同感			10 分	
团队协作沟通交流	积极主动与教师、同学交流，相互尊重、理解、平等；与教师、同学之间是否能够保持多向、丰富、适宜的信息交流			10 分	
	能处理好合作学习和独立思考的关系，做到有效学习；能提出有意义的问题或能发表个人见解			10 分	
知识、能力获得情况	1. 掌握教室保洁工具选用的知识			10 分	
	2. 掌握教室保洁的步骤和方法			10 分	
	3. 能独立进行教室保洁劳动实践			10 分	
	4. 能协作开展教室保洁			10 分	
分析问题解决问题	是否能发现问题、提出问题、分析问题、解决问题、创新问题			10 分	
自评反馈	按时按质完成了任务；较好地掌握了知识点；具有较强的分析能力和理解能力；具有较为全面严谨的思维能力，成文条理清楚、表达明晰			10 分	
自评分数					
有益的经验和做法					
总结反馈建议					

任务工作单 2

组号：_____　姓名：_____　学号：_____　检索号：　1227-2

表 1-2-20　小组内互评验收表

验收组长		组名		日期	年　月　日
组内验收成员					
任务要求	掌握教室保洁工具选用的知识；掌握教室保洁的步骤和方法；能独立进行教室劳动实践；能协作开展教室保洁；提供文献检索目录				
验收资料清单	被验收者 12262-1 任务工作单 被验收者 12262-2 任务工作单				
	文献目录				
验收评分	评分标准			分数	得分
	掌握教室保洁工具选用的知识，错一处扣 5 分；			20 分	
	掌握教室保洁的步骤和方法，错一处扣 5 分；			20 分	
	能独立进行教室劳动实践，错一处扣 5 分；			20 分	
	能协作开展教室保洁，错一处扣 5 分；			20 分	
	文献检索数量不少于 5 项，少一项扣 2 分			20 分	
	评价分数				
该同学的不足之处					
有针对性的改进建议					

任务工作单 3

组号：_____　姓名：_____　学号：_____　检索号：　1227-3

表 1-2-21　小组间互评表

班级		评价小组		日期	年　月　日
评价指标	评价内容			分数	分数评定
汇报展示	表述准确			15 分	
	语言流畅			10 分	
	准确反映本组完成情况			15 分	
内容完整度	内容正确			30 分	
	表达到位			30 分	
	互评分数				
简要评述					

任务工作单 4

组号：_____ **姓名：**_____ **学号：**_____ **检索号：** 1227-4

表 1-2-22 任务完成情况评价表

任务名称		厨余保洁			总得分	
评价依据		学生完成的所有工作任务单				
序号	任务内容及要求		配分	评分标准	教师评价	
					结论	得分
1	桌椅	摆放整齐，无涂鸦、无灰尘、无污渍	10 分	酌情给分		
2	门窗	干净明亮，无灰尘、无污渍，人走关窗	10 分	酌情给分。人走门窗未关，不给分		
3	物品	摆放整齐、合理合规	10 分	酌情给分		
4	墙面	无张贴或乱写乱画	10 分	酌情给分		
5	地面	干净无尘、无污渍	10 分	酌情给分。有明显垃圾不给分		
6	教具或实训工具	干净整齐，按照相关规定进行收纳整理	10 分	酌情给分		
7	讲台讲桌	干净无尘、无污渍	10 分	酌情给分		
8	安全节能	电灯关闭，多媒体等用电设备关闭；门窗关闭	10 分	酌情给分。人走未关灯或设备，不给分		
9	素质素养	具有良好的劳动习惯和品质	10 分	酌情给分		
		具有集体协作的意识	10 分	酌情给分		
	合计得分					

任务三 公区保洁

1.2.3.1 任务描述

正确认识公区保洁，明确校园公区保洁的目的和意义，制作校园扫除安排表，完成一次校园公区扫除实践并进行记录，展示扫除照片，分享扫除收获。

1.2.3.2 学习目标

1. 知识目标

（1）掌握校园公区保洁的含义；

（2）掌握日常校园生活中公区卫生维护的行为规范；

（3）掌握公区扫除的步骤和方法。

2. 能力目标

（1）能自主进行公区保洁劳动；
（2）能协作开展公区保洁。

3. 素养目标

（1）培养公共卫生责任意识；
（2）培养集体协作的意识。

1.2.3.3 重难点

1. 重点

（1）日常校园生活中公区保洁的行为规范；
（2）公区扫除的步骤和方法。

2. 难点

公区保洁实践。

1.2.3.4 知识链接

1. 加强劳动道德教育

2019年12月27日中共中央、国务院发布的《新时代公民道德建设实施纲要》指出："把立德树人贯穿学校教育全过程。学校是公民道德建设的重要阵地。要全面贯彻党的教育方针，坚持社会主义办学方向，坚持育人为本、德育为先，把思想品德作为学生核心素养、纳入学业质量标准，构建德智体美劳全面培养的教育体系。加强思想品德教育，遵循不同年龄阶段的道德认知规律，结合基础教育、职业教育、高等教育的不同特点，把社会主义核心价值观和道德规范有效传授给学生。注重融入贯穿，把公民道德建设的内容和要求体现到各学科教育中，体现到学科体系、教学体系、教材体系、管理体系建设中，使传授知识过程成为道德教化过程。开展社会实践活动，强化劳动精神、劳动观念教育，引导学生热爱劳动、尊重劳动，懂得劳动最光荣、劳动最崇高、劳动最伟大、劳动最美丽的道理，更好认识社会、了解国情，增强社会责任感。加强师德师风建设，引导教师以德立身、以德立学、以德施教、以德育德，做有理想信念、有道德情操、有扎实学识、有仁爱之心的好老师。建设优良校风，用校训励志，丰富校园文化生活，营造有利于学生修德立身的良好氛围。"

2. 人民创造历史，劳动开创未来

新时代大学生劳动教育，不仅承载着劳动育人、劳动创新的时代任务，更承载着砥砺大学生公共服务精神的教化功能。大道之行，天下为公。毛泽东同志曾指出，劳动英雄和模范工作者"有三种长处，起了三个作用"，即带头作用、骨干作用和桥梁作用。新时代大学生劳动教育有助于培养大学生勤俭、奋斗、创新、奉献的劳动精神；培养他们服务社会、服务他人的奉献情怀和服务意识，培养他们通过劳动实践磨炼意志、砥砺品格，进而实现人生价值的能力，最终通过劳动培养大学生成为为人民服务的骨干。

1.2.3.5 素质素养养成

(1) 校园公区是学生日常学习生活的公用场所，其环境的整洁性、舒适性对学生的身心健康及学习效率有很大的影响，创建整洁优美的校园环境是每个学生应尽的义务。在日常校园生活中，学生要规范自己的行为，树立公共卫生责任意识，维护校园清洁卫生。

(2) 美好校园环境的建设需要每一位学生的参与。学生在公区保洁时，要有集体意识，合理分工、积极协作，共建和谐文明校园。

1.2.3.6 任务实施

1.2.3.6.1 学生分组

学生自主完成分组（见表1-2-23）。

表1-2-23 学生分组表

班级		组号		授课教师	
组长		学号			
组员	姓名		学号	姓名	学号

1.2.3.6.2 自主探学

任务工作单1

组号：_____ **姓名**：_____ **学号**：_____ **检索号**：__12362-1__

引导问题：

(1) 你认为校园公区包括哪些地方？（不含公共教室及寝室公区）

_____

_____

(2) 你认为校园公区的整洁、干净需要哪些人参与？

_____

_____

(3) 作为大学生，你认为在日常的学习生活中，应当如何维护校园公区的环境？

_____

_____

任务工作单 2

组号：_____ 姓名：_____ 学号：_____ 检索号：12362-2

引导问题：

列出你认为在安全劳动的前提下，可以由学生开展校园公区扫除的区域、需要的工具及具体的要求，然后完成表 1-2-24。

表 1-2-24　校园公区扫除计划表

序号	校园公区扫除区域	所需工具	劳动要求（客观因素，如身高等）

1.2.3.6.3　合作研学

任务工作单 1

组号：_____ 姓名：_____ 学号：_____ 检索号：12363-1

引导问题：

小组交流讨论，完善日常生活中维护校园公区环境的行为规范，约定日常校园公区个人行为的监督人。填写日常校园公区行为规范表（见表 1-2-25）。

表 1-2-25　校园公区行为规范表

序号	文明校园公区行为	行为人	监督人

任务工作单 2

组号：_____ 姓名：_____ 学号：_____ 检索号：12363-2

引导问题：

小组交流讨论、教师参与，制定校园公区扫除安排表（表 1-2-26）。

表 1-2-26　校园公区扫除安排表

扫除区域：		扫除时间：	
扫除准备：			
扫除顺序	扫除任务	负责人	所需工具
1			
2			
3			
4			

1.2.3.6.4　校园公区扫除实践

任务工作单 1

组号：_____　　**姓名**：_____　　**学号**：_____　　**检索号**：__12364-1__

引导问题：

根据校园公区扫除安排表进行实践，并在表 1-2-27 中进行记录。

表 1-2-27　校园公区扫除记录表

扫除区域：		扫除时间：	
扫除准备： 1. 向老师及相关部门申请、报备扫除计划及安排　　　　　　　　　　　　　　　　　　　　　； 2. ＿＿； 3. ＿＿。			
扫除顺序	扫除任务	负责人	完成情况
1			
2			
3			
4			

1.2.3.6.5　展示赏学

每个小组的组长分享本组的校园公区扫除实践情况，展示校园公区扫除前后的照片，并分享小组成员在此次校园扫除活动中的感受（见表 1-2-28）。

表 1-2-28　校园公区扫除成果展示表

序号	校园公区扫除成果展示
照片 1	
照片 2	

1.2.3.7 评价反馈

通过评价指标进行任务评价，并完成以下任务工作单（见表 1-2-29～表 1-2-32）。

任务工作单 1

组号：_____　　姓名：_____　　学号：_____　　检索号：__1237-1__

表 1-2-29　自我评价表

班级		组名		日期	年　月　日
评价指标	评价内容			分数	分数评定
信息检索	能有效利用网络、图书资源查找有用的相关信息等；能将查到的信息有效地应用到学习中			10 分	
感知课堂生活	是否能在学习中获得满足感和对课堂生活的认同感			5 分	
团队协作沟通交流	积极主动与教师、同学交流，相互尊重、理解、平等；与教师、同学之间是否能够保持多向、丰富、适宜的信息交流			10 分	
	能处理好合作学习和独立思考的关系，做到有效学习；能提出有意义的问题或能发表个人见解			10 分	
知识、能力获得情况	1. 掌握校园公区保洁的含义			10 分	
	2. 掌握日常校园生活中公区卫生维护的行为规范			10 分	
	3. 掌握公区扫除的步骤和方法			10 分	
	4. 能自主进行公区保洁劳动			10 分	
	5. 能协作开展公区保洁			10 分	
分析问题解决问题	是否能发现问题、提出问题、分析问题、解决问题、创新问题			10 分	
自评反馈	按时按质完成了任务；较好地掌握了知识点；具有较强的分析能力和理解能力；具有较为全面严谨的思维能力，成文条理清楚、表达明晰			5 分	
自评分数					
有益的经验和做法					

任务工作单 2

组号：_____ 姓名：_____ 学号：_____ 检索号：__1237-2__

表 1-2-30 小组内互评验收表

验收组长		组名		日期	年　月　日
组内验收成员					
任务要求	掌握校园公区保洁的含义；掌握日常校园生活中公区卫生维护的行为规范；掌握公区扫除的步骤和方法；能自主进行公区保洁劳动；能协作开展公区保洁；提供文献检索目录				
验收资料清单	被验收者 12362-1 任务工作单 被验收者 12362-2 任务工作单 被验收者 12364-1 任务工作单				
	文献目录				
验收评分	评分标准			分数	得分
	掌握公区保洁工具选用的知识，错一处扣 5 分；			20 分	
	掌握公区保洁的步骤和方法，错一处扣 5 分；			20 分	
	能独立进行公区劳动实践，错一处扣 5 分；			20 分	
	能协作开展公区保洁，错一处扣 5 分；			20 分	
	文献检索数量不少于 5 项，少一项扣 2 分			20 分	
	评价分数				
该同学的不足之处					
有针对性的改进建议					

任务工作单 3

组号：_____ 姓名：_____ 学号：_____ 检索号：__1237-3__

表 1-2-31 小组间互评表

班级		评价小组		日期	年　月　日
评价指标	评价内容			分数	分数评定
汇报展示	表述准确			15 分	
	语言流畅			10 分	
	准确反映本组完成情况			15 分	
内容完整度	内容正确			30 分	
	表达到位			30 分	
	互评分数				
简要评述					

任务工作单 4

组号：_____ 姓名：_____ 学号：_____ 检索号：1237-4

表 1-2-32　任务完成情况评价表

任务名称		公区保洁			总得分	
评价依据		学生完成的所有工作任务单				
序号	任务内容及要求		配分/分	评分标准	教师评价	
					结论	得分
1	公区保洁的认知	正确认识公区保洁的内容及其重要性	10 分	酌情给分		
2	日常校园公区行为	自觉维护公区卫生，爱护设施设备	20 分	酌情给分		
3	公区扫除实践	评价标准根据扫除区域而定	40 分	酌情给分		
4	安全节能	劳动实践过程中进行安全操作，且不造成资源浪费	10 分	酌情给分		
5	素质素养	具有公共卫生责任意识	10 分	酌情给分		
		具有集体协作的意识	10 分	酌情给分		
	合计得分					

任务四　垃圾分类

1.2.4.1　任务描述

了解进行垃圾分类的原因，正确认识垃圾分类，掌握垃圾分类的方法，制作垃圾分类认知表；完成垃圾分类实践，填写垃圾分类记录表，按照标准接受验收并取得合格成绩，展示垃圾分类实践照片。

1.2.4.2　学习目标

1. 知识目标

（1）掌握垃圾分类的原则；
（2）掌握垃圾的分类方法。

2. 能力目标

（1）能正确认识垃圾分类；
（2）能按照垃圾分类的原则进行劳动实践。

3. 素养目标

（1）培养绿色环保意识；

（2）培养垃圾分类的习惯。

1.2.4.3 重难点

1. 重点

（1）实施垃圾分类的原则；

（2）建立垃圾分类意识。

2. 难点

垃圾分类实践。

1.2.4.4 知识链接

1. 什么是垃圾分类？

垃圾分类（Garbage Classification），一般是指按一定规定或标准将垃圾分类储存、投放和搬运，从而转变成公共资源的一系列活动的总称。

垃圾分类的目的是提高垃圾的资源价值和经济价值，减少垃圾处理量和处理设备的使用，降低处理成本，减少土地资源的消耗，具有社会、经济、生态等几方面的效益。

垃圾在分类储存阶段属于公众的私有品，垃圾经公众分类投放后成为公众所在小区或社区的区域性公共资源，垃圾分类搬运到垃圾集中点或转运站后成为没有排除性的公共资源。从国内外各城市对生活垃圾分类的方法来看，大多都是根据垃圾的成分、产生量，结合本地垃圾的资源利用和处理方式等来进行分类的。

2. 为什么要垃圾分类？

垃圾通过分类收集后，便于对不同类垃圾进行分类处置。既可提高垃圾资源利用水平，又可减少垃圾处置量。生活垃圾分类有以下好处：

（1）减少占地：垃圾分类，去掉能回收的、不易降解的物质，减少垃圾数量达50%以上。

（2）减少环境污染：废弃的电池等含有金属汞等有毒物质，会对人类产生严重的危害，土壤中的废塑料会导致农作物减产，因此回收利用可以减少危害。

（3）变废为宝：我国每年使用塑料快餐盒达 30 亿个，方便面碗 5 亿~6 亿个，废塑料占生活垃圾的 3%~7%。1 t 废塑料可回炼 600 kg 无铅汽油和柴油。回收 1 500 t 废纸，可免于砍伐用于生产 1 200 t 纸的林木。因此，垃圾回收既环保，又节约资源。

3. 垃圾分类原则

（1）分而用之。

分类的目的就是将废弃物分流处理，利用现有生产制造能力，回收利用回收品，包括物质利用和能量利用，填埋处置暂时无法利用的垃圾。

（2）因地制宜。

各地、各区、各社（区）、各小区地理及经济发展水平，企业回收利用废弃物的能力，居民来源、生活习惯、经济与心理承担能力等各不相同。

（3）自觉自治。

社区和居民，包括企事业单位，逐步养成"减量、循环、自觉、自治"的行为规范，创新垃圾分类处理模式，成为垃圾减量、分类、回收和利用的主力军。

（4）减排补贴，超排惩罚。

制定单位和居民垃圾排放量标准，低于这一排放量标准的给予补贴；超过这一排放量标准的则予以惩罚。减排越多补贴越多，超排越多惩罚越重，以此提高单位和居民实行源头减量和排放控制的积极性。

（5）捆绑服务，注重绩效。

在居民还没有自愿和自觉行动而居（村）委会和政府的资源又不足时，推动分类排放需要物业管理公司和其他企业介入。但是，仅仅承接分类排放难以获利，企业不可能介入，而推行捆绑服务就能解决这个问题。将推动分类排放服务与垃圾收运、干湿垃圾处理业务捆绑，可促进垃圾分类资本化，保障企业合理盈利。

垃圾分类回收说难不难，分而用之实为关键，因地制宜提供方便，自觉自治行为规范。

1.2.4.5 素质养成

（1）正确认识垃圾分类，掌握垃圾分类的原则，完成垃圾分类认知表，以便在日常生活中更有效地进行垃圾分类。

（2）参加垃圾分类实践，养成垃圾分类习惯，积极践行绿色环保理念。

1.2.4.6 任务实施

1.2.4.6.1 任务分组

以寝室为单位，进行分组（见表1-2-33）。

表1-2-33 学生分组表

班级		寝室号		指导教师	
室长		学号			
寝室成员	姓名		学号	姓名	学号

1.2.4.6.2 自主探学

任务工作单1

组号：_____ 姓名：_____ 学号：_____ 检索号：<u>12462-1</u>

引导问题：

查阅资料了解垃圾的分类，并在表1-2-34中罗列出垃圾的类别。

表 1-2-34　垃圾类别认知表

序号	垃圾类别

任务工作单 2

组号：_____　姓名：_____　学号：_____　检索号：　12462-2

引导问题：

查阅资料将日常生活中常见的垃圾根据工作单 12462-1 中的类别进行分类，形成垃圾分类认知表（见表 1-2-35）。

表 1-2-35　常见垃圾分类认知表

垃圾类别	常见垃圾

1.2.4.6.3　合作研学

任务工作单 1

组号：_____　姓名：_____　学号：_____　检索号：　12463-1

引导问题：

小组根据自主探学的内容进行交流讨论，并邀请教师参与，进一步完善垃圾分类认知表（见表 1-2-36）。

表 1-2-36　常见垃圾分类认知表（优化版）

垃圾类别	常见垃圾

1.2.4.6.4　垃圾分类实践

任务工作单 1

组号：_____　姓名：_____　学号：_____　检索号：　12464-1

引导问题：

以小组为单位，完成日常垃圾分类实践记录（见表1-2-37）。

表1-2-37　日常垃圾分类实践记录表

垃圾种类	垃圾数量	分类时间（勾选）							分类耗时	参与分类人数	分类后垃圾的处理方式
		周一	周二	周三	周四	周五	周六	周日			

1.2.4.6.5　展示赏学

任务工作单 1

组号：_____　姓名：_____　学号：_____　检索号：　12465-1

引导问题：

以寝室室长为代表，在班级中分享本寝室的垃圾分类实践情况，并展示垃圾分类的成果，如实践活动照片、废物再利用的成品等（见表1-2-38）。

表1-2-38　垃圾分类成果展示

成果1	成果2

1.2.4.7　评价反馈

通过评价指标进行任务评价，并完成以下任务工作单（见表1-2-39～表1-2-42）。

任务工作单 1

组号：_____ 姓名：_____ 学号：_____ 检索号：__1247-1__

表 1-2-39　垃圾分类自评表

序号	内容	标准	分值	自评打分
1	认知垃圾分类	能按照相关标准明确垃圾的分类	10 分	
2	辨别日常垃圾的种类	能根据垃圾分类的标准辨别常见垃圾的类别	25 分	
3	垃圾分类实践	能根据垃圾分类的标准将日常生活中产生的垃圾进行正确分类	25 分	
4	垃圾处理	能根据标准恰当处理分类后的垃圾	20 分	
5	垃圾分类常态化	能在日常生活中养成垃圾分类的好习惯，形成绿色环保意识	20 分	
	合计		100 分	

任务工作单 2

组号：_____ 姓名：_____ 学号：_____ 检索号：__1247-2__

表 1-2-40　小组内互评验收表

验收组长		组名		日期	年　月　日
组内验收成员					
任务要求	了解进行垃圾分类的原因，正确认识垃圾分类，掌握垃圾分类的方法，制作垃圾分类认知表；完成垃圾分类实践，填写垃圾分类记录表，按照标准接受验收并取得合格成绩				
验收文档清单	被验收者 12462-1 任务工作单 被验收者 12462-2 任务工作单 被验收者 12463-1 任务工作单				
	文献检索清单				
验收评分	评分标准			分数	得分
	能按照标准对常见垃圾进行分类，错一处扣 5 分			50 分	
	能恰当进行垃圾处理，酌情扣分			25 分	
	搜集垃圾分类实践案例，不少于 4 个，缺一个扣 5 分			25 分	
	评价分数				
不足之处					

任务工作单 3

组号：_____ 姓名：_____ 学号：_____ 检索号：1247-3

表 1-2-41 小组间互评表

班级		评价小组		日期	年　月　日
评价指标	评价内容			分数	分数评定
汇报展示	展示完全			15 分	
	语言流畅			10 分	
	准确反映本组完成情况			15 分	
内容完整度	内容完整			30 分	
	表达到位			30 分	
	互评分数				
简要评述					

任务工作单 4

组号：_____ 姓名：_____ 学号：_____ 检索号：1247-4

表 1-2-42 任务完成情况评价表

任务名称	垃圾分类		总得分		
评价依据	学生完成的所有工作任务单				
序号	任务内容及要求	配分	评分标准	教师评价	
				结论	得分
1	垃圾种类的认知	20	按照标准明确垃圾的种类，如有错误或遗漏，酌情扣分		
2	常见垃圾的分类	30	按照标准能将常见垃圾进行正确分类，错一处扣 5 分		
3	垃圾分类实践	30	按照垃圾分类记录表完成日常垃圾分类实践，如未进行劳动实践或完成情况不好，酌情扣分		
4	分类后垃圾的处理	20	恰当处理分类后的垃圾，如出现错误办法，酌情扣分		

模块二　公益服务劳动

项目一　生态文明建设

任务一　校园绿色环境建设

2.1.1.1　任务描述

明确学生在校园绿色环境建设中的职责，设计可参与校园绿色建设的活动方案，完成实践并进行展示。

2.1.1.2　学习目标

1. 知识目标

（1）掌握校园绿色环境建设的概念；

（2）掌握校园绿色环境建设与学生相关的内容。

2. 能力目标

（1）能完成校园绿色环境建设实践任务；

（2）能以实际行动保护校园绿色环境。

3. 素养目标

（1）培养环境素养和人文素养；

（2）培养尊重自然、尊重规律的和谐心灵；

（3）培养环保意识和责任感，激发主动参与环保的内在动机。

2.1.1.3　重点难点

1. 重点

（1）校园绿色环境建设的内容和操作流程；

（2）校园绿色环境建设的任务分配。

2. 难点

校园绿色环境建设任务的实施。

2.1.1.4 知识链接

1.《十八大报告》——中国共产党第十八次全国代表大会——胡锦涛报告

2012年11月8日，时任中共中央总书记的胡锦涛同志代表十七届中央委员会向中国共产党第十八次代表大会作了题为《坚定不移沿着中国特色社会主义道路前进，为全面建成小康社会而奋斗》的报告，报告中指出：建设生态文明，是关系人民福祉、关乎民族未来的长远大计。面对资源约束趋紧、环境污染严重、生态系统退化的严峻形势，必须树立尊重自然、顺应自然、保护自然的生态文明理念，把生态文明建设放在突出地位，融入经济建设、政治建设、文化建设、社会建设各方面和全过程，努力建设美丽中国，实现中华民族永续发展。

坚持节约资源和保护环境的基本国策，坚持节约优先、保护优先、自然恢复为主的方针，着力推进绿色发展、循环发展、低碳发展，形成节约资源和保护环境的空间格局、产业结构、生产方式、生活方式，从源头上扭转生态环境恶化趋势，为人民创造良好生产生活环境，为全球生态安全作出贡献。

（1）优化国土空间开发格局。国土是生态文明建设的空间载体，必须珍惜每一寸国土。要按照人口资源环境相均衡、经济社会生态效益相统一的原则，控制开发强度，调整空间结构，促进生产空间集约高效、生活空间宜居适度、生态空间山清水秀，给自然留下更多修复空间，给农业留下更多良田，给子孙后代留下天蓝、地绿、水净的美好家园。加快实施主体功能区战略，推动各地区严格按照主体功能定位发展，构建科学合理的城市化格局、农业发展格局、生态安全格局。提高海洋资源开发能力，发展海洋经济，保护海洋生态环境，坚决维护国家海洋权益，建设海洋强国。

（2）全面促进资源节约。节约资源是保护生态环境的根本之策。要节约集约利用资源，推动资源利用方式根本转变，加强全过程节约管理，大幅降低能源、水、土地消耗强度，提高利用效率和效益。推动能源生产和消费革命，控制能源消费总量，加强节能降耗，支持节能低碳产业和新能源、可再生能源发展，确保国家能源安全。加强水源地保护和用水总量管理，推进水循环利用，建设节水型社会。严守耕地保护红线，严格土地用途管制。加强矿产资源勘查、保护、合理开发。发展循环经济，促进生产、流通、消费过程的减量化、再利用、资源化。

（3）加大自然生态系统和环境保护力度。良好生态环境是人和社会持续发展的根本基础。要实施重大生态修复工程，增强生态产品生产能力，推进荒漠化、石漠化、水土流失综合治理，扩大森林、湖泊、湿地面积，保护生物多样性。加快水利建设，增强城乡防洪抗旱排涝能力。加强防灾减灾体系建设，提高气象、地质、地震灾害防御能力。坚持预防为主、综合治理，以解决损害群众健康突出环境问题为重点，强化水、大气、土壤等污染防治。坚持共同但有区别的责任原则、公平原则、各自能力原则，同国际社会一道积极应对全球气候变化。

（4）加强生态文明制度建设。保护生态环境必须依靠制度。要把资源消耗、环境损害、生态效益纳入经济社会发展评价体系，建立体现生态文明要求的目标体系、考核办法、奖惩机制。建立国土空间开发保护制度，完善最严格的耕地保护制度、水资源管理制度、环境保护制度。深化资源性产品价格和税费改革，建立反映市场供求和资源稀缺程度、体现生态价值和代际补偿的资源有偿使用制度和生态补偿制度。积极开展节能量、碳排放权、排污权、水权交易试点。加强环境监管，健全生态环境保护责任追究制度和环境损害赔偿制度。加强生态文明宣传教育，增强全民节约意识、环保意识、生态意识，形成合理消费的社会风尚，营造爱护生态环境的良好风气。

我们一定要更加自觉地珍爱自然，更加积极地保护生态，努力走向社会主义生态文明新时代。

2. 校园绿色环境建设——"保护校园环境·共建绿色校园"倡议书

二维码 2-1-1-1

3. 社会公德养成——校园生态文明劝导小分队

二维码 2-1-1-2

二维码 2-1-1-3

4. 校园绿色环境建设——绿植养护

二维码 2-1-1-4

5. 校园生态文明巡逻

二维码 2-1-1-5

2.1.1.5 素质养成

（1）在校园绿色环境建设过程中，学生一定要养成低碳生活、节能减排意识，养成分工协作的工作作风。

（2）在校园绿色环境建设过程中，要耐心、细心；在养植过程中，要认真打扫场地，培养热爱劳动的意识。

（3）学生受到艺术的熏陶和感染，可增强欣赏美、创造美的能力；要打造校园绿色文化，充分发挥环境的育人作用。

2.1.1.6 任务实施

2.1.1.6.1 任务分组

学生自主进行分组（见表2-1-1）。

表2-1-1 学生分组表

班级		组号		指导教师	
组长		学号			
成员	姓名	学号		姓名	学号

2.1.1.6.2 自主探究

任务工作单1

组号：_____ 姓名：_____ 学号：_____ 检索号：__21162-1__

引导问题：

（1）通过查找文献，简述校园绿色环境建设概念。

_____

（2）谈谈校园绿色环境建设的重要性和意义。

_____
_____

任务工作单2

组号：_____ 姓名：_____ 学号：_____ 检索号：__21162-2__

引导问题：

(1) 在校园绿色环境建设中,学生应该怎么做?
___
___

(2) 学生可以开展哪些活动来共建和维护校园绿色环境?
___
___

2.1.1.6.3　合作研学

任务工作单 1

组号:_____ 姓名:_____ 学号:_____ 检索号:　21163-1

引导问题

小组交流讨论、教师参与,设计一次小组参与校园绿色环境建设的活动,并形成活动方案。
___
___
___

2.1.1.6.4　展示赏学

任务工作单 1

组号:_____ 姓名:_____ 学号:_____ 检索号:　21164-1

引导问题

每个小组推荐一名组长,汇报小组校园绿色环境建设活动方案,借鉴每组的经验,进一步优化设计方案。
___
___
___

2.1.1.7　评价反馈

通过评价指标进行任务评价,并完成以下任务工作单(见表 2-1-2~表 2-1-5)。

任务工作单 1

组号:_____ 姓名:_____ 学号:_____ 检索号:　2117-1

表 2-1-2　个人自评价

班级		组名		日期	年　月　日
评价指标	评价内容			分数	分数评定
信息检索	能有效利用网络、图书资源查找有用的相关信息等;能将查到的信息有效地应用到学习中			10 分	
感知课堂生活	是否熟悉校园绿色环境建设的技术,认同绿植养植价值;在学习中是否能获得满足感			10 分	

续表

评价指标	评价内容	分数	分数评定
参与态度	积极主动与教师、同学交流，相互尊重、理解、平等；与教师、同学之间是否能够保持多向、丰富、适宜的信息交流	10分	
	能处理好合作学习和独立思考的关系，做到有效学习；能提出有意义的问题或能发表个人见解	10分	
知识获得	1. 能正确理解校园绿色环境建设的概念，正确讲出校园绿色生态环境建设的步骤、原则以及类型	10分	
	2. 能正确制作校园绿色环境建设的任务内容	10分	
	3. 能按照制作内容，完成校园绿色环境建设任务	10分	
	4. 能分析在校园绿色环境建设过程中产生的问题，并提出相应的整改措施	10分	
思维态度	是否能发现问题、提出问题、分析问题、解决问题、创新问题	10分	
自评反馈	按时按质完成了任务；较好地掌握了知识点；具有较强的信息分析能力和理解能力；具有较为全面严谨的思维能力，成文条理清楚、表达明晰	10分	
自评分数			
有益的经验和做法			
总结反馈建议			

任务工作单 2

组号：_____ 姓名：_____ 学号：_____ 检索号：__2117-2__

表 2-1-3 小组内互评验收表

验收组长		组名		日期	年　月　日
组内验收成员					
任务要求	能正确理解校园绿色环境建设的概念，正确讲出校园绿色生态环境建设的步骤、原则以及类型； 能正确制作校园绿色环境建设的任务内容； 能按照制作内容，完成校园绿色环境建设任务； 能分析在校园绿色环境建设过程中产生的问题，并提出相应的整改措施				
验收文档清单	被验收者 21162-1 工作任务单 被验收者 21162-2 工作任务单 被验收者 21163-1 工作任务单				
	文献检索清单				

续表

评分标准		分数	得分
验收评分	能正确理解校园绿色环境建设的概念，正确讲出校园绿色生态环境建设的步骤、原则以及类型，错一处扣5分	20分	
	能正确制作校园绿色环境建设的任务内容，错一处扣5分	20分	
	能按照制作内容，完成校园绿色环境建设任务，错一处扣2分	20分	
	能分析在校园绿色环境建设过程中产生的问题，并能提出相应的整改措施，错一处扣2分	20分	
	提供文献检索清单，不少于4项，缺一项扣5分	20分	
评价分数			
不足之处			

任务工作单 3

被评组号：　　　　　　**检索号：** 2117-3

表 2-1-4　小组间互评表

班级		评价小组		日期	年　月　日
评价指标	评价内容		分数	分数评定	
汇报展示	表述准确		15分		
	语言流畅		10分		
	准确反映本组完成情况		15分		
内容正确度	内容正确		30分		
	具有创意性		30分		
互评分数					
简要评述					

任务工作单 4

组号：　　　　　　**姓名：**　　　　　　**学号：**　　　　　　**检索号：** 2117-4

表 2-1-5　任务完成情况评价表

任务名称	校园绿色环境建设			总得分		
评价依据	学生完成的所有工作任务单					
序号	任务内容及要求		配分	评分标准	教师评价	
					结论	得分
1	能正确理解校园绿色环境建设的概念，正确讲出校园绿色生态环境建设的步骤、原则以及类型	（1）描述正确	10分	缺一个要点扣2分		
		（2）语言表达流畅	10分	酌情赋分		

续表

序号	任务内容及要求		配分	评分标准	教师评价	
					结论	得分
2	能正确制作校园绿色环境建设的任务内容	（1）描述正确	10分	缺一个要点扣2分		
		（2）语言流畅	10分	酌情赋分		
3	能按照制作内容，完成校园绿色环境建设任务	（1）描述正确	10分	缺一个要点扣2分		
		（2）语言流畅	10分	酌情赋分		
4	能分析在校园绿色环境建设过程中产生的问题，并提出相应的整改措施	（1）描述正确	10分	缺一个要点扣2分		
		（2）语言流畅	10分	酌情赋分		
5	文献检索清单中至少包含4项内容	（1）数量	4分	每少一项扣1分		
		（2）参考的主要内容要点	6分	酌情赋分		
6	素质素养	（1）沟通交流能力 （2）团队合作 （3）课堂纪律 （4）合作探学 （5）自主研学 （6）环境素养、人文素养 （7）博爱、宽容、悲悯、善待自然、尊重规律的和谐心灵 （8）环保意识和责任感，主动参与环保的内在动机 （9）知行合一的哲学思想	10分	酌情赋分，但违反课堂纪律，不听从组长、教师安排，不得分		

任务二　废旧物品再次利用

2.1.2.1　任务描述

明确废旧物品再次利用的概念与意义，设计废旧物品再利用的创意方案，完成制作并进行展示。

2.1.2.2　学习目标

1. 知识目标
（1）掌握废旧物品再次利用的概念；
（2）掌握废旧物品再次利用的选材标准。

2. 能力目标
（1）能分辨废旧物品是否能够再次利用；
（2）能完成废旧物品的再次利用。

3. 素养目标
（1）培养低碳生活、节能减排意识；
（2）培养文化素养；
（3）培养分工协作意识。

2.1.2.3　重点难点

1. 重点
（1）废旧物品材料的选择；
（2）废旧物品再次利用设计方案。

2. 难点
废旧物品再利用的创新设计。

2.1.2.4　知识链接

1. 废旧物品再次利用的概念

废旧物品是指闲置的东西，或废弃的、可以作为再生资源的可回收利用的物品。在日常生产生活过程中所剩余的价值不大的物资，如废金属、废纸、再生塑料，以及废旧家电中可以重复利用和作为再生资源的一部分部件。废旧也是一种资源，只是不被人们所关注，很长时间一直秉持着旧货即丢、废品即扔的传统思想。这样不仅影响生态环境，而且这些废旧物品有一定的经济价值，是一种变废为宝的"生财之道"。

废旧物品再次利用是指将废旧物品直接作为产品或者经修复、翻新、再制造后继续作为产品使用，或者将废旧物品的全部或者部分作为其他产品的部件予以使用。再利用是循环经济的重要内容。

2. 校园生活中常见的废旧物品

废纸：报纸、书本纸、包装用纸、办公用纸、广告用纸、纸盒等；
塑料：各种塑料袋、塑料泡沫、塑料包装、一次性塑料餐盒餐具、硬塑料、塑料杯子、矿泉水瓶等；

玻璃：玻璃瓶和玻璃片、灯泡、暖瓶等；

金属：易拉罐、铁皮罐头盒、牙膏皮等。

布料：废弃衣服、桌布、毛巾、布包等。

2.1.2.5 素质养成

（1）校园日常生活中每天都会产生各种各样的废旧物品，学生一定要养成低碳生活、节能减排的意识，共同节约好我们的地球资源。

（2）在废旧物品制作过程中，要有创新意识；在制作完成后，要认真打扫场地，养成热爱劳动的意识。

2.1.2.6 任务实施

2.1.2.6.1 学生分组

学生自主进行分组（见表2-1-6）

表 2-1-6 学生分组表

班级		组号		指导教师	
组长		学号			
成员	姓名	学号		姓名	学号

2.1.2.6.2 自主探究

任务工作单1

组号：_____ **姓名：**_____ **学号：**_____ **检索号：** 21262-1

引导问题：

（1）通过查找文献，明确废旧物品再次利用的概念。

_____
_____
_____

（2）你认为废旧物品再次利用有什么意义和作用？

_____
_____
_____
_____

任务工作单 2

组号：_____ 姓名：_____ 学号：_____ 检索号：21262-2

案例引用：

如图 2-1-1 所示的废弃易拉罐可以制成如图 2-1-2 所示的凤冠。

图 2-1-1　废弃易拉罐

图 2-1-2　凤冠手工制品

凤冠制作过程展示。

二维码 2-1-2-1

引导问题：

参考上述案例，完成个人废旧物品再次利用创意设计，并完成表 2-1-7。

表 2-1-7　废旧物品再次利用创意设计表

使用的废旧物品	创意物品形态	创意物品用途

2.1.2.6.3　合作研学

任务工作单 1

组号：_____ 姓名：_____ 学号：_____ 检索号：21263-1

引导问题

（1）小组分享交流，选定本小组废旧物品再利用的创意方案。

(2) 小组交流讨论、教师参与,完善本小组的废旧物品再利用创意方案。

_____

_____

2.1.2.6.4　废旧物品再利用实践

任务工作单1

组号：_____　姓名：_____　学号：_____　检索号：__21264-1__

小组分工协作,利用废旧物品制作创意物品并完成表2-1-8。

表2-1-8　创意物品制作记录

使用材料	制作步骤	人员分工

2.1.2.6.5　展示赏学

任务工作单1

组号：_____　姓名：_____　学号：_____　检索号：__21265-1__

引导问题：

(1) 每个小组推选1~2位组员对本组的废旧物品再利用创意作品进行展示和讲解。

(2) 写下你最喜欢的一个其他小组分享的废旧物品再利用创意作品及喜欢的原因。

_____

_____

2.1.2.7　评价反馈

通过评价指标进行任务评价,并完成以下任务工作单(见表2-1-9~表2-1-12)。

任务工作单1

组号：_____　姓名：_____　学号：_____　检索号：__2127-1__

表2-1-9　个人自评价

班级		组名		日期	年　月　日
评价指标	评价内容			分数	分数评定
信息检索	能有效利用网络、图书资源查找有用的相关信息等;能将查到的信息有效地应用到学习中			10分	
感知课堂生活	是否熟悉废旧物品再利用的选材,认同废旧物品再利用的价值;在学习中是否能获得满足感			10分	

续表

评价指标	评价内容	分数	分数评定
参与态度	积极主动与教师、同学交流，相互尊重、理解、平等；与教师、同学之间是否能够保持多向、丰富、适宜的信息交流	10分	
	能处理好合作学习和独立思考的关系，做到有效学习；能提出有意义的问题或能发表个人见解	10分	
知识获得	1. 能正确理解废旧物品再利用的概念，正确讲出作品设计的步骤、原则以及类型	10分	
	2. 能正确制定作品的制作方案	10分	
	3. 能按照制作方案，对废旧物品进行制作，并做好记录	10分	
	4. 能分析废旧物品在制作过程中产生问题的原因，并提出相应的整改措施	10分	
思维态度	是否能发现问题、提出问题、分析问题、解决问题、创新问题	10分	
自评反馈	按时按质完成了任务；较好地掌握了知识点；具有较强的信息分析能力和理解能力；具有较为全面严谨的思维能力，成文条理清楚、表达明晰	10分	
自评分数			
有益的经验和做法			
总结反馈建议			

任务工作单 2

组号：_____ 姓名：_____ 学号：_____ 检索号：2127-2

表 2-1-10　小组内互评验收表

验收组长		组名		日期	年　月　日
组内验收成员					
任务要求	1. 能正确理解废旧物品再利用的概念，正确讲述作品设计的步骤、原则以及类型； 2. 能正确制定作品的制作方案； 3. 能按照制作方案，对废旧物品进行制作，并做好记录； 4. 能分析废旧物品在制作过程中产生问题的原因，并提出相应的整改措施				
验收文档清单	被验收者 21262-1 工作任务单 被验收者 21262-2 工作任务单 被验收者 21263-1 工作任务单				
	文献检索清单				

续表

	评分标准	分数	得分
验收评分	能正确理解废旧物品再利用的概念，正确讲述作品设计的步骤、原则以及类型，错一处扣 5 分	20 分	
	能正确制定作品的制作方案，错一处扣 5 分	20 分	
	能按照制作方案，对废旧物品进行制作，并做好记录，错一处扣 2 分	20 分	
	能分析废旧物品在制作过程中产生问题的原因，并能提出相应的整改措施，错一处扣 2 分	20 分	
	提供文献检索清单，不少于 4 项，缺一项扣 5 分	20 分	
	评价分数		
不足之处			

任务工作单 3

被评组号：_____ 检索号：2127-3

表 2-1-11　小组间互评表

班级		评价小组		日期	年　月　日
评价指标	评价内容			分数	分数评定
汇报展示	表述准确			15 分	
	语言流畅			10 分	
	准确反映本组完成情况			15 分	
内容正确度	内容正确			30 分	
	具有创意性			30 分	
	互评分数				
简要评述					

任务工作单 4

组号：_____　姓名：_____　学号：_____　检索号：2127-4

表 2-1-12　任务完成情况评价表

任务名称	废旧物品再利用过程及其组成认知		总得分		
评价依据	学生完成的所有工作任务单				
序号	任务内容及要求		配分	评分标准	教师评价
					结论　得分
1	能正确理解废旧物品再利用的概念，正确讲述作品设计的步骤、原则以及类型	（1）描述正确	10 分	缺一个要点扣 2 分	
		（2）语言表达流畅	10 分	酌情赋分	

续表

序号	任务内容及要求		配分	评分标准	教师评价	
					结论	得分
2	能正确制定作品的制作方案	（1）描述正确	10分	缺一个要点扣2分		
		（2）语言流畅	10分	酌情赋分		
3	能按照制作方案，对废旧物品进行制作，并做好记录	（1）描述正确	10分	缺一个要点扣2分		
		（2）语言流畅	10分	酌情赋分		
4	能分析废旧物品在制作过程中产生问题的原因，并能提出相应的整改措施	（1）描述正确	10分	缺一个要点扣2分		
		（2）语言流畅	10分	酌情赋分		
5	检索文献清单中至少包含4项内容	（1）数量	4分	每少一项扣1分		
		（2）参考的主要内容要点	6分	酌情赋分		
6	素质素养	（1）沟通交流能力	10分	酌情赋分，但违反课堂纪律，不听从组长、教师安排，不得分		
		（2）团队合作				
		（3）课堂纪律				
		（4）合作探学				
		（5）自主研学				
		（6）节约能源、环保意识				
		（7）创新能力				
		（8）分工协作的合作能力				
		（9）语言表达与沟通能力				

项目二 社会实践服务

任务一 日常社区志愿服务

2.2.1.1 任务描述

策划并参加一次社区志愿服务（关爱社区老人、爱心义剪、儿童课业辅导、科普类知识宣传、环境治理等）。

2.2.1.2 学习目标

1. 知识目标

（1）掌握社区志愿活动的相关内容；
（2）掌握社区志愿活动开展的流程。

2. 能力目标

（1）能协作完成社区志愿活动的策划；
（2）能组织开展社区志愿活动（尽量结合专业知识开展活动）。

3. 素养目标

（1）培养创新思维；
（2）培养关注社会、关注现实的热情和意识；
（3）培养服务社会、服务人民的意识，增强社会责任感。

2.2.1.3 重难点

1. 重点

系统掌握社区志愿活动开展的流程并进行实践。

2. 难点

在实际操作中，顺利完成整个活动。

2.2.1.4 知识链接

1. 志愿服务概念和类型

（1）《志愿服务条例》指出，志愿服务是指志愿者、志愿服务组织和其他组织自愿、无偿向社会或者他人提供的公益服务。开展志愿服务，应当遵循自愿、无偿、平等、诚信、合法的原则，不得违背社会公德、损害社会公共利益和他人合法权益，不得危害国家安全。

（2）志愿服务类型：扶贫济困、助老助残、社区服务、生态建设、大型活动、抢险救灾、社会管理、文化建设、西部开发、海外服务。

2. 参与方式：团队活动

日常社区志愿服务团队是由学院有关职能部门、系、班级、党团支部、学生组织、学生社团等为主体所组织的以及学生自行组织团队开展的活动,参与人数在 5 人及以上,有 1 人及以上指导教师,有 1 名队长,成员有明确分工,有相对固定的实践区域、固定人员,有社会实践策划书,有预期的实践成果,主要利用课余或周末集中开展的社会实践活动,开展时间不少于 3 小时。

3. 志愿活动策划模板

二维码 2-2-1-1

4. 志愿服务视频

二维码 2-2-1-2

5.《志愿服务条例》

二维码 2-2-1-3

2.2.1.5 素质养成

(1)在社会实践活动中,学生会面临各种问题,从发现问题到解决问题,需要有敏锐的观察力、创造性的想象力、丰富的理论知识以及活跃的思维,而这一解决问题的过程正是对大学生创新思维开发和培养的过程。

(2)通过参与社会实践,深入社会基层,关注社会民情、国情,培养关注社会、关注现实的热情和意识。

(3)通过参与社会实践,利用自己所学知识为社会做贡献,培养服务社会、服务人民的意识,增强社会责任感。

2.2.1.6 任务实施

2.2.1.6.1 学生分组

学生自主进行分组(见表 2-2-1)。

表 2-2-1 学生分组表

班级		组号		授课教师	
组长		学号			
组员	姓名	学号		姓名	学号

2.2.1.6.2 自主探究

任务工作单 1

组号：_____　姓名：_____　学号：_____　检索号：__22162-1__

引导问题：

（1）谈谈你对社区志愿服务的认识。
_____
_____

（2）简述如何开展一场完整的社区志愿服务活动。
_____
_____

任务工作单 2

组号：_____　姓名：_____　学号：_____　检索号：__22162-2__

引导问题：

初步构思策划方案。

活动主题：_____
服务对象：_____
活动时间：_____
活动地点：_____
活动内容：_____

2.2.1.6.3 合作研学

任务工作单 1

组号：_____　姓名：_____　学号：_____　检索号：__22163-1__

引导问题：

（1）小组讨论，教师参与，分享个人策划方案的构思，共同讨论分析不足之处，并记录下来。
_____
_____

（2）小组共同选择一个活动策划，并对其进行优化完善。

活动主题：_____

服务对象：_____

活动时间：_____

活动地点：_____

活动内容：_____

_____

_____

2.2.1.6.4　展示赏学

任务工作单 1

组号：_____　姓名：_____　学号：_____　检索号：__22164-1__

（1）每组推荐一个组长，进行成果汇报。

_____

_____

（2）分析自己的不足。

_____

_____

2.2.1.7　评价反馈

通过评价指标进行任务评价，并完成以下任务工作单（见表 2-2-2～表 2-2-5）。

任务工作单 1

组号：_____　姓名：_____　学号：_____　检索号：__2217-1__

表 2-2-2　个人自评表

班级		组名		日期	年　月　日
评价指标	评价内容			分数	分数评定
信息检索	能有效利用网络、图书资源查找有用的相关信息等；能将查到的信息有效地应用到学习中			10 分	
感知课堂生活	是否熟悉开展社区志愿服务的流程，认同活动价值；在活动中是否能获得满足感、价值感			10 分	
参与态度	积极主动与教师、同学交流，相互尊重、理解、平等；与教师、同学之间是否能够保持多向、丰富、适宜的信息交流			10 分	
	能处理好合作学习和独立思考的关系，做到有效学习；能提出有意义的问题或能发表个人见解			10 分	
知识获得	1. 能掌握志愿服务的含义与开展方式			10 分	
	2. 能撰写志愿服务策划方案			10 分	
	3. 能顺利完成活动			10 分	
	4. 能分析过程中的不足，并提出相应的整改措施			10 分	
思维态度	是否能发现问题、提出问题、分析问题、解决问题、创新问题			10 分	

续表

评价指标	评价内容	分数	分数评定
自评反馈	按时按质完成了任务；较好地掌握了知识点；具有较强的理解能力和执行力；具有较为全面严谨的思维能力，成文条理清楚、表达明晰	10分	
自评分数			
有益的经验和做法			
总结反馈建议			

任务工作单 2

组号：_____ 姓名：_____ 学号：_____ 检索号：2217-2

表 2-2-3 小组内互评验收表

验收组长		组名		日期	年 月 日
组内验收成员					
任务要求	能掌握社区志愿活动的相关内容及流程；能完成社区志愿活动的策划；能组织开展社区志愿活动；能分析过程中的不足，并能提出相应的整改措施				
验收文档清单	被验收者所有工作任务单				
	文献检索清单				
验收评分	评分标准			分数	得分
	能掌握社区志愿活动的相关内容及流程，酌情赋分			20分	
	能完成社区志愿活动的策划，酌情赋分			20分	
	能组织开展社区志愿活动，酌情赋分			20分	
	能分析过程中的不足，并能提出相应的整改措施，酌情赋分			20分	
	提供文献检索清单，不少于5项，缺一项扣4分			20分	
	评价分数				
不足之处					

任务工作单 3

被评组号：_____ 检索号：2217-3

表 2-2-4 小组间互评表

班级		评价小组		日期	年 月 日
评价指标	评价内容			分数	分数评定
汇报展示	表述准确			15分	
	语言流畅			10分	
	准确反映本组完成情况			15分	

续表

评价指标	评价内容	分数	分数评定
内容完整度	内容完整正确	30 分	
	语言表达流畅	30 分	
互评分数			
简要评述			

任务工作单 4

组号：_____　姓名：_____　学号：_____　检索号：__2217-4__

表 2-2-5　任务完成情况评价表

任务名称	寒暑假社会实践活动			总得分		
评价依据	学生完成的所有工作任务单					
序号	任务内容及要求		配分	评分标准	教师评价	
					结论	得分
1	能掌握社区志愿活动的相关内容及流程	（1）描述正确	10 分	缺一个要点扣 1 分		
		（2）语言表达流畅	10 分	酌情赋分		
2	能完成社区志愿活动的策划	（1）策划完整可行	10 分	缺一个要点扣 1 分		
		（2）语言流畅	10 分	酌情赋分		
3	组织开展社区志愿活动	（1）内容完整	10 分	缺一个要点扣 2 分		
		（2）表达流畅	10 分	酌情赋分		
4	能分析过程中的不足，并能提出相应的整改措施	（1）内容言之有理	10 分	酌情赋分		
		（2）表达流畅	10 分	酌情赋分		
5	检索文献清单中至少包含 5 项内容	（1）数量	5 分	每少一个扣 2 分		
		（2）参考的主要内容要点	5 分	酌情赋分		

续表

序号	任务内容及要求		配分	评分标准	教师评价	
					结论	得分
6	素质素养	（1）沟通交流能力	10分	酌情赋分，但违反课堂纪律，不听从组长、教师安排，不得分		
		（2）团队合作				
		（3）课堂纪律				
		（4）合作探学				
		（5）自主研学				
		（6）创新思维				
		（7）关注社会、关注现实的热情和意识				
		（8）服务社会、服务人民的意识，社会责任感				

任务二　寒暑假社会实践活动

2.2.2.1　任务描述

参加一项寒暑假社会实践活动（暑期"三下乡"、"逐梦计划"、返乡调研活动、岗位实践等）；完成一份假期社会实践报告。

2.2.2.2　学习目标

1. 知识目标

（1）掌握社会实践的相关内容；

（2）掌握社会实践开展的流程。

2. 能力目标

（1）能策划一次假期社会实践活动，并予以开展；

（2）能撰写社会实践报告。

3. 素养目标

（1）培养创新思维；

（2）培养关注社会、关注现实的热情和意识；

（3）培养服务社会、服务人民的意识，增强社会责任感。

2.2.2.3 重难点

1. 重点

系统掌握假期社会实践活动开展的流程并进行实践。

2. 难点

在实际操作中,顺利完成整个活动。

2.2.2.4 知识链接

1. 社会实践内涵及内容

学生社会实践活动是指学生在课堂教学之外,深入社会、了解社会、适应社会和服务社会的各项实践活动。学生社会实践活动可在学期内课余时间或周末分散开展,也可以在寒暑假集中开展。

志愿服务内容:科普宣传、政策宣讲、文化传播、帮残助困、支农支教、环境保护、科技指导、文化科技卫生"三下乡"、社区志愿活动、逐梦计划等;学生开展其他内容的社会实践活动,事先经学校认定后方可纳入考核范围。

2. 参与方式:团队活动、个人分散活动

寒暑假社会实践活动团队是指由学院有关职能部门、系、班级、党团支部、学生组织、学生社团等为主体所组织的以及学生自行组织团队开展的活动(主要以暑期"三下乡"形式开展),参与人数在5人及以上,有1名及以上指导教师,有1名队长,成员有明确分工,有相对固定的实践区域和固定人员,有社会实践策划书,有预期的实践成果,主要利用寒暑假集中开展的社会实践活动,开展时间不少于3天。

个人分散活动包括参加"逐梦计划"、返乡进行调研实践、成为社区志愿者、勤工俭学等。

3. 社会实践报告表格

二维码 2-2-2-1

4. 社会实践视频(暑期"三下乡")

二维码 2-2-2-2

2.2.2.5 素质养成

(1)在社会实践活动中,学生会面临各种问题,从发现问题到解决问题,需要有敏锐的观察力、创造性的想象力、丰富的理论知识以及活跃的思维，而这一解决问题的过程正是对学生创新思维开发和培养的过程。

（2）通过参与社会实践，深入社会基层，关注社会民情、国情，培养关注社会、关注现实的热情和意识。

（3）通过参与社会实践，利用自己所学知识为社会做贡献，培养服务社会、服务人民的意识，增强社会责任感。

2.2.2.6 任务实施

2.2.2.6.1 学生分组

学生自主进行分组（见表2-2-6）。

表 2-2-6 学生分组表

班级		组号		授课教师	
组长		学号			
组员	姓名	学号		姓名	学号
任务分工					

2.2.2.6.2 自主探究

任务工作单1

组号：_____ **姓名：**_____ **学号：**_____ **检索号：** 22262-1

引导问题：

（1）谈谈你对社会实践的认识。

_____

（2）简要分析活动过程中应注意的问题。

_____
_____

任务工作单 2

组号：_____ 姓名：_____ 学号：_____ 检索号：__22262-2__
引导问题：
（1）选取自己的暑（寒）假社会实践地点，并制定简要计划表。
_____
_____
_____

2. 撰写一份暑（寒）假社会实践报告。
_____
_____
_____

2.2.2.6.3　合作研学

任务工作单 1

组号：_____ 姓名：_____ 学号：_____ 检索号：__22263-1__
引导问题：
（1）小组讨论，教师参与，分享自己的活动开展计划。
_____
_____
_____

（2）分析自己的不足。
_____
_____
_____

2.2.2.6.4　展示赏学

任务工作单 1

组号：_____ 姓名：_____ 学号：_____ 检索号：__22264-1__
（1）每组推荐一个组长，进行成果汇报。
_____
_____
_____
_____

（2）分析自己的不足。
_____
_____
_____
_____

2.2.2.7　评价反馈

通过评价指标进行任务评价，并完成以下任务工作单（见表 2-2-7~表 2-2-10）。

任务工作单 1

组号：_____ 姓名：_____ 学号：_____ 检索号：__2227-1__

表 2-2-7 个人自评表

班级		组名		日期	年 月 日
评价指标	评价内容			分数	分数评定
信息检索	能有效利用网络、图书资源查找有用的相关信息等；能将查到的信息有效地应用到学习中			10 分	
感知课堂生活	是否熟悉开展寒暑假社会实践的流程，认同活动价值；在活动中是否能获得满足感、价值感			10 分	
参与态度	积极主动与教师、同学交流，相互尊重、理解、平等；与教师、同学之间是否能够保持多向、丰富、适宜的信息交流			10 分	
	能处理好合作学习和独立思考的关系，做到有效学习；能提出有意义的问题或能发表个人见解			10 分	
知识获得	1. 能掌握社会实践的含义与开展方式			10 分	
	2. 能制订暑（寒）假社会实践计划并加以实施			10 分	
	3. 能撰写实践报告			10 分	
	4. 能分析过程中的不足，并能提出相应的整改措施			10 分	
思维态度	是否能发现问题、提出问题、分析问题、解决问题、创新问题			10 分	
自评反馈	按时按质完成了任务；较好地掌握了知识点；具有较强的理解能力和执行力；具有较为全面严谨的思维能力，成文条理清楚、表达明晰			10 分	
自评分数					
有益的经验和做法					
总结反馈建议					

任务工作单 2

组号：_____ 姓名：_____ 学号：_____ 检索号：__2227-2__

表 2-2-8 小组内互评验收表

验收组长		组名		日期	年 月 日
组内验收成员					
任务要求	能掌握社会实践的含义与开展方式；能制订暑（寒）假社会实践计划并加以实施；能撰写实践报告；能分析过程中的不足，并能提出相应的整改措施				
验收文档清单	被验收者所有工作任务单				
	文献检索清单				

续表

	评分标准	分数	得分
验收评分	能掌握社会实践的含义与开展方式，酌情赋分	20 分	
	能制订暑（寒）假社会实践计划并加以实施，酌情赋分	20 分	
	能撰写实践报告，酌情赋分	20 分	
	能分析过程中的不足，并能提出相应的整改措施，酌情赋分	20 分	
	提供文献检索清单，不少于 5 项，缺一项扣 4 分	20 分	
评价分数			
不足之处			

任务工作单 3

组号：_____ 姓名：_____ 学号：_____ 检索号：2227-3

表 2-2-9　小组间互评表

班级		评价小组		日期	年　月　日
评价指标	评价内容			分数	分数评定
汇报展示	表述准确			15 分	
	语言流畅			10 分	
	准确反映本组完成情况			15 分	
内容完整度	内容完整正确			30 分	
	语言表达流畅			30 分	
互评分数					
简要评述					

任务工作单 4

组号：_____ 姓名：_____ 学号：_____ 检索号：2227-4

表 2-2-10　任务完成情况评价表

任务名称	寒暑假社会实践活动			总得分		
评价依据	学生完成的所有工作任务单					
序号	任务内容及要求		配分	评分标准	教师评价	
					结论	得分
1	能掌握社会实践的含义与开展方式	（1）描述正确	10 分	缺一个要点扣 1 分		
		（2）语言表达流畅	10 分	酌情赋分		

续表

序号	任务内容及要求		配分	评分标准	教师评价	
					结论	得分
2	能制订暑（寒）假社会实践计划并加以实施	（1）计划完整可行	10分	缺一个要点扣1分		
		（2）语言流畅	10分	酌情赋分		
3	能撰写实践报告	（1）报告内容完整	10分	缺一个要点扣2分		
		（2）表达流畅	10分	酌情赋分		
4	能分析过程中的不足，并能提出相应的整改措施	（1）内容言之有理	10分	酌情赋分		
		（2）表达流畅	10分	酌情赋分		
5	文献检索清单中至少包含5项内容	（1）数量	5分	每少一项扣2分		
		（2）参考的主要内容要点	5分	酌情赋分		
6	素质素养	（1）沟通交流能力	10分	酌情赋分，但违反课堂纪律，不听从组长、教师安排，不得分		
		（2）团队合作				
		（3）课堂纪律				
		（4）合作探学				
		（5）自主研学				
		（6）创新思维				
		（7）关注社会、关注现实的热情和能力				
		（8）服务社会、服务人民的意识，社会责任感				

模块三　专业生产与服务劳动

项目一　校内实训

任务一　专业能力训练

3.1.1.1　任务描述

通过专业实训操作与设备工具维护与保养准备，完成专业实训劳动清单；形成一份针对不同实践环节的实训服务体会报告。

3.1.1.2　学习目标

1. 知识目标

（1）掌握专业实训中劳动服务的内容；

（2）掌握实训操作流程；

（3）掌握实践环节中的劳动安全内容。

2. 能力目标

（1）能有效地将实训内容与劳动服务内容相结合；

（2）能正确地将劳动安全意识融入实训环节；

（3）提高实训劳动服务意识，增强勤于思考、分析问题的能力。

3. 素养目标

（1）培养良好的劳动习惯；

（2）培养吃苦耐劳、团结合作、严谨细致的劳动态度；

（3）培养扎实的劳动技能。

3.1.1.3　重难点

1. 重点

在实践环节中学会基本的实操技能、掌握劳动流程、提高劳动安全意识。

2. 难点

树立正确的劳动观念，养成良好的劳动习惯，提高团队协作能力。

3.1.1.4 知识链接

1. 劳动精神

劳动精神是指崇尚劳动、热爱劳动、辛勤劳动、诚实劳动的精神。

（1）精神出处。

2020年11月24日，习近平在全国劳动模范和先进工作者表彰大会上的讲话中提到："在长期实践中，我们培育形成了爱岗敬业、争创一流、艰苦奋斗、勇于创新、淡泊名利、甘于奉献的劳模精神，崇尚劳动、热爱劳动、辛勤劳动、诚实劳动的劳动精神，执着专注、精益求精、一丝不苟、追求卓越的工匠精神。劳模精神、劳动精神、工匠精神是以爱国主义为核心的民族精神和以改革创新为核心的时代精神的生动体现，是鼓舞全党全国各族人民风雨无阻、勇敢前进的强大精神动力。"

（2）伟大精神。

2021年9月，党中央批准了中央宣传部梳理的第一批纳入中国共产党人精神谱系的伟大精神，劳动精神被纳入。

2. 劳动素养

劳动素养是指劳动者在劳动过程中与之相匹配的劳动心态和劳动技能的综合概括，是衡量劳动者能否完成某对应性工作的最根本、最直接的工作能力指标。

（1）定义：劳动心态和劳动技能的综合概括。

（2）劳动心态：对待工作的态度，帮助客户的心态。

（3）关系：两者是相互结合并依存的。

劳动者的劳动不是简单的机械制造或再造，而是有生命有理想的劳动者个体按劳动计划而展开的创造性工作。劳动素养中的劳动心态包括：对待工作的态度，帮助客户的心态，对客户心智的解读，对客户需求的认知等。劳动技能是在解决工作问题及矛盾的过程中，劳动者支配和运用到的劳动工具及方法，并由此产生并达到预定劳动结果的专业技能。

这两者是相互结合并依存的，符合人的思想指导行动的逻辑。

3. 劳动教育概念的基本内涵与基本特征

（1）劳动、实践、活动。

① 劳动与实践、活动三概念的一般含义。

劳动，是人类实践活动的一种特殊形式，多指创造物质财富和精神财富的活动。在《中国大百科全书（哲学卷）》中，劳动被定义为"是人类特有的基本的社会实践活动，也是人类通过有目的的活动改造自然对象并在这一活动中改造人自身的过程"。在经济学中，劳动则是指劳动力（含体力和脑力）的支出和使用。例如在《资本论》中，马克思对劳动的定义是："劳动力的使用就是劳动本身。劳动力的买者消费劳动力，就是叫劳动力的卖者劳动。"

实践，是重要的哲学范畴，就是人们能动地改造和探索现实世界一切客观物质的活动，实践具有客观性、能动性和社会历史性等基本特征。实践的主要形式包括改造自然的物质劳动、改进社会关系的社会活动，以及探索世界奥秘的科学探索活动等。实践的主体是人，实践的手段就是人所创造的工具的应用，实践的对象则是人接触、改造的一切客观对象。

换言之，实践是主体和客体的中介，是主观见之于客观的感性过程。

活动，一般是指人类有目的的运动，更多指的是一种日常词汇，而最广义的活动概念则指人类的一切运动形式。活动当然包括物质实践活动，但思维或者精神的运动也是活动的类型之一。实践、劳动都是活动的类型。

概而言之，活动、实践、劳动，是前者包含后者的关系。而劳动，可以视为社会实践活动的一部分，或者社会实践的特殊形式之一。

② 劳动与实践、活动三概念的教育意涵。

劳动与实践、活动三概念在教育语境中的意涵，与"劳动教育""社会实践活动""活动课程"等概念的具体使用有着密切联系。

"劳动教育"是以促进学生形成劳动价值观（即确立正确的劳动观点、积极的劳动态度，热爱劳动和劳动人民等）和养成劳动素养（有一定劳动知识与技能、形成良好的劳动习惯等）为目的的教育活动。劳动还与"劳动技术教育""通用技术教育"等概念相关。不过"劳动技术教育"较强调技术的学习，与职业定向存在更密切的关联；"通用技术教育"则是开展基础技术教育的课程形式，"通用技术"是其教育重点，"劳动"已不是其核心意涵。换言之，劳动教育是面向所有教育对象的普通教育，而"劳动技术教育""通用技术教育"两个概念中虽也有"劳动"的要素，但较多指向具体技术或者通用技术的学习等，强调重点有显著差异。

"社会实践活动"一般指学校组织学生走出校门，以了解社会、服务社会为目的的教育活动。了解社会的活动包括参观、访问、调查等，服务社会则包括劳动体验、志愿者活动等。"社会实践活动"的教育功能虽然是全方位的，但是一般认为其核心价值在于助益学生的德育。因此，社会实践活动常常被看成学校德育的重要途径之一。

"活动课程"又称经验课程，"儿童中心课程"一般是指以儿童"活动"的动机及线索来组织的课程形态。杜威、陶行知等认为传统的学科逻辑不能激发儿童的学习兴趣，从而主张以儿童生活为中心组织课程，以满足儿童当前的学习需要和兴趣。在活动课程的概念里，"活动"具有强烈的儿童主体性，但是其意涵与"生活"概念较为接近，是一个十分广泛的范畴。换言之，"活动"并不专指"劳动"。故在教育话语情境中，活动、实践、劳动之间，除了包含（前者包含后者）关系，三个概念还有因为使用的教育情境而产生的特定意涵。劳动是学生参与的社会实践活动的形式之一，劳动、实践两者的重点都指向教育活动所要养成的素养目标，具有一般或者普通教育的意涵与教育价值，而活动则是指儿童生活与学习的一种形式，指向教育活动的形式、结构安排等。

（2）劳动教育的基本内涵。

"劳动教育"是以提升学生劳动素养的方式促进学生全面发展的教育活动。由于"劳动价值观"是劳动素养的核心内涵，"劳动教育"也可以定义为是以促进学生形成劳动价值观（即确立正确的劳动观点、积极的劳动态度，热爱劳动和劳动人民等）和养成良好劳动素养（形成劳动习惯、有一定劳动知识与技能、有能力开展创造性劳动等）为目的的教育活动。

在劳动价值观方面，劳动教育要努力帮助学习者实现以下目标：其一，确立正确的劳动观点、积极的劳动态度（即具有"劳动精神"），拒绝"好逸恶劳""不劳而获"等错误的价值观；其二，形成尊重、热爱劳动过程、劳动成果和劳动主体——劳动人民（"劳动精神"的体现）的价值态度。

在养成良好劳动素养（狭义）方面，劳动教育要特别强调：其一，促进学生具备一定劳动知识与技能，成为全面发展的人；其二，发展学习者创造性劳动的潜质，成为新时代所需要的创造性劳动者；其三，形成良好的劳动习惯，成为"流自己的汗、吃自己的饭"的有尊严、有教养的现代公民。

4. 关于劳动教育的政策文件

教育部关于印发《大中小学劳动教育指导纲要（试行）》的通知（教材〔2020〕4号）。

二维码 3-1-1-1

3.1.1.5 素质养成

在参加专业实训的过程中，能有效地将实训内容与劳动服务内容相结合，培养扎实的劳动技能。

3.1.1.6 任务实施

3.1.1.6.1 学生分组

学生自主进行分组（表3-1-1）。

表3-1-1 学生分组表

班级		组号		授课教师	
组长		学号			
组员	姓名		学号	姓名	学号

3.1.1.6.2 自主探学

任务工作单1

组号：_____ 姓名：_____ 学号：_____ 检索号：__31162-1__

引导问题：

（1）简述专业实训中劳动服务的内容。

(2) 简述实践环节中劳动安全的内容。

3.1.1.6.3 合作研学

任务工作单 1

组号：_____ 姓名：_____ 学号：_____ 检索号：__31163-1__
引导问题：
(1) 小组讨论，教师参与，确定任务工单 31162-1 的最优答案，并分析自己存在的不足。

(2) 每组推荐一个组长，进行汇报。根据汇报情况，再次分析自己的不足。

3.1.1.6.4 专业能力训练实践

任务工作单 1

组号：_____ 姓名：_____ 学号：_____ 检索号：__31164-1__
引导问题：
根据专业实训中劳动服务的内容进行实践，并在实践活动表（见表 3-1-2）中进行记录。

表 3-1-2 实践活动表

	_____专业 _____项目（技能）训练
专业实训时间	_____年_____月_____日
实训地点	
实训准备	1. 准备技能训练任务单或项目方案。 2. 准备场地。 3. 准备工具。 4. 其他准备
实训过程	（按专业训练项目过程填写）
劳动服务内容	1. 专业实训中劳动服务内容。 2. 实践环节中劳动安全内容。
实训成果	实训报告（由学生撰写，可另附页）

3.1.1.6.5 展示赏学

任务工作单 1

组号：_____ 姓名：_____ 学号：_____ 检索号：__31165-1__

引导问题：

每个小组汇总实践情况，展示劳动服务效果前后的照片（见表3-1-3），同时进一步优化专业实训中劳动服务的内容。

表 3-1-3 劳动服务效果展示表

序号	劳动服务效果展示
照片 1	
照片 2	

3.1.1.7 评价反馈

通过评价指标进行任务评价，并完成以下任务工作单（见表3-1-4~表3-1-7）。

任务工作单 1

组号：_____ 姓名：_____ 学号：_____ 检索号：__3117-1__

表 3-1-4 自我检测表

班级		组名		日期	年 月 日
评价指标	评价内容			分数	分数评定
信息收集能力	能有效利用网络、图书资源查找有用的相关信息等；能将查到的信息有效地应用到学习中			10 分	
感知课堂生活	是否能在学习中获得满足感和对课堂生活的认同感			10 分	
参与态度沟通能力	积极主动与教师、同学交流，相互尊重、理解、平等；与教师、同学之间是否能够保持多向、丰富、适宜的信息交流			10 分	
	能处理好合作学习和独立思考的关系，做到有效学习；能提出有意义的问题或能发表个人见解			10 分	

续表

评价指标	评价内容			分数	分数评定
知识、能力获得情况	掌握专业实训中劳动服务的内容			10 分	
	掌握实训操作流程			10 分	
	能正确地将劳动安全意识融入实训环节			10 分	
	实训操作过程中，实训前的准备与实训后的注意事项			10 分	
	工序名称	内容	结果		
辩证思维能力	是否能发现问题、提出问题、分析问题、解决问题、创新问题			10 分	
自我反思	按时保质完成了任务；较好地掌握了知识点；具有较为全面严谨的思维能力；成文条理清楚、表达明晰			10 分	
自评分数					
总结提炼					

任务工作单 2

组号：_____ 姓名：_____ 学号：_____ 检索号：3117-2

表 3-1-5 小组内互评验收表

验收组长		组名		日期	年　月　日
组内验收成员					
任务要求	掌握专业实训中劳动服务的内容； 掌握实践环节中劳动安全的内容；				
验收文档清单	被验收者 31162-1 工作任务单				
	文献检索清单				
验收评分	评分标准			分数	得分
	实训前的准备内容完整，遗漏一处扣 5 分			20 分	
	实训过程中劳动安全的内容，错误操作一处扣 5 分			20 分	
	实训步骤合理，各工序正确，错一处扣 2 分			20 分	
	实训手册填写完整，空一处扣 2 分			20 分	
	实训后劳动服务内容体现完整，缺一处扣 5 分			20 分	
评价分数					
不足之处					

任务工作单 3

被评组号：_____ 检索号：3117-3

表 3-1-6　小组间互评表

班级		评价小组		日期	年　月　日
评价指标	评价内容			分数	分数评定
汇报展示	表述准确			15 分	
	语言流畅			10 分	
	准确反映本组完成情况			15 分	
内容正确度	内容正确			30 分	
	表达到位			30 分	
互评分数					

任务工作单 4

组号：_____ 姓名：_____ 学号：_____ 检索号：3117-4

表 3-1-7　任务完成情况评价表

任务名称		专业能力训练			总得分		
评价依据		学生完成的 31162-1 工作任务单					
序号		任务内容及要求		配分	评分标准	教师评价	
						结论	得分
1	专业实训中劳动服务的内容		选择正确	20 分	错一处扣 5 分		
2	实训操作流程		选择正确	20 分	错一处扣 5 分		
3	实训环节中劳动安全的内容		表达正确	20 分	错一处扣 5 分		
4	实训手册填写要求		选择正确	20 分	错一处扣 4 分		

续表

序号	任务内容及要求		配分	评分标准	教师评价	
					结论	得分
5	文献检索清单至少包含5项内容	（1）数量	5分	每少一个扣1分		
		（2）参考的主要内容要点	5分	酌情赋分		
6	素质素养	（1）沟通交流能力 （2）团队合作 （3）课堂纪律 （4）合作探学 （5）自主研学	10分	酌情赋分，但违反课堂纪律，不听从组长、教师安排，不得分		

任务二　综合能力拓展

3.1.2.1　任务描述

结合专业特点，提高职业劳动技能水平，增强职业荣誉感和责任感，培育积极向上的劳动精神和认真负责的劳动态度，形成一份职业综合能力拓展报告。

3.1.2.2　学习目标

1. 知识目标

（1）掌握生产劳动和服务性劳动中的基本知识；

（2）掌握创新创造的方法与能力；

（3）掌握相关专业技能，树立实践服务技能。

2. 能力目标

（1）能正确理解创造性劳动的发展过程；

（2）能正确使用劳动工具，具有必备的劳动能力；

（3）能正确领会敬业奉献精神，弘扬开拓创新、砥砺奋进的时代精神。

3. 素养目标

（1）培养积极的劳动精神；

（2）养成良好的劳动习惯和品质。

3.1.2.3　重难点

1. 重点

生产劳动和服务性劳动中的基本知识。

2. 难点

具备完成一定劳动任务所需要的设计、操作能力及团队合作能力。

3.1.2.4 知识链接

1. 生产劳动的基本内涵

（1）生产劳动的概述。

生产劳动是唯物史观的基本范畴，是劳动价值论的分析基础。劳动价值论对于价值创造、价值决定的说明是科学解析商品生产劳动的内在逻辑，而价值运行的经济分析则旨在为具体经济理论体系间的逻辑一致寻求支持。这样，价值本质和价值运行相辅相成的分析开始成型，经济本质和经济运行得以逻辑贯通，为完整的经济分析奠定了基础。

（2）生产劳动的实践意义。

生产劳动即创造财富和价值的劳动。迄今为止的价值创造及其运行均以商品生产为中心，本质上都是在劳动过程全面提供技术条件和物量关系的基础上，建立了劳动过程和社会生产过程的直接联系，促进劳动和生产的社会结合。总之，商品生产劳动具有二重性。

对其进行分析，不仅有益于对现代资本主义的认识，还有益于对社会主义经济体制改革理论和市场经济实践的探索，并进而澄清这样一个事实：马克思主义经济学中关于生产劳动的理论并不过时，马克思关于生产劳动的概念是包含我们今天所说的精神领域的劳动的，而马克思的生产劳动概念也正是对剩余价值学说的一个抽象。并且，这一概念也被我们今天所谈及的文化经济、知识经济的发展所证实，是一个科学的概念。正是基于这样一个事实，我们对马克思生产劳动理论应该正视，应该在马克思生产劳动理论的本义基础上继续前进。这对于我们正确理解当今服务性产业理论以及实践部门进行产业划分、宏观调控和构建科学的国民经济核算体系都有着十分重要的理论指导意义。

2. 劳动技能内容

（1）劳动技能概述。

劳动技能是指岗位在生产过程中对劳动者素质方面的要求，主要反映岗位对劳动者智能要求的程度。

劳动技能本质上是人的劳动能力，这种劳动能力包括人的体力能力、智力能力和心理能力。体力能力是其他能力要素形成与发挥的基础，智力能力是劳动技能的核心，心理能力即人的心理特征，对其他技能的形成与发挥起到推动或阻碍作用。

劳动技能要能够对财富的创造起贡献作用，即成为财富形成的源泉。这提供了劳动技能的衡量标准：劳动技能对财富创造的贡献度越大，其价值也就越高，反之亦然。但劳动技能的价值大小并不完全取决于劳动者所具有的劳动技能，还与劳动技能使用的环境紧密相关。

劳动技能还要能够被组织所利用，这里的"组织"可以大到一个国家或地区，也可以小到一个企业或单位。在现代社会，组织是社会财富创造的基本模式，劳动者的劳动技能要对社会财富的创造做出贡献，就必须融入到组织中，通过把自己的劳动技能与组织的需要相结合，为组织目标的实现做出贡献。

（2）劳动技能内容。

劳动技能包括一般劳动技能和专门劳动技能。一般劳动技能是劳动者从事一般工作的能力，是劳动技能的基础；专门劳动技能是劳动者的独特能力，是创造财富的核心能力。

劳动技能分为个体劳动技能和组织劳动技能，个体劳动技能是组织劳动技能的基础，组织劳动技能是个体劳动技能的有机整合。一般来讲，组织的结构体系越科学、劳动力配置与激励越合理、组织变革越及时，组织的劳动技能越强。

从哲学高度看，劳动是主体、客体和意义的内涵集成体。

劳动是人类社会生存和发展的基础，主要是指生产物质资料的过程，通常是指能够对外输出劳动量或劳动价值的人类运动，劳动是人维持自我生存和自我发展的唯一手段。

劳动是人类运动的一种特殊形式。在商品生产体系中，劳动是劳动力的支出和使用。马克思给我们下了这样的定义："劳动力的使用就是劳动本身。劳动力的买者消费劳动力，就是让劳动力的卖者为其提供劳动。"

按照传统的劳动分类理论，劳动可分为脑力劳动和体力劳动两大类。人的内在存在主要矛盾，即人的意识主体与生命本体间的矛盾。人的任何行为都是这对矛盾的外在化，都是他们的综合性结果。体力与脑力的劳动是指在人的实践活动中没有完全分割的体力或者脑力劳动。这种表述不等于两者的分隔，恰恰是两者的实践统一，这源于概念与实践本身的辩证统一关系。

3. 服务性劳动

（1）服务劳动概述。

服务劳动是指在从事服务生产和经营活动的过程中，劳动者运用特定设备和工具，直接满足消费者对服务产品需要的劳动。服务劳动有广义和狭义两种概念。广义的服务劳动，把社会的分工与协作都看成彼此提供服务。狭义的服务劳动，同农业劳动、工业劳动和商业劳动等专业劳动相并列，是社会分工的产物，因而服务劳动也称服务业劳动。

（2）特点。

① 大多服务劳动不凝结在某种实物上，没有物化的结果。例如，旅店业的劳动者为接待旅客住宿，付出一定的物质消耗和劳动消耗，使旅客的需要得到了满足，但没有留下任何实物。这是典型的服务劳动的表现。

② 一部分服务劳动，在为消费者提供服务后，物质消耗和劳动消耗体现在一定的实物上，但不表现为实物产品的售卖，而表现为一种劳动交换活动。例如，成衣店为顾客加工衣服，走街串巷的木工为顾客制作家具，弹棉花的工人为居民加工被套等。

3.1.2.5 素质养成

（1）在实训过程中，学生要端正劳动态度，依据实训操作规程认真完成实训任务与劳动任务，提高职业劳动技能水平，培育积极向上的劳动精神和认真负责的劳动态度。

（2）在实训时，要考虑学生的身体实际情况和劳动任务的强度，合理分配任务；

（3）培养学生尊重劳动、珍惜劳动成果的观念。

3.1.2.6 任务实施

3.1.2.6.1 学生分组

学生自主进行分组（见表3-1-8）。

表 3-1-8　学生任务分配表

班级		组号		授课教师	
组长		学号			
组员	姓名	学号		姓名	学号
任务分工					

3.1.2.6.2　自主探学

任务工作单 1

组号：_____　姓名：_____　学号：_____　检索号：__31262-1__

引导问题：

（1）思考并列出实训过程中综合能力拓展应该包含的内容，并分别阐述与劳动教育的关系（见表 3-1-9）。

表 3-1-9　综合能力拓展与劳动教育关系表

序号	综合能力拓展内容	劳动教育目标	二者关系

（2）简述如何体现劳动精神面貌、劳动价值取向和劳动技能水平的培养要求。

_____
_____
_____
_____

任务工作单 2

组号：_____ 姓名：_____ 学号：_____ 检索号：31262-2

引导问题：

以个人为单位，进行实训劳动任务分配（见表 3-1-10）。

表 3-1-10 实训劳动任务分配表

序号	实训内容	劳动要求（客观因素）	拓展内容

3.1.2.6.3 合作研学

任务工作单 1

组号：_____ 姓名：_____ 学号：_____ 检索号：31263-1

引导问题：

小组交流讨论，教师参与，补充完善实训劳动任务表（见表 3-1-11）。

表 3-1-11 实训劳动任务分配优化表

序号	实训内容	劳动要求 （客观因素）	预期成果	拓展内容

3.1.2.6.4 展示赏学

任务工作单 1

组号：_____ 姓名：_____ 学号：_____ 检索号：31264-1

引导问题：

每个实训小组的组长，分享本组的实训任务表，并完善实训劳动任务分配表（见表 3-1-12）。

表 3-1-12　实训劳动任务分配完善表

序号	实训内容	劳动要求 （客观因素）	预期成果	拓展内容

任务工作单 2

组号：_____　姓名：_____　学号：_____　检索号：__31264-2__

引导问题：

掌握基本的劳动知识和技能，正确使用常见劳动工具，制订实训计划，明确实训劳动方案（见表 3-1-13）。

表 3-1-13　实训劳动方案表

_____专业　_____项目（技能）训练	
专业实训时间	_____年_____月_____日
实训地点	
劳动准备	1. 准备技能训练任务单或项目方案。 2. 准备场地。 3. 准备工具。 4. 其他准备
实训过程	（按专业训练项目过程填写）
劳动内容 （自行约定）	1. 生产劳动和服务性劳动内容。 2. 创造性劳动内容
实训成果	实训报告（有学生撰写，可另附页）

任务工作单 3

组号：_____　姓名：_____　学号：_____　检索号：__31264-3__

引导问题：

完成实训任务，形成一份专业职业综合能力拓展报告（见表 3-1-14）。

表 3-1-14　专业职业综合能力拓展报告表

序号	专业综合能力拓展报告
报告 1	
报告 2	

3.1.2.7　评价反馈

通过评价指标进行任务评价，并完成以下任务工作单（见表 3-1-15～表 3-1-18）。

任务工作单 1

组号：_____　姓名：_____　学号：_____　检索号：__3127-1__

表 3-1-15　个人自评表

班级		组名		日期	年　月　日
评价指标	评价内容			分数	分数评定
信息检索	能有效利用网络、图书资源查找有用的相关信息等；能将查到的信息有效地应用到学习中			10 分	
感知课堂生活	是否熟悉劳动流程，认同劳动价值；在劳动中是否能获得满足感			10 分	
参与态度	积极主动与教师、同学交流，相互尊重、理解、平等；与教师、同学之间是否能够保持多向、丰富、适宜的信息交流			10 分	
	能处理好合作学习和独立思考的关系，做到有效学习；能提出有意义的问题或能发表个人见解			10 分	
知识、能力获得	1. 能正确理解创造性劳动的发展过程			10 分	
	2. 能正确使用劳动工具，具有必备的劳动能力			10 分	
	3. 能正确领会敬业奉献精神，弘扬开拓创新、砥砺奋进的时代精神			10 分	
	4. 能按照劳动方案，完成实训内容，并记录劳动成果			10 分	

续表

评价指标	评价内容	分数	分数评定
思维态度	是否能发现问题、提出问题、分析问题、解决问题、创新问题	10 分	
自评反馈	按时按质完成了任务；较好地掌握了知识点；具有较强的分析能力和理解能力；具有较为全面严谨的思维能力，成文条理清楚、表达明晰	10 分	
自评分数			
有益的经验和做法			
总结反馈建议			

任务工作单 2

组号：_____ 姓名：_____ 学号：_____ 检索号：__3127-2__

表 3-1-16 小组内互评验收表

验收组长		组名		日期	年 月 日
组内验收成员					
任务要求	能按照实训计划，正确制定每一个实训活动的劳动方案；能正确选用不同的劳动工具，具有必备的劳动能力；能根据不同的劳动内容，合理分工、分步骤开展劳动；能正确领会敬业奉献精神，开拓创新，综合拓展					
验收文档清单	被验收者 31262-1 任务工作单 被验收者 31262-2 任务工作单 被验收者 31263-1 任务工作单					
	文献检索清单					
	评分标准			分数	得分
验收评分	能按照要求，正确制定每一个实训活动的劳动方案，遗漏一处扣 5 分			20 分	
	能正确选用不同劳动工具，遗漏或错一处扣 5 分			20 分	
	能根据不同的劳动内容，合理分工、分步骤开展劳动，错一处扣 5 分			20 分	
	能按照劳动方案，完成实训活动，并记录劳动成果，遗漏一处扣 5 分			20 分	
	搜集实训劳动案例，不少于 4 个，缺一个扣 5 分			20 分	
	评价分数					
不足之处						

任务工作单 3

组号：_____ 姓名：_____ 学号：_____ 检索号：__3127-3__

表 3-1-17 小组间互评表

班级		评价小组		日期	年 月 日
评价指标	评价内容			分数	分数评定
汇报展示	展示完全			15 分	
	语言流畅			10 分	
	准确反映本组完成情况			15 分	
内容完整度	内容完整			30 分	
	表达到位			30 分	
	互评分数				
简要评述					

任务工作单 4

组号：_____ 姓名：_____ 学号：_____ 检索号：__3127-4__

表 3-1-18 任务完成情况评价表

任务名称	专业能力训练		综合等级	
评价依据	学生完成的 31262-1 工作任务单			
评价项目	自我评价		小组评价	教师评价
劳动纪律				
生产劳动和服务性劳动内容				
创造性劳动内容				
实训目的和意义				
实训手册填写要求				
素质素养				
专业综合能力拓展报告				
综合评价				

注：评价等级：A：优秀；B：良好；C：合格；D：不合格。

项目二　校外实习

任务一　职业认同

3.2.1.1　任务描述

通过专业岗位实习,增强对社会、国情和专业背景的了解,完成专业实习劳动清单。形成一份职业认同体会报告。

3.2.1.2　学习目标

1. 知识目标

(1) 掌握实际工作中的知识和技能;
(2) 掌握正确处理专业业务能力和技巧,提高职业认同意识;
(3) 掌握实践动手能力和创新能力。

2. 能力目标

(1) 能通过实习拓宽视野,增强对社会、国情和专业背景的了解;
(2) 能养成实事求是的工作作风和踏实的工作态度,形成遵守劳动纪律的良好习惯;
(3) 提高实习劳动服务意识,增强勤于思考、分析问题的能力。

3. 素养目标

(1) 培养综合应用多学科知识分析问题和解决问题的能力;
(2) 培养劳动观念与职业融入意识;
(3) 培养敬业、创业和合作精神。

3.2.1.3　重难点

1. 重点

掌握综合应用所学知识分析问题和解决问题的能力和技巧,增强劳动观念,提高职业认同感。

2. 难点

在实习中树立良好的职业道德,养成良好的劳动习惯,提高职业协作能力。

3.2.1.4　知识链接

1. 职业认同感基本概念

(1) 含义:职业认同感(Professional Self-identity)是一个心理学概念,是指个体对于所从事职业的目标、社会价值及其他因素的看法,与社会对该职业的评价及期望的一致,即个人对他人或群体的有关职业方面的看法、认识完全赞同或认可。

(2) 职业动机包括三个方面:职业弹性、职业洞察力、职业认同感。

（3）职业认同感的解析：职业认同感会影响员工的忠诚度、向上力、成就感和事业心。

职业认同感一般是在长期从事某种职业活动过程中，对该职业活动的性质、内容，职业社会价值和个人意义，甚至对职业用语、工作方法、职业习惯与职业环境等都极为熟悉和认可的情况下形成的。

职业认同感是人们努力做好本职工作，达成组织目标的心理基础。随着职业的发展及对职业研究的深入，职业认同感的概念也越来越朝着社会化、多元化、人性化的持续状态发展，而不再仅仅局限于心理角度。

职业认同感是人们职源性心理健康问题的重要来源，也是人们获得和拥有积极心理健康状态的重要保障。例如，有人调查发现，职业认同感与个人生命意义的相关高达 0.61，职业认同感对生命意义有显著的预测作用，联合解释生命意义 44.1% 的变异量，说明职业认同感与个体的生命意义关系紧密，是其获得生命意义的重要源泉，人们可以从职业认同感的这些方面来改善其生命意义，预防自杀，维护其心理健康。还有调查发现，职业认同感与自我肯定呈显著正相关，与忧郁、焦虑呈显著负相关，拥有高职业认同感的大学生具有较好的学业满意度和总体生活满意度及较少的未来担忧。

2. 劳动观念和劳动习惯的概念

劳动观念是指在思想上的对于劳动的感官，就是一个人对劳动的看法。

劳动习惯是一个人在长期劳动中形成的，是通过千锤百炼，在一次次劳动实践中练就的身体本能。比如跑步久了，就会感觉很轻松。劳动也一样，工作久了就会形成习惯，熟能生巧。

劳动是人类运动的一种特殊形式，为了确定劳动的分类方法，首先应对人类运动的形式进行分类。人类机体是由众多生理系统、组织或细胞有机地组合而成的，其中每一个系统、每种组织和各类细胞相互联系、相互作用、各司其职，井然有序地通过新代谢来完成各种生理、心理和精神功能，以维持和发展整个机体复杂的生命运动。

3. 相关策划文件

教育部等八部门关于印发《职业学校学生实习管理规定》的通知（教职成〔2021〕4 号）。

二维码 3-2-1-1

3.2.1.5 素质养成

明确专业实习劳动内容，提高职业认同感，增强劳动观念。

3.2.1.6 任务实施

3.2.1.6.1 学生分组

学生自主进行分组（见表 3-2-1）。

表 3-2-1　学生分组表

班级		组号		授课教师	
室长		学号			
成员	姓名	学号		姓名	学号

3.2.1.6.2　自主探学

任务工作单 1

组号：＿＿＿＿＿＿**姓名：**＿＿＿＿＿＿**学号：**＿＿＿＿＿＿**检索号：**＿32162-1＿

引导问题：

（1）专业实习中劳动服务的内容。

＿＿＿＿＿＿＿＿＿＿＿＿＿＿＿＿＿＿＿＿＿＿＿＿＿＿＿＿＿＿＿＿＿＿＿＿＿＿
＿＿＿＿＿＿＿＿＿＿＿＿＿＿＿＿＿＿＿＿＿＿＿＿＿＿＿＿＿＿＿＿＿＿＿＿＿＿
＿＿＿＿＿＿＿＿＿＿＿＿＿＿＿＿＿＿＿＿＿＿＿＿＿＿＿＿＿＿＿＿＿＿＿＿＿＿

（2）实习的目的和意义。

＿＿＿＿＿＿＿＿＿＿＿＿＿＿＿＿＿＿＿＿＿＿＿＿＿＿＿＿＿＿＿＿＿＿＿＿＿＿
＿＿＿＿＿＿＿＿＿＿＿＿＿＿＿＿＿＿＿＿＿＿＿＿＿＿＿＿＿＿＿＿＿＿＿＿＿＿
＿＿＿＿＿＿＿＿＿＿＿＿＿＿＿＿＿＿＿＿＿＿＿＿＿＿＿＿＿＿＿＿＿＿＿＿＿＿

3.2.1.6.3　合作研学

任务工作单 1

组号：＿＿＿＿＿＿**姓名：**＿＿＿＿＿＿**学号：**＿＿＿＿＿＿**检索号：**＿32163-1＿

引导问题：

（1）小组讨论，教师参与，确定任务工单 32162-1 的最优答案，并分析自己存在的不足。

＿＿＿＿＿＿＿＿＿＿＿＿＿＿＿＿＿＿＿＿＿＿＿＿＿＿＿＿＿＿＿＿＿＿＿＿＿＿
＿＿＿＿＿＿＿＿＿＿＿＿＿＿＿＿＿＿＿＿＿＿＿＿＿＿＿＿＿＿＿＿＿＿＿＿＿＿
＿＿＿＿＿＿＿＿＿＿＿＿＿＿＿＿＿＿＿＿＿＿＿＿＿＿＿＿＿＿＿＿＿＿＿＿＿＿

（2）每组推荐一个组长，进行汇报。根据汇报情况，再次分析自己的不足。

＿＿＿＿＿＿＿＿＿＿＿＿＿＿＿＿＿＿＿＿＿＿＿＿＿＿＿＿＿＿＿＿＿＿＿＿＿＿
＿＿＿＿＿＿＿＿＿＿＿＿＿＿＿＿＿＿＿＿＿＿＿＿＿＿＿＿＿＿＿＿＿＿＿＿＿＿

3.2.1.6.4 展示赏学

任务工作单 1

组号：_____ 姓名：_____ 学号：_____ 检索号：32164-1

引导问题：

每个实习小组的组长，分享本组的实习任务表。进一步优化实习劳动任务表（见表3-2-2）。

表 3-2-2 实习劳动任务表

序号	专业实习中劳动服务的内容	劳动要求 （客观因素）	预期成果	拓展内容

任务工作单 2

组号：_____ 姓名：_____ 学号：_____ 检索号：32164-2

引导问题：

掌握专业实习中劳动服务的内容，正确培养专业业务能力和技巧，增强劳动观念，提高职业认同感，明确专业实习劳动内容（见表3-2-3）。

表 3-2-3 专业实习劳动内容记录表

_____专业 _____项目（技能）训练	
专业实习时间	_____年_____月_____日
实习地点	
劳动准备	1. 准备实习任务单或项目方案。 2. 准备场地。 3. 准备工具。 4. 其他准备
实习过程	（按专业训练项目过程填写）
劳动内容 （自行约定）	1. 专业实习劳动内容。 2. 职业认同劳动内容
实习成果	实习报告（由学生撰写，可另附页）

任务工作单 3

组号：_____ **姓名：**_____ **学号：**_____ **检索号：** 32164-3

引导问题：

完成专业实习劳动清单，形成一份职业认同体会报告（见表3-2-4）。

表 3-2-4　职业认同体会报告表

序号	职业认同体会报告
报告 1	
报告 2	

3.2.1.7　评价反馈

通过评价指标进行任务评价，并完成以下任务工作单（见表3-2-5~表3-2-8）。

任务工作单 1

组号：_____ **姓名：**_____ **学号：**_____ **检索号：** 3217-1

表 3-2-5　自我检测表

班级		组名		日期	年　月　日
评价指标	评价内容			分数	分数评定
信息收集能力	能有效利用网络、图书资源查找有用的相关信息等；能将查到的信息有效地应用到学习中			10分	
感知职业专业背景	是否初步了解了本专业的职业背景，加强了职业认同感			10分	
参与态度	积极主动与教师、同学交流，相互尊重、理解、平等；与教师、同学之间是否能够保持多向、丰富、适宜的信息交流			10分	
	能处理好合作学习和独立思考的关系，做到有效学习；能提出有意义的问题或能发表个人见解			10分	

续表

评价指标	评价内容	分数	分数评定
知识、能力获得情况	掌握专业实习中劳动服务的内容	10分	
	掌握实际工作中的知识和技能	10分	
	能正确将劳动安全意识融入实习环节	10分	
	实习过程中，劳动纪律与工作态度的内容与执行目标 <table><tr><td>工序名称</td><td>内容</td><td>目标</td></tr><tr><td></td><td></td><td></td></tr><tr><td></td><td></td><td></td></tr><tr><td></td><td></td><td></td></tr></table>	10分	
辩证思维能力	是否能发现问题、提出问题、分析问题、解决问题、创新问题	10分	
自我反思	按时保质完成了任务；较好地掌握了专业技能；具有较为全面严谨的思维能力，成文条理清楚、表达明晰	10分	
自评分数			
总结提炼			

任务工作单 2

组号：_____ 姓名：_____ 学号：_____ 检索号：3217-2

表 3-2-6 小组内互评验收表

验收组长		组名		日期	年 月 日
组内验收成员					
任务要求	掌握专业实习劳动服务内容； 掌握实际工作中的知识和技能				
验收文档清单	被验收者 32162-1 工作任务单				
	文献检索清单				
验收评分	评分标准			分数	得分
	专业实习劳动服务内容，不清晰一处扣 5 分			20分	
	专业背景的认识内容，不完整一处扣 5 分			20分	
	实习的目的和意义，不合理一处扣 2 分			20分	
	实习手册填写完整，空一处扣 2 分			20分	
	劳动服务内容体现完整，不完整一处扣 5 分			20分	
评价分数					
不足之处					

任务工作单 3

被评组号：_____ **检索号：** 3217-3

表 3-2-7 小组间互评表

班级		评价小组		日期	年　月　日
评价指标	评价内容			分数	分数评定
汇报展示	表述准确			15 分	
	语言流畅			10 分	
	准确反映本组专业实习中劳动服务内容完成情况			15 分	
内容正确度	内容正确			30 分	
	表达到位			30 分	
互评分数					

任务工作单 4

组号：_____ **姓名：**_____ **学号：**_____ **检索号：** 3217-4

表 3-2-8 任务完成情况评价表

任务名称	职业认同		综合等级	
评价依据	体会报告　学生完成的 32162-1 工作任务单			
评价项目	自我评价	小组评价		教师评价
劳动纪律				
专业实习中劳动服务的内容				
认识专业职业背景				
实习目的和意义				
实习手册填写要求				
素质素养				
实习总结				
综合评价				

注：评价等级：A：优秀；B：良好；C：合格；D：不合格。

任务二　职业融入

3.2.2.1　任务描述

通过让学生在劳动实践中体验、感知职场的要求与规范，提前感知职业文化、感受行业要求，使学生在受到熏陶的同时，感受职业精神与工匠精神的独特魅力；形成一份职业融入的综合报告。

3.2.2.2　学习目标

1. 知识目标

（1）掌握职场要求与规范的基本知识；
（2）掌握职业选择和生涯规划与专业之间的关系；
（3）掌握劳动教育在企业职业环境中的开展方式。

2. 能力目标

（1）能通过主动的劳动实践性参与正确理解创造性劳动的发展过程；
（2）能合理规划自己的职业生涯；
（3）能将职业素养融入富有职业情境的劳动实践中。

3. 素养目标

（1）使自己的职业生涯清晰化、具体化和可操作化；
（2）能够将德智体美劳融入劳动实践中，感受职业精神与工匠精神。

3.2.2.3　重难点

1. 重点

通过主动的劳动实践性参与正确理解创造性劳动的发展过程。

2. 难点

使自己的职业生涯清晰化、具体化和可操作化，将职业素养融入富有职业情境的劳动实践中。

3.2.2.4　知识链接

1. 职场基本概念

职场生活是每个人生活的重要组成部分，良好的职场人际关系至关重要，它有助于个人的发展和组织目标的实现。真正的职场精英可以做到以下三件事：我知道该做什么，我知道该怎么做，我有时间去做。对于初入职场的新人来说，这三个步骤是相反的，即我有时间去做的事情，我才知道该怎么做，然后我才能知道这件事情该不该做。职场新人需要依次掌握的四个本领：时间管理能力、问题分析能力、判断能力、执行能力。

（1）职场的定位标准。

定位是自我定位和社会定位两者的统一，一个人只有在了解自己和了解职业的基础上才能够为自己准确定位。

第一，要了解自己：主要是核心价值观念、动力系统、个性特点、天赋能力、缺陷等。方法：可以自我探索，可以请他人做评价，可以借助心理测验——充分地了解自己。

第二，要了解职业：包括职业的工作内容、知识要求、技能要求、经验要求、性格要求、工作环境、工作角色等。方法：询问10名以上业内的专家，参照业内成功人士。

第三，要了解自己和职业要求的差距，需要仔细地比较各个方面要求的差距。你可能会有多种职业目标，但是每个目标带给你的好处和弊端不同，你需要根据自己的特点仔细地权衡选择不同目标的利弊得失，还要根据自己的现实条件确定达到目标的方案。

第四，要确定如何把自己的定位展示给面试官和上司。确定了自己的职业取向和发展方向之后，你需要采用适合的方式传达给面试官或者上司，以此获得入门和发展的机会。

第五，要学会如何去规划好工作。

在职场中，如果不是因为发展空间而选择跳槽，就要思考可以改变自身境况的方式，最基本的是要做好原本的工作，不管自己是不是喜欢这份工作，但选择以后就要负责。接着学习怎么管理自己，怎么做好时间安排，培养自己的工作节奏。然后尝试写工作日志，记录自己一天的工作情况，在工作进行一段时间后，通过对比分析自己在工作中收获了什么，完成了什么，哪些让自己觉得有成就感。

第六，要养成写日记的习惯。

当你在职场上觉得自己没有发展空间时，可以用德鲁克的经典五问问问自己：我是谁？我在哪里工作？我应做什么？我在人际关系上承担什么责任？我后半生的目标和计划是什么？根据自己的答案去改进，去努力。此外，每天养成写日记的习惯。不用在公共平台公开给谁看，而是写给自己看，每天发生什么，开心也好，不开心也罢，写出来就可以发泄出来，从而保持好心情。当然，如果日记中提到有问题发生，这时就要想办法寻找解决的方法。当你坚持一段时间之后，你就会慢慢对自身职业生涯有明确目标了。

第七，要知道自己想要的是什么。

在职场中跳槽是一件很正常的事，但这也会给人们的心理带来一些影响，就是你认为再重新去选择职业是错误的。当在职场中面临先就业还是先择业时，要清楚知道自己想要的是什么。只有清楚了自己想要的，才会避免成为职场中的杂工。

(2) 职场必备的三大能力。

能力一：谦虚好学的精神。

毛泽东曾说过："谦虚使人进步，骄傲使人落后。"这句话已经得到了各方面的佐证。正所谓"三人行必有我师"，任何一位职场人都有自己的缺点，要注意向他人学习以取长补短。尤其是职场新人，要以虚心好学的精神获得他人的认可，在自己的职场生涯道路上迈开坚实的一步。

能力二：挫折之下坚强面对的勇气。

职场竞争激烈，挫折和困难不可避免，而一旦胆怯、退缩势必会失去继续下去的勇气，对于职场生涯的长久发展也将产生负面影响。遇到困难和挫折，我们要坚信付出必有回报，终有苦尽甘来的一天，现在的挫折都是为了未来的成功，要鼓起十足的勇气去面对。

能力三：认清自我位置的意识。

任何职场人都是团队的一分子，过于特立独行、部分场合的过分言谈举止都将阻碍自己职场生涯的顺利发展。不管任何场合、面对任何人，都要具有认清自我位置的意识，要知道一个在上司面前摆谱、在对手面前谦让、在前辈面前自大、在同事面前畏缩的人，是永远不可能成功的。

2. 职业生涯的内涵

（1）职业生涯内涵。

简单地说，职业生涯，就是一个人的职业经历；具体地说，是以心理开发、生理开发、智力开发、技能开发、伦理观念开发等人的潜能开发为基础，以工作内容的确定和变化、工作业绩的评价、工资待遇、职称职务的变动为标志，以满足需求为目标的工作经历和内心体验的经历。职业生涯的五个阶段如表3-2-9所示。

表3-2-9　职业生涯的五个阶段

阶段	内容
准备期	确定职业意向、进行职业准备（心理、知识和体能准备）、等待就业的时期（包括求学时期）
选择期	个人与社会双向选择职业，潜在的劳动者变成现实的劳动者
适应期	完成从择业者到职业工作者的角色转变，需要一两年时间
稳定期	职业能力、职业贡献的黄金时期
结束期	由于年龄和身体原因，逐渐离开工作岗位

（2）内职业生涯与外职业生涯。

内职业生涯是知识、观念、经验、能力、心理素质等因素的组合。外职业生涯反映的是职业的身份，是从事一种职业时的工作时间、工作地点、工作单位、工作内容、工作职务与职称等因素的组合及其变化过程。

内职业生涯是因，外职业生涯是果；内职业生涯的发展是外职业生涯发展的前提。内职业生涯的各个要素要通过个人的努力才能实现，是个人的财富；外职业生涯的构成因素通常是别人给予的，也容易被别人收回。内外职业生涯的匹配程度如表3-2-10所示。

表3-2-10　内外职业生涯的匹配程度

当内职业生涯比外职业生涯超前时	当外职业生涯比内职业生涯超前时
超前恰当时很舒心（得心应手）	超前恰当时有动力（奋起直追）
超前较多时很烦心（英雄无用武之地）	超前较多时有压力（不堪重负）
超前太多时要变心（良禽择木而栖）	超前太多时有毁灭力（让位于人）

在了解内、外职业生涯之后，我们应该把自身的关注点更多地放在内职业生涯上。年轻人往往不太重视内职业生涯的积累，反而埋怨别人不给自己升职、加薪的机会，或者刚走出校门就想得到一份既安逸又有高报酬的工作。其实，内在素质跟不上，即使给你很重要的职务，也不会长久。

例如，甲同学在找工作时，问招聘单位的负责人："给我多少钱？什么时候涨工资？有奖金吗？有集体宿舍吗？宿舍里有电话吗？有彩电吗？有宽带吗？"同样是找工作，乙同学问的是这些问题："你们单位需要什么样的人才？需要具备什么样的观念和能力？我能争取到什么样的锻炼机会？我用多长时间可以达到公司的要求？"

相比之下，甲和乙谁会让用人单位刮目相看？

处在职业生涯初期的人尤其要关注自己的内职业生涯。一般来说，在职业生涯初期，你的付出可能超出你的所得，但是一定要吃得起亏、耐得住性、守得住神。如果在职业生涯初期，就是想着："我是给领导、老板干事的，给我多少钱，我就干多少活，我就不多做。"那你可能一辈子就处于这种初级打工者的状态。要知道，你不光是为别人打工，也是在为自己打工，为自己的梦想打工。

（3）个人生涯与组织生涯。

每个人都生活、成长在一定的社会环境中。个人必须借助学校、用人单位来实现自己的职业目标，同时个人的职业计划应该在为企业目标奋斗的过程中实现。无数经验证明，如果个人忽视成长环境的润泽而孤独的自我奋斗，那么他的个人职业理想很难实现，即便实现了生活中也很难得到幸福。

（4）内职业锚与外职业锚。

职业锚就是指当一个人不得不做出选择的时候，他无论如何都不会放弃的职业中的那种至关重要的东西或价值观。有专家又将职业锚分成内、外两种形态。内职业锚又可叫作锚锭，通常指人的立身立业之本，它是人生的修养、职业价值观、职业能力的综合体现。外职业锚又可叫作锚地，它是与锚锭相对应的、长期的、最佳的职业贡献区。

当我们离开学校，开始参加工作时，就相当于驾驶着自己的人生之舟在社会的海洋中开始航行。一天早上，你登上甲板，在明媚的阳光下，发现一处依山傍水、风景秀丽的港湾，你决定在此停船下锚，这个地方就是锚地。如果在你的职业生涯中，你能找到一件事情，使自己的动机、能力、价值观统一起来，即能够深刻而清晰地回答以下三个问题：我到底想干什么？我到底能干什么？我到底为什么干这件事？这时你就找到了自己的职业锚。

当你开始参加工作时，可能是对某一件事情感兴趣，后来觉得自己的上级或者老板人不错，再后来可能会觉得这家企业很好。但21世纪的职场中人，对老板的忠诚和对企业的忠诚将会转到对职业的忠诚和对事业的忠诚上。找到职业锚之日，就是你的职业转化为事业之时；找到职业锚以后，你才成为自己人生之舟的真正船长；找到职业锚之后，你的职业生涯就转变成你的事业生涯。在情感生涯中，找到真爱是幸福的；在职业生涯中，找到职业锚是幸福的！

当你每天操劳主要是为了解决温饱问题时，你每天就是在干活，最在意的就是收入；当你每天辛苦主要是为了解决安全保障，为了有团队归属感时，你就是在工作，比较在意的是职位和工作单位；当你每天努力是为了具有良好的社会地位时，你是在从事一个职业，会更多地在意该职业所需的知识和技能；当你是为了满足国家的需要、促进社会的发展、解决人民大众的需求时，你就是在从事一项事业，这时你已经不在意收入、职位，甚至不在意从事哪个职业。

当你在从事一项事业时，你不会受到金钱、名誉及其他个人利益的诱惑，你愿意为这项事业付出汗水、泪水、血水，甚至付出最宝贵的生命。

3. 职业精神的基本内涵

（1）职业精神概述。

所谓职业，就是人们由于社会分工和生产内部的劳动分工，而长期从事的具有专门业务和特定职责，并以此作为主要生活来源的社会活动。从社会角度看职业是工作人员获得的社会角色，工作人员为社会承担一定的义务和责任，并获得相应的报酬；从国民经济活动所需要的人力资源角度来看，职业是指不同性质、不同内容、不同形式、不同操作的专门劳动岗位。

职业作为社会关系的一个重要方面，对社会成员的精神生活和精神传统产生着重大影响。其一，职业分工及由此决定的从事不同职业的人们对社会所承担的责任不同，影响着人们对生活目标的确立和对人生道路的选择，以至很大程度上影响着人们的人生观、价值观和职业观。其二，人们的职业活动方式及其对职业利益和义务的认识，对职业精神的形成有着决定性作用。一个人一旦从事特定的职业，就直接承担着一定的职业责任，并同他所从事的职业利益紧密地联系在一起。他对一定职业的整体利益的认识，促进其对于具体社会义务的文化自觉。这种文化自觉，可以逐步形成职业道德，并进而升华为职业精神。其三，职业活动的环境、内容和方式，以及职业内部的相互作用，强烈影响着人们的情趣、爱好以及性格和作风。其中包含着特定的精神涵养和情操，反映着人们在职业品质和境界上的特殊性。

可见，所谓职业精神，就是与人们的职业活动紧密联系、具有自身职业特征的精神，反映出一个人的职业素质。以公务员的职业精神为例，公务员职业精神是公务员政治素质、思想作风、道德情操、工作态度、精神风貌的综合反映，充分体现了党中央对公务员队伍一贯的严格要求。它既是对长期以来广大公务员崇高精神和优秀品德的新概括，也是在新的历史条件下对公务员的新要求；既继承了中华民族优秀文化传统，又吸收了当代政治文明成果；既是公务员应该具备的职业道德，又是工作中必须遵循的基本准则。热爱祖国、忠于人民是公务员思想政治建设的根本。恪尽职守、廉洁奉公是公务员作风建设的关键。求真务实、开拓创新是公务员能力建设的重点。顾全大局、团结协作是公务员做好工作的保障。

（2）职业精神的具体内容。

① 职业理想：社会主义职业精神所提倡的职业理想，主张各行各业的从业者，放眼社会利益，努力做好本职工作，全心全意为人民服务、为社会主义服务。这种职业理想，是社会主义职业精神的灵魂。一般来说，从业者对职业的要求可以概括为三个方面：维持生活、完善自我和服务社会。这三个方面在社会主义初级阶段的职业选择中都是必需的。社会主义社会的公民在选择职业时应该把服务社会放在首位。因为，只有从社会的整体利益出发，分别从事社会所需要的各种职业，社会才能顺利地前进和发展。也只有在这个基础上，广大社会成员包括从业者自身，才能过上幸福的生活。

② 职业态度：树立正确的职业态度是从业者做好本职工作的前提。职业态度具有经济学和伦理学的双重意义，它不仅揭示从业者在职业生活中的客观状况，参与社会生产的方式，同时也揭示他们的主观态度。其中，与职业有关的价值观念对职业态度有着特殊的影响。一个从业者积极性的高低和完成职业的好坏，在很大程度上取决于他的职业价值观念。职业伦理学研究表明，先进生产者的职业态度指标最高。因此，改善职业态度对于培育社会主义职业精神有着十分重要的意义。

③ 职业责任：包括职业团体责任和从业者个体责任两个方面。例如，企业是拥有生产经营所必需的责、权、利的经济实体。在国家与企业的责、权、利关系中，责是主导方面。现代企业制度不仅正确划分了国家与企业的责、权、利，将三者有机地结合起来，而且规定了企业与从业者的责、权、利，并使三者有机地结合起来。这里的关键在于，要促进从业者把客观的职业责任变成自觉履行的道德义务，这是社会主义职业精神的一个重要内容。

④ 职业技能：在社会主义现代化建设中，职业对职业技能的要求越来越高。不但需要科学技术专家，而且迫切需要千百万受过良好职业技术教育的中、初级技术人员、管理人员、技工和其他具有一定科学文化知识和技能的熟练从业者。没有这样一支劳动者大军，

先进的科学技术和先进的设备就不能成为现实的社会生产力。我国经济建设的实践证明，各级科技人员之间以及科技人员和工人之间都应有恰当的比例，生产建设才能顺利进行。良好的职业技能具有深刻的职业精神价值。

⑤ 职业纪律：社会主义职业纪律是从业者在利益、信念、目标基本一致的基础上所形成的高度自觉的新型纪律。从业者理解了这个道理，就能够把职业纪律由外在的强制力转化为内在的约束力。从根本上说，社会主义职业纪律可以保障从业者的自由和人权，保障从业者发挥主动性和创造性。因此，职业纪律虽然有强制性的一面，但更有为从业者的内心信念所支持、自觉遵守的一面，而且是主要的一面，从而具有丰富的精神内涵。自觉的意志表示和服从职业的要求，这两种因素的统一构成了社会主义职业纪律的基础。这种职业纪律是社会主义法规性和道德性的统一。

⑥ 职业良心：这是从业者对职业责任的自觉意识，在人们的职业生活中有着巨大的作用，贯穿于职业行为过程的各个阶段，成为从业者重要的精神支柱。职业良心能依据履行责任的要求，对行为的动机进行自我检查，对行为活动进行自我监督。在职业行为之后，能够对行为的结果和影响做出评价；对于履行了职业责任的良好后果和影响，会得到内心的满足和欣慰；反之，则进行内心的谴责，表现出内疚和悔恨。

⑦ 职业信誉：它是职业责任和职业良心的价值尺度，包括对职业行为的社会价值所做出的客观评价和正确认识。从主观方面看，职业信誉是职业良心中知耻心、自尊心、自爱心的表现。职业良心中的这些方面，能使一个人自觉地按照客观要求的尺度去履行义务，宁愿做出自我牺牲也不愿违背职业良心，做出可耻、毁誉和损害职业精神的事情。在这个意义上，职业信誉鲜明地体现着"全心全意为人民服务"的职业理想和主人翁的职业态度。从客观方面说，职业信誉是社会对职业集团和从业者的肯定性评价，是职业行为的价值体现或价值尺度。同时，职业信誉又要求从业者提高职业技能，遵守职业纪律。社会主义职业精神强调职业信誉，更重视把社会的客观评价转化为从业者的自我评价，促使从业者自觉发扬社会主义职业精神。

⑧ 职业作风：它是从业者在其职业实践中所表现的一贯态度。从总体上看，职业作风是职业精神在从业者职业生活中的习惯性表现。社会主义职业作风具有潜移默化的教育作用。它好比一个大熔炉，能把新的成员锻炼成坚强的从业者，使老的成员永远保持优良的职业品质。职业集体有了优良的职业作风，就可以互相教育、互为榜样，形成良好的职业风尚。

3.2.2.5　素质养成

（1）劳动教育需将职业知识与技能、职业素养等融入富有职业情境的劳动实践中，情境中的劳动实践不仅可以增强学生的职业生涯与规划能力，还可以有效促进学生的社会情感心理走向成熟。

（2）在劳动和职业环境中，感受大国工匠的精湛技艺、劳动模范的美好品质，通过劳动体验与职业感悟提高职业融入观念。

3.2.2.6　任务实施

3.2.2.6.1　任务分组

学生自主进行分组并未完成任务分配表（见表3-2-11）。

表 3-2-11　学生任务分配表

班级			组号		授课教师	
组长			学号			
组员	姓名		学号		姓名	学号
任务分工						

3.2.2.6.2　自主探学

任务工作单 1

组号：_____　姓名：_____　学号：_____　检索号：__32262-1__

引导问题：

思考并列出实习过程中职场要求与规范包含的内容，并分别阐述与劳动教育的关系，完成表 3-2-12。

表 3-2-12　职场要求规范与劳动教育关系表

序号	职场要求与规范的内容	劳动教育目标	二者关系

（2）简述如何合理规划自己的职业生涯，如何将职业知识与技能、职业素养等融入富有职业情境的劳动实践中。

_____
_____
_____
_____
_____

任务工作单 2

组号：_____ 姓名：_____ 学号：_____ 检索号：32262-2

引导问题：

以个人为单位，进行实习劳动任务分配，完成表 3-2-13。

表 3-2-13　实习劳动任务表

序号	劳动实习内容	劳动要求（客观因素）	拓展内容

3.2.2.6.3　合作研学

任务工作单 1

组号：_____ 姓名：_____ 学号：_____ 检索号：32263-1

引导问题：

小组交流讨论，教师参与，补充完善实习劳动任务优化表（见表 3-2-14）。

表 3-2-14　实习劳动任务优化表

序号	劳动实习内容	劳动要求 （客观因素）	预期成果	拓展内容

3.2.2.6.4　展示赏学

任务工作单 1

组号：_____ 姓名：_____ 学号：_____ 检索号：32264-1

引导问题：

每个组长，分享本组的劳动实习任务表，并进一步完善实习劳动任务表（见表 3-2-15）。

表 3-2-15　实习劳动任务完善表

序号	劳动实习内容	劳动要求 (客观因素)	预期成果	拓展内容

任务工作单 2

组号：_____　**姓名：**_____　**学号：**_____　**检索号：**___32264-2___

引导问题：
　　掌握基本的劳动职业选择和生涯规划知识，合理规划自己的职业生涯，制订劳动实习计划，明确实习劳动方案（见表 3-2-16）。

表 3-2-16　实习劳动方案表

_____专业　_____项目（技能）训练	
专业实习时间	_____年_____月_____日
劳动地点	
劳动准备	1. 准备实习任务单或项目方案。 2. 准备场地、工具等。 3. 准备人员和时间安排表。 4. 其他准备
劳动过程	（根据项目实际情况填写）
劳动内容 （自行约定）	1. 劳动职业选择和生涯规划。 2. 创造性劳动内容
实习成果	实习报告（由学生撰写，可另附页）

任务工作单 3

组号：_____ 姓名：_____ 学号：_____ 检索号：__32264-3__

引导问题：

完成劳动实习任务，形成一份职业融入综合报告（见表 3-2-17）。

表 3-2-17 职业融入综合报告表

序号	职业融入综合报告
报告 1	
报告 2	

3.2.2.7 评价反馈

通过评价指标进行任务评价，并完成以下任务工作单（见表 3-2-18~表 3-2-21）。

任务工作单 1

组号：_____ 姓名：_____ 学号：_____ 检索号：__3227-1__

表 3-2-18 个人自评表

班级		组名		日期	年 月 日
评价指标	评价内容			分数	分数评定
信息检索	能有效利用网络、图书资源查找有用的相关信息等；能将查到的信息有效地应用到学习中			10 分	
感知课堂生活	是否熟悉劳动实习流程，认同劳动价值；在劳动中是否能获得满足感			10 分	
参与态度	积极主动与教师、同学交流，相互尊重、理解、平等；与教师、同学之间是否能够保持多向、丰富、适宜的信息交流			10 分	
	能处理好合作学习和独立思考的关系，做到有效学习；能提出有意义的问题或能发表个人见解			10 分	
知识、能力获得	1. 能正确理解职业知识与技能、职业素养等在劳动实践中的应用			10 分	
	2. 能将自己的职业生涯清晰化、具体化和可操作化			10 分	
	3. 能按照劳动方案，完成实习内容，并记录劳动成果			10 分	

续表

评价指标	评价内容	分数	分数评定
思维态度	是否能发现问题、提出问题、分析问题、解决问题、创新问题	10分	
自评反馈	按时按质完成了任务；较好地掌握了知识点；具有较强的分析能力和理解能力；具有较为全面严谨的思维能力，成文条理清楚、表达明晰	20分	
自评分数			
有益的经验和做法			
总结反馈建议			

任务工作单2

组号：_____ 姓名：_____ 学号：_____ 检索号：3227-2

表3-2-19 小组内互评验收表

验收组长		组名		日期	年 月 日
组内验收成员					
任务要求	能按照实习计划正确制定每一个实习活动的劳动方案；能正确理解职业知识与技能、职业素养等在劳动实践中的应用；通过主动的劳动实践性参与，正确理解创造性劳动的发展过程；能够将德智体美劳融入劳动实践中，感受职业精神与工匠精神				
验收文档清单	被验收者32262-1任务工作单 被验收者32262-2任务工作单 被验收者32263-1任务工作单				
	文献检索清单				
验收评分	评分标准			分数	得分
	能按照要求，正确制定每一个实习活动的劳动方案，遗漏一处扣5分			20分	
	能正确理解职业知识与技能、职业素养等在劳动实践中的应用，遗漏或错误一处扣5分			20分	
	通过主动的劳动实践性参与，正确理解创造性劳动的发展过程，错一处扣5分			20分	
	能按照劳动方案，完成实习活动，并记录劳动成果，遗漏一处扣5分			20分	
	搜集劳动实习案例，不少于4个，缺一个扣5分			20分	
评价分数					
不足之处					

任务工作单 3

组号：_____ 姓名：_____ 学号：_____ 检索号：__3227-3__

表 3-2-20　小组间互评表

班级		评价小组		日期	年　月　日
评价指标	评价内容			分数	分数评定
汇报展示	展示完全			15 分	
	语言流畅			10 分	
	准确反映本组完成情况			15 分	
内容完整度	内容完整			30 分	
	表达到位			30 分	
	互评分数				
简要评述					

任务工作单 4

组号：_____ 姓名：_____ 学号：_____ 检索号：__3227-4__

表 3-2-21　任务完成情况评价表

任务名称	职业融入劳动实习报告		综合等级	
评价依据	学生完成的所有工作任务单			
评价项目	自我评价	小组评价		教师评价
职业感知				
职场要求与规范内容				
劳动职业选择和生涯规划				
职业素养的融入				
实习态度				
素质素养				
专业综合能力拓展报告				
综合评价				

注：评价等级：A：优秀，B：良好，C：合格，D：不合格。

任务三　职业追求

3.2.3.1　任务描述

通过对所从事的行业、准备从事的企业进行充分了解，认识自己的兴趣爱好和优势，选择自己喜欢和擅长的职业，完成职业规划劳动清单；形成一份与自己专业相关的职业追求劳动实习报告。

3.2.3.2 学习目标

1. 知识目标

（1）掌握企业实习的主要目的；

（2）掌握如何选择实践性、参与性强的实习企业；

（3）学会分析自己的职业兴趣点，选择自己喜欢和擅长的职业内容。

2. 能力目标

（1）能根据自己的专业特长、兴趣爱好和目的，有针对性地选择不同企业的实习项目；

（2）能够观察和自己专业相关的职业，从备选职业中找出自己的兴趣点，选择擅长的工作；

（3）能通过对专业实习的认知与理解，体会职业追求的基本内涵，提升职业劳动精神。

3. 素养目标

（1）认识自己的兴趣爱好和优势；

（2）通过实习使自身能力得到提升，并养成吃苦耐劳、团结合作、严谨的劳动职业态度；

（3）培养职业劳动技能，获得自我发展机会。

3.2.3.3 重难点

1. 重点

分析职业兴趣点，选择自己所喜欢和擅长的职业内容。

2. 难点

通过对专业实习的认知与理解，体会职业追求的基本内涵，提升职业劳动精神。

3.2.3.4 知识链接

1. 工匠精神的概念、演化与本质

"工匠精神"是近年来中国社会广为流行的一个概念，并进入国家政策的话语中。但这是一个颇为模糊的概念，不同的人基于不同的立场、背景与诉求，对其进行了不同的界定与诠释。从国家政策的角度说，工匠精神与工业文化有密切关系，弘扬工匠精神被相关部门视为培育工业文化进而发展工业的重要内容。就此而论，工匠精神应被理解为一种存在于制造业中的价值观，尽管在实际生活中，它已经被泛化为一种普遍性的工作伦理。弘扬工匠精神，应培育一种抽象的工作伦理而非具体的复古的制造方式，一旦对制造过程实现了精密控制的智能制造才真正体现了工匠精神的本质及其演化趋向。

（1）工匠精神：一个模糊概念的兴起。

工匠精神在中国是一个被写入政府政策的词语，但由于缺乏明确的定义，该词语迄今仍是一个模糊的概念。一般而言，工匠精神被理解为一种职业道德或工作伦理。这种职业道德或工作伦理具有普遍性，但又因"工匠"一词的本义而与工业或制造业有特别密切的关联。例如，有的经济学者认为，工匠精神可以从6个维度加以界定，即"专注、标准、精准、创新、完美、人本"。他们认为："专注是工匠精神的关键，标准是工匠精神的基石，精准是工匠精神的宗旨，创新是工匠精神的灵魂，完美是工匠精神的境界，人本是工匠精神的核心"。从事工业文化研究的学者则如此定义与诠释工匠精神："工匠精神是工匠对自己生产的产品精雕细琢、精益求精，追求完美和极致的精神理念"；《辞海》对工匠一词的释义简单明了："手艺工人"；《庄子·马蹄》："夫残朴以为器，工匠之罪也；毁道德以为仁义，圣人之过也"。

在中国古代，并无工匠精神一词，若从构词法出发，工匠精神则可以被解释为手艺工人所具有的精神。换言之，字面意义上的工匠精神应该是指手工业者的价值观与道德伦理。然而，在现代工业社会，手工业者早已沦为边缘化的职业群体，因此，当下中国社会流行的工匠精神一词，并不能从字面意义上去理解，否则其适用人群将极为有限，也就缺乏弘扬和培育的价值了。总之，工匠精神是一个新兴的概念，缺乏从字面意义上去定义的价值，而只能提供一种模糊的想象空间，供不同的使用者进行诠释。

检索中国知网，全文包含工匠精神一词的文献，最早出现于1982年，文章标题为《试论文明范畴之间的内在逻辑关系》。此后，直到1988年才出现第二篇文献《情报心理学的哲学探索（续）》。与工匠精神字面意义有直接关联的第一篇文献系1993年发表的《纳西族的传统应用技术（上）》。直到2007年以后，每年发表的相关文章数量才稳定在两位数以上，并呈递增之势，但2013年也仅达到59篇。其次，"工匠精神"一词在中国社会真正的流行离不开商人罗永浩的品牌营销，而这种品牌营销先是在日本制造后，又将德国制造建构为一个与中国制造不同的他者，强调日本与德国制造业对高品质的追求，并将这种追求与个性化及定制化的手工制造联系在一起。

综上所述，工匠精神真正的流行得益于具有日本想象的商业营销。由于概念本身的模糊性，"工匠精神"一词在传播过程中，不断被赋予新的内容和含义，最终泛化为一种以敬业和专注为基本内涵的工作伦理。不管怎么说，工匠精神一词已经在中文里站稳了脚跟，并仍在被赋予新的内涵。为了更好地从工业发展的角度理解并利用工匠精神这一概念，有必要从制造业演化的角度来梳理其历史，并揭示其本质。

（2）工匠精神的发端：对质量的控制。

制造是人类控制环境以满足自身生存需要的基本活动之一，可以说制造界定了人本身。简单地说，人类的制造活动就是通过使材料发生变化从而得到头脑中构想的新物品的过程。几千年来，制造活动的内容与形式不断变革，但其本质和构成要素却一直延续。不同的材料造出了不同的产品，材料的变化带来产品的变化，这一点在今天的制造活动中仍然如此。因此，制造活动可以视为若干长期存在的基本要素的组合，单一要素的变革或多个要素的变革是制造活动变革的基础，而要素变革的程度决定了制造活动变革的程度。当茹毛饮血的先民打制石器时，这些要素就已经存在，而今天的人类制造航天飞机的活动，仍然可以抽象为这些要素的组合。人类制造活动的历史，便是这些构成要素演化的历史；人类制造活动的未来，亦取决于这些构成要素的变化。

在文明社会里，工匠是专门从事制造活动的职业群体。为了保证产品质量合乎要求，工匠在制造过程中必须遵守一定的规范，而工匠头脑中的规范意识及其在制造活动中的动作落实，便是今人通常所说的工匠精神。因此，工匠精神发端于对产品质量的控制。

在制造业的早期历史上，工匠往往受产品需求者即国家的直接管控，国家对于产品质量有着严格的要求，并制定了相应的制度予以保障。正是这种管控制度激发了最初的工匠精神。实际上，手工业时代的制造业，制造手段的落后本身就对工匠的工作态度等工作伦理提出了较高的要求，换言之，精神因素是弥补技术因素缺陷的一种变量。当制造活动主要靠手工劳作进行时，制造过程依赖于人的器官发挥感知与运动的功能，但人的身体既很容易面临力量上的极限，又不容易稳定如一地保持固定状态，由此给制造活动带来了极大的不确定性与不稳定性。

情绪就是一种影响人对外部情境做出反应的特殊动机。工匠情绪的波动显然有可能影响其技艺的发挥。工匠以手工劳作的方式从事制造时，为了减少不确定性，成功造出符合设计目标的品质稳定的产品，必须十分注意对身体进行操控，也就必须将精神和注意力集中于和制造活动有直接关联的身体感知与运动上。这就有了专心致志和一丝不苟等工匠劳作时的工作状态与精神风貌。可以说，专心致志和一丝不苟的工作状态是简陋的手工劳作条件下使制造活动顺利进行的内在要求。

工匠精神不可能是人类社会凭空产生的价值观，也不是人类的自然本能，它一定是人类在制造活动中长期相互交往而逐渐积累的行为规范，这种行为规范投射至思想意识领域就形成了工匠精神。一旦工匠精神萌生，其维持和传承就需要依靠一定的社会化机制，这种机制固定下来就形成了制度。换言之，如果将工匠精神视为一种工匠们共享的遵守生产纪律与注重产品质量的文化，那么，这种文化是建立在"物勒工名"等具有实际约束力的制度之基础上的。正是强制性的制度，消灭了工匠在制造活动中可能会采取的偷工减料等投机行为，约束了人性中负面的自然本能。随着时间的累积，工匠精神一经养成，将影响制造活动的各个环节。从理论上说，文化因素通过渗透至制造活动的各个构成要素而发挥其影响制造业的作用。

（3）工匠精神的本质：控制制造的手段。

在制造活动的变革中，作为制造手段之一的工具，往往是最活跃的因素。这是因为人类的制造活动，从起源上看，就是用工具来代替自己的肢体，去发挥出超越肉体限制的改变环境的力量。制造活动是脑与手的统一，但是，在相当长的时间里，人类发明的工具只是替代了手，这种替代以机械化为其成熟阶段的标志。随着技术的发展，替代脑的工具也逐渐出现，信息化的帷幕就此揭开。而工具同时替代脑和手，也成为制造变革的大趋势。工匠精神发端于对制造业产品的质量控制，其本质就是一种控制制造的手段。当人类无法凭借工具来控制质量时，就会借助于价值观或制度，而一旦技术进步到能够对产品质量进行更精密的控制，工匠精神在形式上也就会工具化。

制造意味着人对环境的控制。事实上，居于工业文化核心的制造文化本身就是一种关于控制的观念体系。人类去制造，就基于控制环境为己所用的意图。在制造过程中，根据头脑中的目标将各种要素组合起来去改变材料的形态，也建立在控制各种要素的基础上。所谓控制，是为了消除不确定性。控制环境是为了降低自然界不确定性对于人类生存的威胁。控制制造活动各构成要素，是为了降低无法造出合乎目标的产品的不确定性。制造文化的历史发展，就是这种双重控制的不断演化：既控制环境，又控制制造活动本身。

工具是实现控制的物质手段。文艺复兴以后，机械成为制造业最基本的工具，不断复制然后替代基于双手的工匠的技艺。在制造业的演化进程中，18世纪兴起的现代机床工具工业，成为在制造活动中替代手的最主要的工具，而20世纪兴起的计算机产业，则成为替代人脑的最主要的工具。制造活动是手脑并用的活动，从逻辑上说，替代手的工具与替代脑的工具结合在一起，是具有演化上的可能性的。而在实际历史中，第二次世界大战后兴起的数控机床，实现了这一可能性。

工匠精神的演化，经历了从单纯发挥人的主动性到以制度防范人的惰性再到干脆用工具来摆脱人的不稳定性的过程，其主旨则始终在于强化对制造过程的控制以确保对产品品质的控制。

从本质上说，工匠精神的出现是为了控制制造过程，使其符合一定的标准，进而保障产品的品质，使其符合要求。工作伦理层面的工匠精神是制造者的自我控制，但人具有肉体的极限与精神的惰性，因此，一些制度被发明出来，从外部对制造者施加强制性的控制。然而，制度由人来实施，也就会具有人自身的惰性，故而历史上的制度往往存在着衰退的趋向。于是，当制造者的制造活动被机器复制后，对制造过程的控制就能够精确符合标准且不受人的肉体极限与惰性的限制，工匠精神的功能便借助工具而得到了更好的发挥。而工匠精神的工具化只有在工具本身发展到一定程度的条件下才能实现。不过，由于技术演化惯有的复杂性，新工具对制造活动中脑和手的替代是不充分的，人的作用不仅未完全丧失，在某些情境下还得到了增强，所以伦理与制度层面的工匠精神仍然有其积极意义。但是，工匠精神工具化的历史进程一旦开启，就不会停止。当人类的头脑具有了前瞻能力与规划能力时，才能够开始制造，前瞻性与规划性是制造文化亘古不变的精髓。想让培育工匠精神有前瞻性与规划性，就要大力发展智能制造与先进制造业。从功能角度说，发展智能制造和先进制造业就是培育工匠精神的最佳方式。教育的发展要有新思路，要认识到先进制造业对于一线工人数量要求的降低和对于高学历工程技术人才数量与质量两方面要求的提升。传统思维的职业教育发展思路不能适应先进制造业发展带来的社会后果，一如原始意义的工匠精神已不能适应现代制造业。在当下的中国弘扬工匠精神，仍然需要在伦理、制度与技术三个层面同时并举，但从制造业演化的历史趋势和工匠精神的哲学本质看，在技术层面以智能制造实现工匠精神工具化，才是弘扬工匠精神最重要又最容易被忽视的路径与方式。

2. 实习的目的及意义

实习是高等教育的重要组成部分，是大学学习阶段重要的实践性教学环节之一，是学生从理论走向实践的演练平台，是理论与实践相结合的重要方式，是提高学生政治思想水平、业务素质和动手能力以及专业人才培养的重要关键环节。

实习是为了在毕业进入社会前，将自己的理论知识与实践融合，并且完成从学生到职员的过渡。实习是大学生迈向成熟的重要一步，也是大学生正视社会和正视自己，走出自我，真正融入社会生活和工作的第一步，而且很多时候通过实践，尤其在不同的职业中的实践，才会真正找到自己感兴趣并适合自己的行业，也是完成从空想到现实转变的第一步。

在实习指导教师的指导下，学生将所学基本理论、基本知识与社会实践相结合，迅速转化为实际工作能力，增强适应市场需要的能力，在运用中学习，在运用中深化，初步具备职业所需的思想素质和业务能力。

实习不必专业对口。对于很多大学生而言，如果自己所学的专业能够"学以致用"是最理想的事情。可当前，"工作与专业不对口"也是大学生就业的现状之一。在选择实习工作时，大学生不必过于"执着"专业的对口性，应更多地去尝试，在摸索中寻找自己的职业兴趣点，唯有如此，才不至于在毕业之后出现短期内频繁跳槽的状况。

为未来铺路。调查显示，60%以上的应届生认为得到相关实践经验才是实习的真正目的。他们希望从实习的工作中找到自己的工作方向，同时也是对社会了解的一个机会。实习作为学习与工作的缓冲，对于个人职业生涯的发展确实起着重要的作用。可以帮助学生实践所学知识、积累社会经验，并可以亲身体验目标工作的具体内容，认清自身与职业需求的差距。

尽管不少实习生对工资待遇和"打杂儿"的身份抱有消极情绪，但是从长远的利益来看，实习更有助于大学生找准自己的职业定位，让自己的求职简历变得充实生动。有计划有针对性的实习，会帮助大学生了解自己希望从事的职业的"真面目"，提前做好继续坚持或者转行的准备，也是为未来正式就业铺路。

3. 职业内涵的四个要点

（1）参与社会分工。

参与社会分工是指人参与各种劳动的具体责任划分，具有独立化和专业化的特点。没有社会分工，劳动时间将大大增加，生产效率也会随之降低。例如，一家强大的企业并非要靠领导者事必躬亲，而是将不同的工作交给相应的部门来解决，以达到更高的办事效率。

（2）需要专业的知识与技能。

任何一个职业都需要你在岗位上有所作为，这也是你走向职场所必须具备的能力。拥有良好的专业知识与技能，才能让你面对工作时表现得游刃有余，你越拥有高超的专业知识与技能，就越能在成功的路上比人先行一步。所以，当我们强调工作外因的时候，首先要注重的是提高自己的内因，这样才能保证自己获得一个称心如意的职业。

（3）运用技能创造财富。

财富通常包括精神财富与物质财富，它们的创造方式又可根据实际情况分为直接创造和间接创造，例如房地产商开发土地、纺织工人织布，这些创造的都是物质财富，而哲学家提出某种思想、经济学家提出某种理论，这些便是精神财富。直接与间接又体现在，生产产品的人属于直接创造，而从事第三产业的服务人员，大多是间接创造，财富的创造形式是多种多样的，这便需要你能扩宽思路，打开自己的眼界，不拘泥于单调的职业模式之中。

（4）获得合理的报酬。

合理的报酬并非是你通过劳动后每月获得的薪水，而是你在法律规定下，理应拿到的薪资报酬。在职场之中，永远都存在着诱惑，要始终保持一颗正直的心，通过自己的努力来获得合理的报酬。

3.2.3.5 素质养成

（1）通过实习来提升自身能力，获得自我发展的机会。
（2）合理规划职业生涯。

3.2.3.6 任务实施

3.2.3.6.1 学生分组

学生自主进行分组（见表3-2-22）。

表 3-2-22　学生分组表

班级		组号		授课教师	
组长		学号			
组员	姓名	学号		姓名	学号

3.2.3.6.2　自主探学

任务工作单 1

组号：_____　姓名：_____　学号：_____　检索号：__32362-1__

引导问题：

（1）进入企业实习的主要目的。

_____

_____

（2）通过对专业实习的认知与理解，阐述职业追求的基本内涵以及如何提升职业劳动精神。

_____

_____

3.2.3.6.3　合作研学

任务工作单 1

组号：_____　姓名：_____　学号：_____　检索号：__32363-1__

引导问题：

（1）小组讨论、教师参与，确定任务工单 32362-1 的最优答案，并分析自己存在的不足。

_____

_____

_____

_____

（2）每组推荐一个组长，进行汇报。根据汇报情况，再次分析自己的不足。

_____

_____

_____

_____

3.2.3.6.4 职业追求实践

任务工作单 1

组号：_____ 姓名：_____ 学号：_____ 检索号：__32364-1__

引导问题：

对所从事的行业、准备实习的企业进行充分了解，认识自己的兴趣爱好和优势，选择自己喜欢和擅长的职业。完成职业规划劳动清单，并在表 3-2-23 中进行记录。

表 3-2-23 职业规划劳动清单记录表

行业类型	专业方向	职业兴趣点内容	职业规划方向	记录人

3.2.3.6.5 展示赏学

任务工作单 1

组号：_____ 姓名：_____ 学号：_____ 检索号：__32365-1__

引导问题：

每个组长，分享本组的劳动实习任务表，并进一步优化实习劳动任务表（见表 3-2-24）。

表 3-2-24 实习劳动任务表

序号	劳动实习内容	劳动要求 （客观因素）	预期成果	拓展内容

任务工作单 2

组号：_____ 姓名：_____ 学号：_____ 检索号：__32365-2__

引导问题：

通过对专业实习的认知与理解，体会职业追求的基本内涵，合理规划自己的职业生涯，设计职业规划劳动清单表（见表 3-2-25）。

表 3-2-25　职业规划劳动清单表

_____专业　_____项目（职业规划劳动）劳动清单	
专业实习时间	_____年_____月_____日
劳动地点	
劳动准备	1. 准备实习任务单或项目方案。 2. 准备场地、工具等。 3. 准备人员和时间安排表。 4. 其他准备
劳动过程	（根据项目实际情况填写）
劳动内容 （自行约定）	1. 对专业实习的认知与理解。 2. 职业追求（职业规划）的内容
实习成果	实习报告（由学生撰写，可另附页）

任务工作单 3

组号：_____　姓名：_____　学号：_____　检索号：__32365-3__

引导问题：

完成劳动实习任务，形成一份职业追求综合报告（见表 3-2-26）。

表 3-2-26　职业追求综合报告表

序号	职业追求报告
报告 1	
报告 2	

3.2.3.7 评价反馈

通过评价指标进行任务评价,并完成以下任务工作单(见表 3-2-27~表 3-2-30)。

任务工作单 1

组号:_____ 姓名:_____ 学号:_____ 检索号:__3237-1__

表 3-2-27 自我检测表

班级		组名		日期	年　月　日
评价指标	评价内容			分数	分数评定
信息收集能力	能有效利用网络、图书资源查找有用的相关信息等;能将查到的信息有效地应用到学习中			10 分	
感知职业生活	是否能在学习中获得满足感,感知职业追求内涵			10 分	
参与态度沟通能力	积极主动与教师、同学交流,相互尊重、理解、平等;与教师、同学之间是否能够保持多向、丰富、适宜的信息交流			10 分	
	能处理好合作学习和独立思考的关系,做到有效学习;能提出有意义的问题或能发表个人见解			10 分	
知识、能力获得情况	掌握企业实习的主要目的			10 分	
	制订专业实习计划			10 分	
	通过对专业实习计划的认知与理解,体会职业融入的基本内涵			10 分	
	分析职业兴趣点,选择自己喜欢和擅长的职业内容			10 分	
	序号	职业兴趣点内容	擅长的职业		
辩证思维能力	是否能发现问题、提出问题、分析问题、解决问题、创新问题			10 分	
自我反思	按时保质完成了任务;较好地掌握了知识点;具有较为全面严谨的思维能力,成文条理清楚、表达明晰			10 分	
	自评分数				
总结提炼					

任务工作单 2

组号：_____ 姓名：_____ 学号：_____ 检索号：__3237-2__

表 3-2-28 小组内互评验收表

验收组长		组名		日期	年　月　日
组内验收成员					
任务要求	掌握企业实习的主要内容； 通过对专业实习计划的认知与理解，体会职业融入的基本内涵				
验收文档清单	被验收者 32362-1 工作任务单				
	文献检索清单				
验收评分	评分标准			分数	得分
	企业实习内容完整，不完整一处扣 5 分			20 分	
	对专业实习的认知与理解，错一处扣 5 分			20 分	
	对职业基本内涵的理解是否全面，不全面一处扣 5 分			20 分	
	手册填写完整，空一处扣 2 分			20 分	
	劳动服务内容体现完整，不完整一处扣 5 分			20 分	
	评价分数				
不足之处					

任务工作单 3

被评组号：_____ 检索号：__3237-3__

表 3-2-29 小组间互评表

班级		评价小组		日期	年　月　日
评价指标	评价内容			分数	分数评定
汇报展示	表述准确			15 分	
	语言流畅			10 分	
	准确反映本组完成情况			15 分	
内容正确度	内容正确			30 分	
	表达到位			30 分	
	互评分数				

任务工作单 4

组号：_____ 姓名：_____ 学号：_____ 检索号：__3237-4__

表 3-2-30　任务完成情况评价表

任务名称	职业追求劳动实习报告		综合等级	
评价依据	学生完成的 32362-1 工作任务单			
评价项目	自我评价	小组评价	教师评价	
企业实习的主要内容				
对自己专业特长、兴趣爱好的认知				
职业劳动精神的提升				
职业追求报告				
参与态度、沟通能力				
素质素养				
实习总结				
综合评价				

注：评价等级：A：优秀；B：良好；C：合格；D：不合格。

参 考 文 献

[1] 马国新. 从厕所文化建设看教育[J]. 新班主任, 2020, 000(002): 58.
[2] 郑书深, 田德荣, 梁德军, 等. 浅析厕所革命在高职高专校园文化建设中的作用[J]. 医学动物防制, 2020(4): 336-339.
[3] 王连照. 论劳动教育的特征与实施[J]. 中国教育学刊, 2016(07): 89-94.
[4] 林华开. 立德树人背景下高职学生劳动教育的内生逻辑与实践路径[J]. 教育与职业, 2020(24): 20-25.
[5] 陶蕾韬. 大学生劳动教育的价值意蕴[N]. 光明日报, 2020-05-18.
[6] 周湘浙. 大学生就业指导[M]. 杭州: 浙江大学出版社, 2006.
[7] 严鹏. 工匠精神: 概念、演化与本质[J]. 东方学刊, 2020(02): 39-59, 130.